Andrea Pető

Das Unsagbare erzählen

Andrea Pető

Das Unsagbare erzählen

Sexuelle Gewalt in Ungarn im Zweiten Weltkrieg

Aus dem Ungarischen
von Krisztina Kovács

WALLSTEIN VERLAG

Bibliografische Information der Deutschen Nationalbibliothek
Die Deutsche Nationalbibliothek verzeichnet diese Publikation in der
Deutschen Nationalbibliografie; detaillierte bibliografische Daten
sind im Internet über http://dnb.d-nb.de abrufbar.

© Wallstein Verlag, Göttingen 2021
www.wallstein-verlag.de
Vom Verlag gesetzt aus der Adobe Garamond sowie der The Sans
Umschlaggestaltung: Susanne Gerhards, Düsseldorf
Fotografie: Panzer haben bei der Offensive auf das belagerte Budapest im Januar
1945 nördlich des Plattensees Kettenspuren hinterlassen.
© ullstein bild – Süddeutsche Zeitung Photo
Druck und Verarbeitung: Hubert & Co, Göttingen
ISBN 978-3-8353-5072-4

Inhalt

Dank

Seit 1996 beschäftige ich mich mit der Geschichte sexueller Gewalttaten von sowjetischen Soldaten. In diesen inzwischen mehr als 20 Jahren bekam ich von so vielen Seiten Hilfe, seien es die Ratschläge zu meiner Forschung, das Gegenlesen meiner diversen Texte oder all die Kommentare zu meinen Vorträgen, dass es unmöglich ist, eine vollständige Liste zusammenzustellen. Meine erste Studie zum Thema schrieb ich, als ich unter der Leitung von Judit Tony im Programm »Rethinking Postwar History« des Instituts für die Wissenschaften vom Menschen (Wien) arbeitete. Ich bin auch der CEU für die Unterstützung durch das Stipendium Junior Faculty Research Grant einen Dank schuldig. Und dass ich den endgültigen Text dieses Bandes fertigstellen konnte, wurde durch die Forschungssemester (2017 bis 2019), die ich von der CEU freigestellt bekam, möglich.

Ich fühle mich den Forscherinnen Ela Hornung, Irene Bandhauer-Schöffmann, Marianne Baumgartner und Maria Mesner in Wien sehr verbunden für ihre Hinweise und ihre Arbeit, die mir sehr viel bei meinen Forschungen in Budapest half. Dafür, dass ich die Archivquellen für Budapest finden konnte, bin ich István Vida (†), András Sipos, Péter Sipos (†), György Németh, László Szűcs (†), Magda Somlyai (†), András Horváth J. und Margit Földesi (†) zu großem Dank verpflichtet. Die Bereitstellung der Materialien aus Kecskemét habe ich Róbert Rigó, die aus Hódmezővásárhely Péter Bencsik und die aus Szombathely Krisztina Kerbert zu verdanken. Bei der Orientierung in den tschechischen Quellen unterstützten mich Vit Lukas und Ondrej Klipa, in den polnischen Weronika Grzebalska, Jerzy Celichowski, Marianna Szczygielska und Marcin Zaremba, in den Quellen von 1849 Robert Hermann und Ildiko Rosonczy, in denen von 1956 Janos Rainer M. und Laszlo Eorsi, in den russischen Archiven Siklosne Kostricz Anna und im Visual History Archive der USC Shoah Foundation unterstützte mich Peter Berczi. Ich danke György Németh, dass er mir sein Forschungsmaterial zur Geschichte der Schwangerschaftsabbrüche in Ungarn großzügig zur Verfügung stellte. Aus dem Ausland erhielt ich von Natalia Jarska, Ayşe Gül Altınay, Ville Kivimäki, Petri Karonen, Carol Rittner, John K. Roth, Sanna Karkulehto, Leena-Maija Rossi, Regina Mühlhäuser und Ruth Seifert sehr viel Hilfe. Ich bin Fruzsina Skrabski für den regen Austausch in Briefen und Gesprächen sehr dankbar, denn dieser half mir, meinen Standpunkt zu konturieren. Ich möchte mich für die Hilfe bei der Erstellung der endgültigen Textfassung bei Miklós Vörös, Gábor Gyáni, András Kovács, Zoltán Kovács und Gergely Szilvay bedanken. Mein Dank geht an Csilla Tánczos und Tibor Táncos. Besondere Hilfe wurde mir über viele Jahre von den Mitarbeiterinnen und Mitarbeitern der CEU Library zuteil, hierfür möchte ich ihnen allen danken. Krisztián Nemes und Júlia Jolsvai gilt mein Dank für die redaktionelle Betreuung des ungarischen Bandes.

Für diese deutsche Ausgabe gilt mein besonderer Dank der Übersetzerin Krisztina Kovács für ihre sachkundigen Hinweise sowie Ursula Kömen im Wallstein Verlag für die Betreuung dieses Bandes.

Einleitung: Methodische und theoretische Überlegungen

Den Hauptpreis der Ungarischen Filmschau, des wichtigsten Filmfestivals in Ungarn, erhielten 1997 der federleichte Unterhaltungsfilm CSINIBABA (dt.: Schickes Püppchen) von Péter Tímár sowie ein langatmiges Roadmovie mit künstlerischen Allüren von Attila Janisch HOSSZÚ ALKONY (dt.: Lange Abenddämmerung). Über den zeitgleich erschienenen abendfüllenden Spielfilm von Sándor Sára A VÁD (dt.: Die Anklage) wurde unter Historikerinnen und Historikern nur im Flüsterton gesprochen. Der Film erzählt die Geschichte einer kinderreichen Familie, die auf einem einsamen Bauernhof in der Nähe von Jászberény[1] lebt.

Die Familie wird von den 1944 einmarschierenden sowjetischen Truppen zu Beginn des Films gnadenlos geplündert. Später schleichen sich zwei sowjetische Soldaten noch einmal zurück, um die Tochter der Familie zu vergewaltigen. Einer von ihnen wird dabei von dem fahnenflüchtigen Bruder des Opfers, der andere von einem sowjetischen Offizier erschossen. Letzterem sind sexuelle Gewalttaten zuwider, er wird später auch die Ermittlungen zum Fall führen. Er spricht zwar nur gebrochen Ungarisch, aber dank geschickter Verhörtechniken gelingt es ihm, dass die Familienmitglieder sich widersprechen, bis ihr gut ausgeklügeltes Alibi zusammenbricht. Sowohl die Eltern als auch der Sohn, der erfolglos versucht hatte, zu fliehen, werden hingerichtet, nachdem der Kommandant der Einheit dem ermittelnden Offizier angeordnet hat, die Anklageschrift zu ändern, denn »die sowjetischen Soldaten sind nicht die Männer, die Frauen vergewaltigen, sie sind die, die den Frieden ins Land bringen«. Dem sowjetischen Ermittlungsoffizier wird gedroht, sollte er den Anweisungen seines Vorgesetzten bezüglich der Änderung der Anklageschrift nicht Folge leisten, könnte es ihm ergehen, wie einem Kameraden, der von hinten erschossen wurde. Ebenfalls erschossen wird eine Soldatin, die sich weigert, eine Falschaussage zu machen, wonach sie auf dem Bauernhof vergewaltigt

---

[1] Jászberény ist das Zentrum der Region Jászság, einer dünn besiedelten Region im Norden der Großen Ungarischen Tiefebene. (Anm. d. Übers.)

worden wäre, und die beiden Soldaten wären bei dem Versuch, ihr zu helfen, getötet worden. Der Film endet mit dem Urteilsspruch, der auf das Rehabilitationsgesuch aus dem Jahr 1992 antwortet. Eine der drei Töchter, die die Zwangsarbeit in der Sowjetunion überlebte, wird daraufhin rehabilitiert, die anderen drei Familienmitglieder – die Eltern und den Sohn – befindet das nun russische Gericht weiterhin der terroristischen Handlungen für schuldig und lässt das Urteil gelten.

Der Film und seine Rezeption beim Publikum veranschaulichen, auf welche methodischen Schwierigkeiten man bei der Beschreibung von sexuellen Gewalttaten stößt, die während des Zweiten Weltkriegs in Ungarn verübt wurden: Es fehlt an Quellen, der Interpretationsrahmen ist variabel und das Thema, die durch Tabus belegte Vergewaltigung, ist schon auf der sachlichen Ebene ein ausgesprochen schwieriges Terrain.

Probleme der Methodologie

Zum Erzählen von Geschichte verwenden Historikerinnen und Historiker Quellen. Für das Thema der Vergewaltigungen zur Zeit des Zweiten Weltkriegs stehen allerdings nur wenige Quellen zur Verfügung, und diese wenigen sind hinsichtlich der Methodik mit großer Vorsicht zu handhaben. Es handelt sich um etwas Intimes und Persönliches; Täter und Opfer der Gewalttaten, aber auch die Zeugen sind häufig, aus unterschiedlichen Gründen, daran interessiert, dass über den Vorfall nicht gesprochen wird. Über die erlittene Gewalt schwiegen selbst die Betroffenen, aus Scham bzw. weil es keine zur Beschreibung erforderliche Terminologie gab, und auch keine Menschen in ihrer Umgebung, die hätten zuhören wollen. Im Kriegsalltag war es darüber hinaus nicht selten vorgekommen, dass sie getötet worden waren. So blieben weder Zeugen des Verbrechens noch Quellen erhalten. Zwar lässt der die Ermittlung leitende sowjetische Offizier im Film von Sándor Sára in der Anklageschrift protokollieren, dass die Zivilisten auf dem Bauernhof den gewalttätigen Rotarmisten aus Notwehr töteten, allerdings bleibt das folgenlos, denn später wird dies ja auf höhere Anweisung geändert. Und selbst die historische Überlieferung der manipulierten Anklageschrift bleibt für zukünftige Forscherinnen und Forscher völlig nutzlos, denn die Unterlagen und Krankenakten, die die Sowjetische Armee betreffen, befinden sich in geschlossenen Militärarchiven und sind für die Forschung bis heute nicht freigegeben.

Eine Herausforderung stellt ebenfalls dar, dass es außerordentlich schwierig, nahezu unmöglich ist, das vollständige Aktenmaterial für einen

Fall lückenlos zusammenzutragen. Meistens blieben nur vereinzelte Kopien erhalten, und die Vorgeschichte oder die später entstandenen Akten fehlen. Aus diesem Grund ist bei der Auswertung der überlieferten und zugänglichen Dokumente äußerste Vorsicht geboten. Es können viele Fälle für die größere Argumentationslinie angeführt werden, aber wegen der Art des Verbrechens und seiner Folgen ist es schwierig, zu allgemeingültigen Feststellungen zu gelangen.

Unter den chaotischen Verhältnissen des Krieges herrschte ein Machtvakuum, schon deshalb entstanden nur wenige schriftliche Dokumentationen. Eine Folge davon ist, dass sich bestimmte Erkenntnisse nur aus mittelbaren Quellen erschließen lassen. Schriftliche Zeugnisse, die einzelne Fälle dokumentieren würden, fehlen, die wenigen, die es gibt, sind beliebig. Zudem hielten es zur Zeit der sowjetischen Besatzung auch die Polizisten und Beamten der Staatsverwaltung des gescheiterten Horthy- und Szálasi-Regimes anfangs nicht für ratsam, Aufmerksamkeit auf sich zu ziehen, und so wagten sie es kaum, sexuelle Gewalttaten von sowjetischen Soldaten auch nur anzusprechen, geschweige denn Ermittlungen durchzuführen, die von vornherein von ungewissem Ausgang waren. Nach dem Abzug der Front gab es zwar eine Korrespondenz zwischen den ungarischen Beamten und den Leitern des Alliierten Kontrollrats, aber diese war nur von mäßigem Erfolg, denn Gesuche solcher Art fanden im Kreis der sowjetischen Heeresleitung keinerlei Echo. Und die Täter waren offensichtlich am allerwenigsten daran interessiert, dass nach ihrem Vergehen Spuren zurückblieben.

Was also bleibt? Zur Analyse der Sexualdelikte können schriftliche Quellen aus dem Bereich der auswärtigen Angelegenheiten, der Staatsverwaltung, des Militärs, des Gesundheitswesens und der kirchlichen Behörden herangezogen werden. In den zeitgenössischen, im Ungarischen Nationalarchiv aufbewahrten Akten des Außenministeriums finden sich Beschwerdeschriften aus mehreren Teilen des Landes über die Abscheulichkeiten gegen die Zivilbevölkerung. Aber das Außenministerium eines Landes, das gerade unter sowjetischer Besetzung stand, war ganz und gar nicht in der Lage, sich auch nur die kleinsten Hoffnungen zu machen, dass an die Sowjets gerichtete Beschwerdeschriften irgendeine Aussicht auf Erfolg haben würden, in welcher Angelegenheit auch immer.

Ein ebenso löchriges Schicksal ereilte die Akten der ausländischen Diplomatie, die in den letzten Kriegswochen über Ungarn verfasst wurden. Zu dieser Zeit hielten nur noch wenige diplomatische Vertretungen den Betrieb aufrecht, und wie andernorts auch wurden die Diplomaten zurückbeordert, als sich die sowjetische Armee auf dem Vormarsch befand. Dank der Schweizerischen Gesandtschaft erhielt ich jedoch Zugang zu wichtigen, bis dahin unbekannten Quellen.[2] Beim ersten Dokument handelt es sich um eine Aktennotiz vom 15. März 1945, in der der Leiter der Schutzmachtabteilung des Generalkonsulates in Wien, Max Feller, die Erfahrungen eines aus Ungarn geflüchteten schweizerischen Ehepaars schildert: Danach plünderten die Sowjets die Leute bis aufs Hemd, schändeten Frauen bis zum Alter von 60 Jahren, und was sie (die Sowjets) an Mobilien und Lebensmitteln nicht hatten mitnehmen können, hätten sie vernichtet. Der Berichtende hatte augenscheinlich u. a. mit einem ungarischen Offizier gesprochen, der nach der Besetzung von Budapest beim Ausbruch aus der umstellten Stadt zugegen war und es hinüber zu den deutschen Linien geschafft hatte. Der Offizier berichtete, die Sowjets hätten die Keller ohne Rücksicht darauf, ob sich Zivilisten dort aufhielten, mit Flammenwerfern ausgeräuchert. Zudem sei die Wasserknappheit so groß gewesen, dass für eine lächerliche Menge Trinkwasser 100 Pengő bezahlt worden seien.

Das zweite Dokument aus diplomatischem Zusammenhang ist das 50-seitige Kapitel 9 eines Berichtes, der im Eidgenössischen Politischen Departement von Oberrichter J. O. Kehrli verfasst wurde. Neben der Schilderung von Verletzungen der Immunitäts- und Eigentumsrechte wird hier ein Unterkapitel der Gewalt gegen Frauen gewidmet. In dieser Quelle werden die Verhältnisse in Budapest vor, während und nach der Besatzung durch die Sowjets im Zeitraum vom 15. Dezember 1944 bis April 1945 anhand der Aussagen von Mitarbeitern der Schweizerischen Gesandtschaft und diplomatischer Vertretungen anderer Länder, Mitarbeitern von ausländischen Unternehmen bzw. von Aristokraten detailliert dargestellt. Auf diese Weise entsteht ein Bild über die Situation der in Budapest verbliebenen ausländischen Staatsbürger, die während der Kampfhandlungen darauf hofften, ihr ausländischer Pass werde sie retten. Innerhalb ihres informellen Netzwerks informierten sie sich gegenseitig und standen einander mit Rat und Tat zur Seite. Im Bericht wird minutiös festgehalten, was, wie und von welchem materiellen Wert die hier nur als »Russen« bezeichneten Soldaten konfisziert hatten, und wie es den Betroffenen trotz ihrer Schutzbriefe nicht ge-

2 An dieser Stelle möchte ich mich bei Róbert Rigó dafür bedanken, dass er mich auf diese Quelle aufmerksam machte, sowie bei Katalin Zöllner, die für mich die Akten in der Schweiz besorgte. Die beiden Dokumente, die ich von der Schweizerischen Gesandtschaft zur Verfügung gestellt bekam, haben keine Archivkennziffer. Auf dem längeren der beiden steht mit Bleistift geschrieben E 2001 (D) 7/15; in der öffentlich zugänglichen Online-Datenbank von Akten der Schweizerischen Diplomatie, wo auch Berichte der Schweizerischen Gesandtschaft in Ungarn veröffentlicht werden, ist diese Kennziffer nicht zu finden. http://dodis.ch/P39044

lang, das zu verhindern. Im 15-seitigen Bericht über die Gewalttaten gegen Frauen steht gleich im ersten Satz, dass die Angehörigen der schweizerischen Gesandtschaft heil davonkamen. Das sei u. a. dem Dolmetscher der Gesandtschaft, Dr. Víg, zu verdanken gewesen, der laut einer Berichterstatterin »die Russen« gut kannte und insistierte, dass die Mitarbeiter angemessene Schutzmaßnahmen treffen: Autos und andere Wertgegenstände galt es zu verstecken. Gleiches galt für Frauen. Eine weitere Sekretärin berichtete, sie sei mit einem Fräulein Lehmann in Pest zu Fuß unterwegs gewesen, als sie einem »Russen« begegneten, keinem Offizier, ihrer Einschätzung zufolge ein »russischer Jude«, der sich mit ihnen in gutem Deutsch unterhielt. Ein des Deutschen mächtiger russischer Soldat war also eine Erwähnung wert. Die fünf Sekretärinnen schilderten auch Ereignisse, die sie nicht selbst erlebt, sondern von denen sie gehört hatten: von betrunkenen, aufdringlichen Soldaten, die Frauen zum »Kartoffelschälen« mitnahmen, von Erschießungen der Widerspenstigen, von den Schreien der Frauen in den Kellern, von Krankenschwestern des Roten Kreuzes, die im Krankenhaus gruppenweise vergewaltigt wurden. In den Berichten wurde den »russischen Soldaten« zur näheren Bezeichnung in Klammern »Mongolentyp« hinzugefügt. Die Soldaten hätten sich nur unter Einfluss von Alkohol »wie Tiere« benommen, und die Berichtenden äußerten ihre Hoffnung, dass sich die Truppen der zweiten Welle weniger barbarisch aufführen würden. Auch wurde erwähnt, dass auf der Budaer Seite und in Vác Massenvergewaltigungen verübt worden seien. Ein Mann urteilte, die Ungarinnen seien nicht unbedingt frei von Schuld gewesen, wenn sie von sowjetischen Soldaten vergewaltigt wurden. Auch wird erwähnt, manche der jungen Ungarinnen hätten sich den Russen für materielle Gegenleistung freiwillig zur Verfügung gestellt. Jüdinnen hingegen hätten die Soldaten umarmt und geküsst und sie als Befreier begrüßt. Bedauerlicherweise hätten sie dann »die Belohnung dafür recht bald in Empfang nehmen« müssen. So steht es verklausuliert im Bericht.

Einzelne Fälle finden sich auch in ungarischen Verwaltungsakten und, das ganze Land betreffend, in den Berichten der Obergespane – der Verwaltungsleiter der Komitate – Erwähnung, aber diese reichen nicht aus, um ein vollständiges Bild für das gesamte Land zu gewinnen. Im Ungarischen Nationalarchiv sind im Archivbestand des ungarischen Gesundheitswesens – in dem die Folgen von Vergewaltigungen wie Geschlechtskrankheiten oder unerwünschte Schwangerschaften dokumentiert werden – Fälle aus der Provinz nur in einigen wenigen amtsärztlichen Berichten zu finden. Im Stadtarchiv von Budapest werden amtsärztliche Berichte und die überlieferten Unterlagen mancher Krankenhäuser auf-

bewahrt, doch auch diese liefern nur lückenhafte Informationen zum
Thema, noch dazu sind sie aus persönlichkeitsrechtlichen Gründen für die
Forschung nur eingeschränkt zugänglich. Informativ könnten die Adopti-
onsunterlagen und Dokumente von Waisenhäusern sein, allerdings ist ihre
systematische Erforschung aus juristischen, ethischen und logistischen
Gründen nicht möglich.

In den Teilen des Landes, die während des Vormarsches der Roten
Armee mehrmals den Besatzer wechselten, nahmen die zurückgekehrten
Pfeilkreuzler die Gräueltaten der dort stationierten Sowjets in ihre Berichte
auf. Diese erhalten gebliebenen Dokumente sind jedoch als glaubwürdige
Quellen von geringem Wert. Gleich nach der Übernahme der von den Sowjets provisorisch besetzten Gebiete schickten die Pfeilkreuzler Kommis-
sionen dorthin, um die Lage zu erschließen, anschließend streuten sie die
so entstandenen Berichte über die Übergriffe gegenüber der Zivilbevölkerung so breit wie möglich, um mit dem Argument »Frau und Heim müssen verteidigt werden« die immer stärker schwindende Kampfmoral der
Soldaten aufrechtzuerhalten.

Auch die Urteile der Volksgerichte[3] sind mit Vorsicht zu genießen. Ihre
Protokolle lassen sich zwar grundsätzlich als Quellen verwenden, in erster
Linie sind sie aber aus mikrohistorischer Sicht nützlich. Wegen der Mängel
in der Volksgerichtsbarkeit fällten die Leiter der überlasteten Institution

---

3   Die Provisorische Nationale Regierung verabschiedete gemäß der Verpflichtungen
des im Januar 1945 unterzeichneten Waffenstillstandsabkommens in den folgenden
Monaten mehrere Anordnungen und Gesetze zur Institution der Volksgerichte. Dadurch wurde es möglich, Prozesse gegen Täter in die Wege zu leiten, die beschuldigt
wurden, Kriegs- und volksfeindliche Verbrechen begangen zu haben. Es entstanden
spezielle Gerichte, unabhängig von der ungarischen Gerichtsbarkeit, die bis Ende
Oktober 1949 in Betrieb waren. Im neu auszubauenden Rechtswesen spielten diese
zivilen Volksrichter der ersten Instanz sowie die professionellen Volksrichter eine
wichtige Rolle. Obwohl neben den Volksgerichtsräten auch qualifizierte Richter
ernannt wurden, traten diese hier nicht in der traditionellen Rolle auf. Sie hatten die
Aufgabe, den Volksrichtern des Rates bei der Verschriftlichung der Urteile zu helfen.
Auf Vorschlag von István Ries, dem Justizminister, wurden solche Personen zu professionellen Volksrichtern ernannt, die auf institutioneller Ebene mit dem Rechtswesen des Horthy-Systems keine Berührungspunkte gehabt hatten. (A. P.) Mehr zur
widersprüchlichen Beschaffenheit der Volksgerichte in Ungarn siehe: Andrea Pető:
Problems of Transitional Justice in Hungary: An Analysis of the People's Tribunals
in Post-War Hungary and the Treatment of Female Perpetrators, in: Zeitgeschichte
34 (2007) 6, S. 335-349; István Deák: Political Justice in Austria and Hungary after
WWII, in: Retribution and Reparation in the Transition to Democracy. Hg. v. Jon
Elster. Cambridge, 2006, S. 124-146; Ildikó Barna, Andrea Pető: *Political Justice in
Budapest after World War II*. CEU Press, Budapest/New York, 2015.

ihre Urteile über die Zivilisten, die gegen die plündernden und übergriffigen sowjetischen Soldaten auftraten, auf der Grundlage desselben Paragrafen, der bei den Urteilen über die Zivilisten, die während des Zweiten Weltkriegs Juden töteten oder anzeigten, zur Anwendung kam.[4] Darüber hinaus mussten die Volksgerichte auch in privaten Streitigkeiten Urteile fällen. So zum Beispiel im Streitfall von Frau Gy. N., der am 31. August 1945 vom Szegediner Volksgericht verhandelt wurde. Frau Gy. N. war von einer Freundin angezeigt worden, weil sie mutmaßlich Sowjets diffamiert haben sollte. Die Angeklagte wurde jedoch nach einer ausführlichen Vernehmung freigesprochen, nachdem sich herausgestellt hatte, dass Soldaten in ihre Wohnung eingedrungen waren und sie vergewaltigt hatten, was sie auch mit einem ärztlichen Attest nachweisen konnte. Auf dieser Faktenbasis entschied das Gericht, man könne von ihr kaum erwarten, dass sie allzu große Sympathien für die Sowjets aufbringen würde.[5] Das Volksgericht wurde auch in Angelegenheiten angerufen, wie etwa im Fall des P. J. aus Balassagyarmat, der seine Frau als »Russenhure« bezeichnet hatte, weil sie angeblich mit einem russischen Soldaten eine Beziehung eingegangen war. Vom Gremium musste nun zunächst untersucht werden, ob diese Aussage, dem ersten Anschein nach eine Privatangelegenheit, im Sinne des Volksgerichtsgesetzes als Kriegsverbrechen galt. Das Verfahren endete am 25. Juni 1947 mit einem Freispruch, da sich die Anschuldigung des Angeklagten nur auf die sexuellen Gewohnheiten seiner Frau bezog und nicht auf die Gesamtheit der in Ungarn stationierten Roten Armee.[6]

Von denen, die sich gegen sexuelle Gewalttaten wehrten, schaffte es nicht jeder oder jede bis zum Volksgericht. Es kam vor – wie auch im Film von Sándor Sára –, dass sowohl die Täter als auch ungarische Zivilisten, die Widerstand leisteten, von den Rotarmisten erschossen wurden. In diesen Fällen blieben für die Nachwelt keinerlei schriftliche Spuren erhalten. Die Männer, die versuchten, ihre weiblichen Familienmitglieder zu verteidigen, wurden oft verschleppt und Jahre später nach sowjetischem Recht verurteilt. Die Unterlagen dieser Gerichtsverhandlungen sind bis heute nicht zugänglich. Die Täter wurden in der Regel wegen »terroristischer Handlungen« verurteilt, ein weit ausdehnbarer Begriff, der etwa bei berechtigter Notwehr gegen sexuelle Gewalt, aber auch bei sonstigen Formen des Wi-

---

4 Ildikó Barna, Andrea Pető: A politikai igazságszolgáltatás a II. világháború utáni Budapesten. Budapest 2012.
5 Béni L. Balogh (Hg.): »Törvényes« megszállás. Szovjet csapatok Magyarországon 1944–1947. Budapest 2015, S. 341–345.
6 Ebd., S. 402–404.

derstands (zum Beispiel, wenn jemand eine Plünderung verhindern wollte) angewendet wurde.

Insgesamt lässt sich allein schon anhand der simplen Frage der Quellen-basis feststellen, dass sich alle, die die Geschichte der sexuellen Gewalthand-lungen aufarbeiten wollen, die in den letzten Jahren des Zweiten Weltkriegs verübt wurden, auf ein schwieriges Unterfangen eingelassen haben.

Theoretischer Hintergrund

Die erste Schwierigkeit bei der Analyse von sexueller Gewalt während des Zweiten Weltkriegs ergibt sich daraus, dass sie innerhalb eines veränder-lichen politischen Rahmens erfolgt. Mit einer aus der Naturwissenschaft entliehenen Metapher sprach zuerst Charles Maier über eine »kalte« und eine »heiße« Erinnerung im Zusammenhang mit dem Nazismus bezie-hungsweise dem Kommunismus.[7] Als »heiße« Erinnerung galt in Ungarn bis 1989 die Erinnerung des Nazismus: Dieser bildete den wichtigsten Rahmen des historischen Narrativs, der durch die institutionalisierte Er-innerungspolitik (staatliche bzw. von den Bildungseinrichtungen veran-staltete Gedächtnisfeiern am Tag der Befreiung des Landes, Kranznieder-legungen auf sowjetische Denkmäler und Soldatengräber usw.) ins Leben gerufen und aufrechterhalten wurde. Erst nach 1989 thematisierten Mu-seen, Filme und Gedenkfeiern die Gräueltaten des Kommunismus, und es macht den Anschein, als hätten diese Priorität bekommen. Die Erin-nerung des Nazismus wurde nun zur »kalten« Erinnerung, seine Erinne-rung gilt als abgeschlossen, er gehört somit der Vergangenheit an.[8] Durch das sich verändernde politische Setting rückten neue Erlebnisse und Er-eignisse in den Mittelpunkt des Erinnerns, und die sexuelle Gewalt durch sowjetische Soldaten, die bis 1989 als Tabu galt, entwickelte sich nach 1989 zu einer Frage, die erforscht werden darf und soll, also zur »heißen« Er-innerung.

---

7   Charles S. Maier: Hot Memory, Cold Memory. On the Political Half-Life of Fascist and Communist Memory, in: IWM Newsletter, Transit Online 22 (2002). http:// www.iwm.at/transit/transit-online/hot-memory-cold-memory-on-the-political-half-life-of-fascist-and-communist-memory/

8   Mehr dazu in: Andrea Pető: Revisionist Histories, »Future Memories«: Far-right Memorialization Practices in Hungary, in: European Politics and Society 18.1 (2017), S. 41-51; Andrea Pető: Roots of Illiberal Memory Politics: Remembering Women in the 1956 Hungarian Revolution, in: Baltic Worlds 10.4 (2017), S. 42-58.

Begrüßung sowjetischer Soldaten, Ungarn 1945

Ákos Szilágyi vertrat in seiner Rezension in der Filmzeitschrift *Film-vilåg*, einer der renommiertesten Filmzeitschriften in Ungarn, die These, dass Sándor Sára mit seinem Film ein Jahrzehnt zu spät dran sei. Fakt ist jedoch, dass der Film seiner Zeit zwanzig Jahre voraus war. Vor 1989 wäre es unmöglich gewesen, einen realistischen Film wie diesen zu drehen, der gleichzeitig die Gräueltaten der sowjetischen Soldaten und das System prä-sentiert, das den *homo sovieticus* erschuf und aufrechterhielt. Wie László Dobos (1930–2014), ein ungarischer Schriftsteller aus der Slowakei, in seiner Antwort auf Szilágyis Kritik schrieb: »Unsere Dramen könnten damit mit Blick auf Europa vielleicht eine echte Dimension bekommen.« Das heißt, die Geschichte der sowjetischen Besetzung kann nun in die Ge-schichte von Europa aufgenommen werden. Und tatsächlich: Durch die Osterweiterung der Europäischen Union entstand eine erinnerungspoliti-sche Infrastruktur, die an die Stelle der »Befreiung« das Narrativ von der »doppelten Besatzung« setzte.[9] Danach war das zwischen Nazideutschland und der kommunistischen Sowjetunion liegende Territorum von diesen beiden Ländern abwechselnd besetzt worden. Demzufolge hätten die loka-len Kräfte keinerlei Rolle in der Gestaltung der Ereignisse gespielt und

9 László Dobos: Sára Sándor Vád című filmjéről. [dt.: »Anklage« – Über den Film von Sándor Sára], in: Filmvilág online, November 1997. http://filmvilag.hu/xista_frame.php?cikk_id=1701

seien bloß passive Opfer der Geschehnisse gewesen. Entsprechend treffe sie auch keine Schuld.

Da das ungarische Verwaltungswesen mit Näherrücken der Front zusammenbrach, gab es keine Behörde, an die sich Opfer von sexueller Gewalt hätten wenden können. Während also die Polizei für den Schutz der Frauen nichts tun konnte, dienten die Kirchen und Kloster oft als Zufluchtsort vor plündernden sowjetischen Truppen. Vor 1944 bildeten die christlichen Kirchengemeinden einen wichtigen Anlaufpunkt für die lokale Gemeinschaft: Sie versahen den Kirchendienst und unterstützten ihre Mitglieder. Die christlichen Kirchen reagierten tatsächlich sehr unterschiedlich auf die politische, moralische und militärische Krise. Die Pfarrer der von geradezu militärischem Gehorsam geprägten katholischen Kirche blieben auf Anweisung des Primas, des Oberhauptes der katholischen Kirche in Ungarn, Jusztinián Serédi (1884–1945) in ihrer Gemeinde. Die reformierte Kirche hingegen sah sich nach 1945 mit der Flucht ihrer Würdenträger, alleingelassenen Gläubigen und dem daraus folgenden moralischen Dilemma konfrontiert.[10]

Wollten die Kirchen in der Nachkriegszeit die Gräueltaten, die von sowjetischen Soldaten verübt wurden, dokumentieren, mussten sie ein doppeltes Tabu brechen. Einerseits musste der Mythos, dessen Implementierung in der Öffentlichkeit bereits in vollem Gange war, gebrochen werden, wonach die sowjetische Armee Frieden ins Land brachte und keine Gewalt; andererseits setzte nach 1945 ein von der kommunistischen Partei lancierter Ideologiekampf ein, in dem die Kirchen als die Vertreterinnen von reaktionärer Politik stigmatisiert wurden, womit ihre Möglichkeiten, im öffentlichen Raum zu agieren, weiter eingeengt wurden.[11] Die kirchlichen Quellen aus dieser Zeit, deren Erschließung erst vor Kurzem begann, sind von Schlüsselbedeutung.[12] Über die Kriegsverluste erschienen schon Quelleneditionen zu den Bistümern von Székesfehérvár, Győr, Szatmár und zuletzt von Veszprém.[13]

---

10 Csaba Fazekas: A második világháború interpretációja a Magyarországi Református Egyházban, in: Egyháztörténeti Szemle 17, 4 (2016), S. 95-122.

11 Gyula Perger (Hg,.): »…félelemmel és aggodalommal…« Plébániák jelentései a háborús károkról a Győri Egyházmegyéből 1945. Győr, 2005.

12 Gábor Bánkuti: A frontátvonulás és a diktatúra kiépülésének egyházi recepciója, in: Gábor Csikós, Réka Kiss, József Ö. Kovács (Hg.): Váltóállítás: diktatúrák a vidéki Magyarországon 1945-ben (Magyar vidék a 20. században I). Budapest, MTA BTK, NEB, 2017, S. 411-424. Ich bedanke mich bei Bánkuti Gábor für seine Hilfe.

13 Gergely Mózessy (Hg.): Interarma, 1944–1945. Fegyverek közt. Válogatás a második világháború egyházmegyei történetének forrásaiból (in: Források a Székesfehérvári Egyházmegye történetéből 2). Székesfehérvár, Székesfehérvári Püspöki és Székes-

Wichtige archivalische Quellen der katholischen Kirche sind die *Historiae Domus*, die von Pfarrern geführten Tagebücher der Kirchengemeinden, ferner die Kriegsschadensberichte sowie Berichte, die die Pfarrer auf Anweisung der Kirchenleitung verfassten, ferner die Dokumente der Bistümer und der leitenden Organe der Kirchen. Sie zeigen, was die Mitarbeiter der Kirche über Massenvergewaltigungen dachten und wie sie die »ungewöhnlichen Ereignisse« gemäß der Vorschriften ihrer Vorgesetzten und in der Terminologie der jeweiligen Konfession nachträglich dokumentierten. Jedoch hielten die Pfarrer und Pastoren vor Ort nicht jedes Ereignis fest, zu dem sich die Zivilbevölkerung mit ihren Anschuldigungen im Zusammenhang mit Gräueltaten von sowjetischen Soldaten oder um Rat an die Vertreter der Kirche wandte. Sie hatten kein Interesse daran, dass solche Gespräche schriftliche Spuren hinterließen. Und wenn sie es dennoch protokolliert haben, sind diese Aufzeichnungen nicht unbedingt erhalten geblieben, da die Unterlagen ein mitunter sehr abenteuerliches Schicksal durchliefen. In den Archiven der christlichen Kirchen finden sich zahlreiche Berichte, in denen Pfarrer bzw. Pastoren eingestanden, wie schwer es ihnen fiel, gläubigen Frauen religiöse Beratung zu geben, die nach einer Vergewaltigung schwanger geworden waren und sich für einen Schwangerschaftsabbruch entschieden.

Erst kürzlich erreichten die Taten von katholischen Märtyrern, die versuchten, Frauen vor Gewalttaten zu retten, eine breitere Öffentlichkeit. Im März 1945 wurde beispielsweise Vilmos Apor, der Bischof von Győr, getötet, weil er die Frauen, die in seiner Kirche Zuflucht suchten, unter seinen persönlichen Schutz stellte.[14] Seine Seligsprechung erfolgte jedoch erst viel

---

káptalani Levéltár, 2004; Perger: »...*félelemmel* és *aggodalommal...*«; Csilla Muhi – Lajos Várady (Hg.): »*A múltat be kell vallani ...*« *Szatmár egyházmegye papjainak visszaemlékezései a második világháború helyi eseményeire és más háborús dokumentumok.* Szatmárnémeti, Szatmári Római Katolikus Püspökség, 2006; Szabolcs Varga: *A plébániai levéltárak forrásértéke a pécsi egyházmegyében,* in: Szabolcs Varga – Lázár Vértesi (Hg.): *A magyar egyháztörténet-írás forrásadottságai. Egyháztörténeti kutatások levéltári alapjai különös tekintettel a pécsi egyházmegyére* (Seria Historiae Dioecesis Quinque ecclesiensis 2). Pécs, Pécsi Püspöki Hittudományi Főiskola Pécsi Egyháztörténeti Intézet, 2012, S. 135-161; Tibor László Varga (Hg.): *Folytonos fegyverropogás közepette. Források a veszprémi egyházmegye második világháborús veszteségeiről I.* (A veszprémi egyházmegye múltjából 27). Veszprém, Veszprémi Főegyházmegye, 2015; Dr. Imre Csepregi: *Napló 1. 1944–1946.* Makó, Makó Város Önkormányzata 2011. http://www.sulinet.hu/oroksegtar/data/egyhaztortenet/dr_csepregi_imre_naplo_1_1944_1946/index.htm; Grősz József kalocsai érsek naplója 1944–1946. Herausgegeben von József Török. Budapest, Szent István Társulat, 1995.

14 Viktor Attila Soós: Apor Vilmos vértanúsága, in: Rubicon 2 (2014), S. 57-59.

später, am 9. November 1997. Kornél Hummel (1907–1945) wurde im Budapester Vakok Intézete (Institut für Blinde) erschossen, als er einem blinden Mädchen helfen wollte, der Gewalt eines sowjetischen Soldaten zu entkommen. Der Fall erhielt vor Kurzem mit dem sensationsheischenden Titel »Der Märtyrer des Glaubens und sein Mörder« in der ungarischen Onlinepresse breitere Aufmerksamkeit.[15] Diese Art von Narrativ, das Frauen als passive Opfer darstellt und im Zusammenhang mit einem Sexualdelikt von Märtyrertum spricht, ist das Ergebnis der bereits erwähnten erinnerungspolitischen Wende.[16] Die Opfer von sexueller Gewalt selbst sprechen in unterschiedlichen Interpretationsrahmen darüber, was ihnen widerfahren ist. Das religiös gerahmte Narrativ des Märtyrertums ist auch in Polen dominierend,[17] während es in Deutschland im Zusammenhang mit Vergewaltigungen nicht vorkommt. Das Beispiel von Polen zeigt jedoch unzweifelhaft, dass es förderlich ist, damit die Betroffenen erzählen können, was ihnen zugestoßen ist.[18]

Neben dem Mangel an Quellen und dem Wandel des Interpretationsrahmens sind es gravierende regionale Unterschiede, die es zusätzlich erschweren, zu allgemeingültigen Erkenntnissen über sexuelle Gewalttaten im Zweiten Weltkrieg zu gelangen. Selbst ein und dieselbe Einheit konnte sich in den einzelnen Regionen des Landes unterschiedlich verhalten. In Kecskemét oder in Székesfehérvár zogen die Truppen wegen der lang anhaltenden Kämpfe um Budapest mehrmals durch, deshalb kam es hier für längere Zeit tagtäglich zu Vergewaltigungen und Plünderungen.[19] Für denselben Zeitraum sind in Hódmezővásárhely keinerlei Archivquellen auffindbar, die auf sexuelle Gewalthandlungen hinweisen. Daraus lässt sich natürlich nicht schließen, dass es dort zu keinen Vergewaltigungen kam, es

---

15 Krisztián Nyáry: A hit vértanúja és szovjet gyilkosa, in: Index, 3.9.2017. https://index.hu/tudomany/tortenelem/2017/09/03/a_hit_vertanuja_es_szovjet_gyilkosa/
16 Die Liste der Geistlichen-Opfer siehe in: Attila Horváth: Egyházi áldozatok. Rubicon 2 (2014), S. 58.
17 Marcin Zaremba: Wielka Trwoga Polska 1944–1947, Wydawnictwo Znak, Instytut Studiów Politycznych PAN, 2012 (das Kapitel »Ich habe schreckliche Angst vor ihnen« befindet sich im Priginalbuch, S. 158-184. Ich danke dem Autor, dass er mir die unfertige, noch unpaginierte englische Übersetzung zur Verfügung gestellt hat).
18 Bożena Karwowska: Gwałty a kulturakońcawojny, in: Zbigniew Majchrowski, Wojciech Owczarski (Hg.): *Wojna i postpamiec*. Wydawnictwo Uniwersytetu Gdańskiego, 2011, S. 163-171.
19 Róbert Rigó (Hg.): Sorsfordító évtizedek Kecskeméten. Kecskemét, Kecskemét Írott Örökségéért Alapítvány és a Neumann János Egyetem Pedagógusképző Kar Hely- és Családtörténeti Kutatóműhely, 2017.

bedeutet lediglich, dass keine diesbezüglichen Quellen überliefert wurden.[20] Über die Gewalttätigkeiten von Fahnenflüchtigen oder von Soldaten, die von ihren Truppen getrennt worden waren, blieben ebenfalls keine Quellen erhalten. Gleiches gilt für die Gewalttaten von Offizieren, die in leeren, geräumten oder eben in bewohnten Wohnungen einquartiert wurden.

Die Frage der sexuellen Gewalt während des Zweiten Weltkriegs wird oft losgelöst von der Holocaustforschung behandelt. Joan Ringelheim bezeichnete den Holocaust als den »great victim equaliser«, den großen Opfer-Gleichmacher, und damit meint sie, dass es keine Opferhierarchie gebe.[21] Annette Timm konnte mit Verweis auf die Geschichtsschreibung des Holocaust zeigen, wie die Geschichte der Sexualität – nicht ohne jeden Kampf und Widerstand – zum unausweichlichen Teil des historischen Narrativs wurde. Im Großteil der Holocaustforschung jedoch bleibt die sexuelle Gewalt als tabuisiertes Thema in der Regel unerwähnt. Zwei innovative methodische Ansätze brachten eine Veränderung hervor. Erstens setzte sich die Erkenntnis durch, dass es durchaus möglich ist, dass ein Ereignis, das durch keinerlei schriftliche Quelle überliefert ist, trotzdem passiert sein konnte. Demzufolge verschob sich der Schwerpunkt der Analyse langsam vom Studieren der Unterlagen zur Anerkennung der Opfererzählungen. Mit den Überlebenden wurden neue Interviews geführt, ihre Erinnerungen publiziert und zu ihrer Analyse wurden interdisziplinäre Methoden herangezogen. Die zweite Neuerung bestand in der Erkenntnis der zentralen Rolle von sexueller Gewalt in der Kriegsgeschichte. Die SS- und Wehrmachtangehörigen brachten eine militaristische Subkultur hervor, die bis dahin akzeptierte Grenzen der Sexualität infrage stellte und die Sexualität selbst zu einem Werkzeug ihrer Macht nutzte. Dabei ist die Forschung der Vergewaltigungen durch SS- und Wehrmachtangehörige von den theoretisch-methodologischen Neuerungen der Holocaustforschung geprägt. So untersucht diese neue Fachliteratur auch die Kriegsgeschehnisse der europäischen Geschichte im Spiegel von Gewalt, Leid und Emotionen, was dazu beiträgt, dass es unter den gegebenen besonderen Umständen zur Umwertung der komplexen Beziehung zwischen Opfer und Täter kommt.[22]

---

20 Péter Bencsik: Hódmezővásárhely politikai élete 1944-1950 között (Emlékpont Könyvek 8). Hódmezővásárhely, Tornyai János Múzeum és Közművelődési Központ, 2018.

21 Joan Ringelheim: Genocide and Gender. A Split Memory, in: Lentin, Ronit (Hg.): *Gender and Catastrophe*. London, Zed, 1997, S. 21.

22 Annette F. Timm: The of Including Sexual Violence and Transgressive Love in Historical Writingon World War II and the Holocaust, in: Journal of the History of Sexuality 26.3 (2017), S. 351-365.

Dass bestimmte Themen nicht erforscht wurden, lag also tatsächlich nie daran, dass keine Quellen zur Verfügung gestanden hätten. Die Überlebenden erzählten in Interviews, die kurz nach dem Holocaust, in den 1940er-Jahren, aufgenommen wurden, mit fotografischer Detailliertheit über die erlittenen Demütigungen in den Lagern und die sexuellen Gewalttaten nach der Befreiung. Und auch die Geschichten der Judenretter enthalten verschwiegene Details, etwa wenn versteckte Jüdinnen als Gegenleistung für ihr Leben sexuelle Belästigungen seitens ihrer Retter erduldeten. Darüber durfte in der Nachkriegszeit jedoch nicht gesprochen werden, es galt, »die guten Menschen« zu finden, die Juden gerettet hatten. Joan Ringelheim schildert, wie es ihr erging, als sie 1982 ein Interview mit einer Überlebenden führte, und diese ihr von erlittener sexueller Gewalt erzählte: »Es ist klar, dass ich darauf nicht vorbereitet war, was sie mir sagen wollte.«[23] Diese Interviews mit Überlebenden verdeutlichen, dass bereits die Fragen an sie so formuliert wurden, dass sie nicht über ihre Erlebnisse erzählen konnten. Die Öffentlichkeit wollte über ihr Leid nichts erfahren. Diese Haltung änderte sich erst nach dem Eichmann-Prozess. Allmählich bekamen die weiblichen Überlebenden den nötigen Raum, um ihre Erlebnisse selbst zu erzählen. Auch ist es nicht länger Usus, dass die Ereignisse, statt die Betroffenen zu Wort kommen zu lassen, anhand der vorhandenen Unterlagen rekonstruiert und die Geschehnisse von (männlichen) Historikern interpretiert werden.[24] Schließlich entstand während der jugoslawischen Kriege zwischen 1991 und 1996 im Zusammenhang mit den Reaktionen wissenschaftlicher, politischer und menschenrechtlicher Organisationen auf die Massenvergewaltigungen endlich auch ein Wortschatz, mit dem man in diesem neuen öffentlichen Raum über Kriegsvergewaltigungen sprechen musste und konnte.[25]

Ein weiteres methodisches Problem ergibt sich aus der epochalen Kategorisierung in der Geschichtsschreibung. Was für Historikerinnen und Historiker oder im Katalog einer Bibliothek nachträglich als der Beginn einer neuen historischen Epoche gilt, ist für die Menschen, die damals und dort lebten, nur der nächste Tag in ihrem Leben. Sándor Sára stellt in seinem Spielfilm mit kühler Rationalität dar, wie die Familie den Krieg erlebt, der für sie damit beginnt, dass der Sohn zum Militärdienst eingezogen wird, und fährt damit fort, dass »die Unseren« vor den vormarschieren-

---

23   Ringelheim, Genocide and Gender, S. 26.
24   Andrea Pető: Digitalized Memories of the Holocaust in Hungary in the Visual History Archive, in: Randolph L. Braham, András Kovács (Hg.): Holocaust in Hungary 70 years after. Budapest, CEU Press, 2016, S. 253-261.
25   Timm, Challenges, S. 354.

den Sowjets in den Westen fliehen. Dass mit »die Unseren« die deutschen Besatzertruppen gemeint sind, wird im Film mit keinem Wort erwähnt. Auch die Familie reflektiert das nicht. Die deutschen Besatzer kamen als Verbündete nach Ungarn, und die Zivilbevölkerung im Film hatte scheinbar kein Problem mit einer kurzweiligen militärischen Besatzung. Die Familie im Film – wie auch viele andere ungarische Familien im blutigen Endspiel des Krieges – wog sich in der Illusion ihrer alltäglichen Routinen. Sie war nicht darauf vorbereitet auf das, was demnächst passieren würde. Auch wenn sie sich durchaus bewusst war, dass Frauen auf einem verlassenen Bauernhof nicht sicher waren, werden von drei Mädchen nur zwei im hergerichteten Unterschlupf versteckt. Und die einmarschierenden sowjetischen Truppen agieren tatsächlich genau so, wie es die deutsche und ungarische Kriegspropaganda prophezeit hatten.

Die erhalten gebliebenen kirchlichen Quellen geben auch darüber Aufschluss, was die Zeitgenossinnen und Zeitgenossen über die veränderte neue historische Situation[26] dachten. Die Aufzeichnungen der Pfarrer halten die Erfahrungen der einfachen Menschen fest, etwa wie sie der Roten Armee begegneten, über die sie in den vorangehenden Jahrzehnten so viel Schlimmes gehört hatten. Die deutsche Besatzung verursachte augenscheinlich keine besonderen Unannehmlichkeiten, und aus den Quellen wird deutlich, dass – genauso wie in den Erinnerungen der nicht jüdischen Zeitzeugen – der Krieg auch für sie erst wirklich begann, als sie dem ersten sowjetischen Soldaten begegneten. Die folgende skizzenhafte Schilderung, wie die ländliche Bevölkerung die einmarschierenden Rotarmisten erlebte, erscheint in diesem Zusammenhang als typisch:

»Ein Zweig ist auf dem Vormarsch Richtung Dombóvár. Von Zobák aus halten sie die Landstraße von Mánfa nach Magyarszéki mit Minenwerfern unter Feuer, und damit stören sie die Deutschen, die führen sich wie Gesindel auf und sind dabei sich zurückzuziehen! Äußerste Spannung Tag und Nacht! Die lokalen zerstörerischen Elemente, die ›Genossen‹, diskutieren den Empfang, die roten Fahnen tauchen auf, sie erwarten die »Befreier« (??!!), und diese kommen aus der Richtung von Zobák, und am 30. November 1944 vormittags um 9.45 Uhr zieht ein Bataillon von Russen mit einstimmigem Gesang durch das Dorf, und wo sie vorbeigingen, freuten sich die zweifelhaften Elemente, aber nur solange, bis dank der Befreier Uhren und sonstige Wertgegenstände den Besitzer gewechselt haben! Was könnte man über dieses Volk schreiben??

---

26 Gemeint ist die Machtübernahme der Ungarischen Kommunistischen Partei und
    die Etablierung des sozialistischen Gesellschaftssystems. (Anm. d. Übers.)

Nur so viel, dass sie zu Hause, im großen Russischen Reich auf einem
niedrigeren Niveau gelebt haben mussten als die Urmenschen in ihrem
primitiven Leben. Ihr Lebensniveau ist unter Null, aber richtig tief darunter! Die Unentwickeltheit [sic!] ihres Denkvermögens erstreckt sich
auf nichts anderes als auf das wüste Gelage, die Frau und das Stehlen.
Ob Gefreiter oder Major, ihr höchster Wunsch ist: enorm viel essen,
noch mehr trinken, Geschlechtsverkehr, mangels Frau auch mit Tieren
(Das ist in Komló tatsächlich passiert!!) Uhren, 6-8 Stück auf den Tisch
legen. [sic!]

Bei uns ist der Unteroffizier schon jemand, der Offizier ein Begriff – da drüben sind alle gleich: Tiere! Komló kam bei der ›Befreiung‹
verhältnismäßig heil davon, einige Uhren verschwanden, die Pferde des
Bergwerks und der Dorfleute wurden mitgeschleppt, es gab keinen To-
desfall. Das haben wir dem Umstand zu verdanken, dass wir nicht an
der Durchmarschroute waren, und die ›Genossen‹ hatten so kaum Gelegenheit das wahre Ich der Russen kennenzulernen!«[27]

Die militärische Besatzung löste in der Zivilbevölkerung Apathie und ein
Gefühl von Hilflosigkeit aus. Die anschließende kommunistische Machtübernahme, die von Gesetzesübertretungen und Straftaten begleitet war,
zeichnete sich ebenfalls durch eine gewisse Teilnahmslosigkeit aus. Im Film
von Sándor Sára schauen »die Unseren« den Deportationsmarsch der örtlichen Juden genauso teilnahmslos zu, wie die jungen sowjetischen Soldaten sie betrachten, als sie ihnen die Uhren und Tiere abnehmen und am
Abend zurückkommen, um die Frauen zu holen. Später sehen sich die, die
vorerst nicht verschleppt wurden, aber nie sicher sein konnten, dass sie
nicht noch verschleppt werden, diejenigen an, die in die Sowjetunion zur
Zwangsarbeit verschleppt oder die, die nach Deutschland oder in die Tschechoslowakei ausgesiedelt werden. Dieses ohnmächtige Schweigen des gleich-
mütig erscheinenden Individuums und die fortwährende Gewalt sind
typische Folgen von militärischen Besatzungen.[28] Wer Widerstand leistet,
wird vernichtet, so wie der Sohn der Familie durch eine sowjetische Kugel
stirbt bei dem Versuch, seine Schwester zu schützen. Und diejenigen, die
sich gegen sexuelle Gewalt wehrten, wurden vom sowjetischen Militärgericht verurteilt, damals in Ungarn die einzige Gerichtsbarkeit.

Weitere Probleme ergeben sich aus der Widersprüchlichkeit der sexuellen Gewalt selbst: Die Geschichte einer Vergewaltigung können oder wol-

27 Zitiert nach Bánkuti, A frontátvonulás, S. 414.
28 Hsu-Ming Te: The Continuum of Sexual Violence in Occupied Germany, 1945–
    49, in: Women's History Review 5.2 (1996), S. 191-218.

len selbst die Opfer nicht erzählen, da es ihnen dazu an Vokabular oder Menschen, die bereit sind, ihnen zuzuhören, mangelt. Auch der Film von Sándor Sára thematisiert, wie der mit mehr oder weniger durchschlagendem Erfolg aufgebaute Mythos von der Roten Armee als Befreier die vergewaltigten Frauen bereits während der Kämpfe unsichtbar machte, indem er ihre Geschichten tabuisierte. Das gilt auch für die im Verlauf der Kampfhandlungen vergewaltigten sowjetischen Soldatinnen, sie standen ja ebenfalls ganz unten in demselben Machtsystem, und sie verfügten nur über wenig mehr Möglichkeiten, sich zu wehren, als die Ungarinnen. Aus diesem Grund wird die Geschichte der sowjetischen Soldatinnen in einem eigenen Kapitel untersucht.

Die Ungarinnen sprachen über die Vergewaltigungen auch in der eigenen Familie nicht. Es stimmt wohl, dass es ihnen an Worten dazu fehlte, aber vor allem hüteten sie sich davor, weil es einen Makel für ihre gesellschaftliche Position bedeutet hätte. Die Opfer distanzierten sich von dem Geschehen und erzählten ihre eigene Geschichte so, als wäre sie jemand anderem passiert. Auch die Zeugen im Film, ein altes Lehrerehepaar, bei denen sowjetische Offiziere einquartiert wurden, wandten sich ab und schwiegen. Sie waren nicht bereit, ihr Leben für zwei Mädchen aufs Spiel zu setzen. László Dobos schreibt über den Film: »*Die Anklage* ist der Schrei des Todes. Da es keine andere moralische Vergeltung gibt, sind wir auf diese angewiesen.«[29] Das Vergehen bleibt ungestraft, weil es in einem historischen Moment keine Alternativen gab als ungesühnt zu bleiben, und das hatte weitreichende Folgen für die Neustrukturierung der Gesellschaft nach dem Krieg.

Ein weiteres methodisches Problem ergibt sich aus der Beschaffenheit von sexueller Massengewalt unter Kriegsverhältnissen. Sexuelle Gewalt ist überall auf der Welt und zu allen Zeiten Bestandteil von kriegerischen Konflikten gewesen, aber die spezifischen Merkmale lassen sich nur herausarbeiten, wenn die einzelnen Fälle in ihrem historischen Kontext analysiert werden. Andreas Wimmer und Nina Glick Schiller machten auf die Problematik des methodologischen Nationalismus für die Forschenden aufmerksam, wonach der Nationalstaat als Analyserahmen auch nur Sachverhalte innerhalb desselben sichtbar machen kann.[30] Dieses Manko ist besonders gravierend für die Analyse eines transnationalen Phänomens wie die durch Rotarmisten verübte sexuelle Gewalt. Wie bei allen historischen

29 László Dobos: Sára Sándor Vád című filmjéről.
30 Andreas Wimmer, Nina Glick Schiller: Methodological Nationalism and Beyond: Nation-State Building, Migration and the Social Sciences, in: Global Networks 2.4 (2002).

Ereignissen von transnationaler Relevanz, hier dem Zweiten Weltkrieg, wäre es zu kurz gesprungen, wenn sich die Analyse auf den nationalstaatlichen Rahmen beschränken würde. Die existierenden Fallstudien der Forscherinnen und Forscher zu Vergewaltigungen während des Zweiten Weltkriegs behandeln das Phänomen jedoch nur selten in einem vergleichenden Rahmen. Der vorliegende Band soll deshalb die ungarischen Ergebnisse im Spiegel der internationalen Forschung zeigen.

Wissenschaftliche Debatten werden auch über die Frage geführt, warum manche Soldaten oder Armeen Massenvergewaltigungen begehen. Die Forschungsarbeiten, von denen es in Ungarn neuerdings erfreulicherweise immer mehr gibt, und der Diskurs, der sich in der Öffentlichkeit zu entfalten beginnt, analysieren die sexuelle Gewalt jedoch oft vereinfachend. Viele betrachten Kriegsvergewaltigungen als bloß eine weitere Waffe in der Hand der Politiker und der militärischen Führung, die sie anwendeten, um bestimmte Volksgruppen bewusst zu bestrafen. Das wird in der Fachliteratur als intentionalistische Deutung bezeichnet, sexuelle Gewalt wird hier ethnisiert. Diesem Ansatz zufolge wurden die Vergewaltigungen von »Russen« gegen »Ungarinnen« verübt. Das bedeutet, die Ausübung sexueller Gewalt wird mit einer vermeintlich homogenen Volksgruppe in einen Zusammenhang gestellt. Dieser Deutung wird eine andere gegenübergestellt, die sexuelle Gewalt als Machtinstrument versteht, das prägend für das gesellschaftliche Geschlechterverhältnis ist. In dieser Deutung ist sexuelle Gewalt eine Kriegswaffe, die Männer gegenüber Frauen einsetzen, um ihre Macht zu behaupten. Bei diesem Ansatz ist die sexuelle Gewalt eine strukturelle, der männlichen Herrschaft eigene, und es wird angenommen, dass potenziell jeder Soldat dazu fähig ist, aus der Struktur und den Werten des Militarismus heraus, sexuelle Gewalt zu verüben. Deshalb nennt man diesen Ansatz strukturalistische Interpretation.

Eine Analyse der sexuellen soldatischen Gewalt läuft leicht Gefahr, auf eine Objektbeziehung verengt zu werden: Der Soldat vergewaltigt die Frau. Die Frau wird also als Opfer betrachtet, in ihrer Tragödie findet die Gemeinschaft als Ganze, die ganze Nation (sprich: »die Ungarn« oder »die Deutschen«), ihren Ausdruck. In diesem Band argumentiere ich, dass eine solche, vereinfachende Analyse gefährlich ist. Die Formulierung, dass sowjetische Soldaten ungarische Frauen vergewaltigten oder japanische Soldaten koreanische Frauen, verschleiert den strukturell von Macht geprägten Wesenskern des Phänomens. Diese intentionalistische Deutung ist gleich aus zwei Gründen gefährlich. Zum einen verdeckt sie den Blick auf das strukturelle Element der sexuellen Gewalt und verhindert damit auch langfristig Initiativen gegen jegliche Form von Gewalt. Zum anderen fördert sie die Herausbildung einer einseitigen, auf Ausgrenzung basierten historischen Erinnerung. Das bedeutet, das strukturelle Argument selbst kann nicht erklärt und analysiert werden, weil es zum Ausgangspunkt der Analyse wurde und nicht zum Gegenstand. Auch eröffnet dieser Diskurs für die Opfer keinen gesellschaftlichen Raum, in dem sie die erlebte Gewalt mit Würde und in die Zukunft blickend verarbeiten könnten.

Konklusionen

Aufgrund der oben dargelegten methodologischen und epistemologischen Schwierigkeiten ist es offensichtlich, dass die Untersuchung der Fragestellung einen besonderen Ansatz erfordert. Im vorliegenden Band wird die Geschichte der Kriegsvergewaltigungen in Ungarn zur Zeit des Zweiten Weltkriegs in zwei terminologischen Rahmen analysiert.

Ein Rahmen bildet dabei das von der zweiten Welle des Feminismus entwickelte Begriffssystem, dem wir faszinierende theoretische Innovationen verdanken. Seit seiner Etablierung gilt die Erkenntnis, dass sexuelle Gewalt eine Frage der Macht ist, als allgemein akzeptiert. Der andere begriffliche Rahmen berücksichtigt die Dynamik des Schweigens und Verschweigens, genauer: wie sich die verschwiegene sexuelle Gewalt in die neukonstruierte nationale Identität integriert und ein Teil davon wird. Der Band stellt die Analyse der in Ungarn geschehenen Vergewaltigungen dabei in einen vergleichenden Rahmen, um einen ethnisierenden Ansatz zu vermeiden. Um nachvollziehen zu können, wie verschiedene Faktoren (wie der Zusammenbruch der Staatsmacht, der Einfluss der zentralen kommunistischen Politiker und andere) die Ausübung von sexuellen Gewalttaten, die Rechtsprechung und die Erinnerungspolitik prägten, werden die ungarischen Fälle im Kontext derer untersucht, die sich während des Zweiten Weltkriegs in den zentraleuropäischen Ländern ereigneten.

So diente sexuelle Gewalt auch an der Westfront als Kriegswaffe, sexuelle Gewalttaten wurden in den besetzten Gebieten sowohl von Deutschen als auch den Alliierten verübt. Im Vergleich mit den Vergewaltigungen in Westeuropa zeigen die Fälle in der französischen Besatzungszone die meisten Ähnlichkeiten mit der Situation in Ungarn. Infolge des massiven Kontrollverlusts war das Chaos in der Führung der Besatzungstruppen hier am größten, was sexuellen Gewalttaten massenhaft Raum bot. Hinsichtlich des erinnerungspolitischen Kampfes um die Anerkennung der sexuellen Gewalttaten von sowjetischen Soldaten lässt sich Ungarn jedoch eher mit der Erinnerung der koreanischen Sexsklavinnen vergleichen. Für die Ver-

gewaltigungen in Korea trifft es auch zu, dass die Erinnerung der Frauen
mit dem Ende des Kalten Krieges in geopolitischen Grabenkämpfen gefangen blieb. Die Situation von Budapest wiederum analysiere ich verglei-
chend mit jener in Wien.

Die dargelegten Schwierigkeiten, mit denen sich Historikerinnen und
Historiker konfrontiert sehen, hängen auch mit dem Phänomen zusam-
men, das Gábor Gyáni mit dem Begriff von Jan Vansina als die »fließende
Lücke« beschreibt,

> »jener Bereich der Vergangenheit, der noch nicht von der historischen,
> sondern von der kollektiven Erinnerung am Leben gehalten wird. Dabei
> handelt es sich um eine Vergangenheit, die nicht nur durch das ununter-
> brochene Erinnern der persönlichen Erfahrungen und Erlebnisse ge-
> füttert wird, sondern auch durch all das, was die Geschichtsschreibung,
> der historische Film oder die Ikonografie zum eigenen Thema machen.
> […] Wenn die Bewahrung der Vergangenheit in der Erinnerung noch
> dabei ist, zum Konstrukt des kulturellen Gedächtnisses zu werden, ist
> dem Erinnern stets die besondere, für jeden Menschen persönliche Aura
> eigen, die die mittels (mehrheitlich oder ausschließlich durch münd-
> liche) Kommunikation unmittelbar weitergegebene Erfahrungen rahmt.
> Der Bruch zwischen den Vergangenheitsvorstellungen zeitgenössischer
> Erlebnis- und Erfahrungskollektive und den kulturellen Symbolisierun-
> gen der Nachwelt ist nicht punktuell zu verstehen, sondern er ist das Er-
> gebnis eines Prozesses: dieser Prozess ist die fließende Lücke, die die Ak-
> tualität der von den Erlebnissen geprägten Vergangenheit zeitweilig in
> der Gegenwart konserviert, samt daraus ihr folgenden geistigen Sen-
> sibilität und einem hohen Emotionalitätsgrad.«[31]

Das Zitat verdeutlicht anschaulich, welche Fragen sich im Zusammenhang
mit historischen Ereignissen ergeben, die zwar im kollektiven Gedächtnis
existieren, für die es jedoch an Quellen mangelt, die zu einer herkömm-
lichen Geschichtsanalyse erforderlich sind. In solchen Fällen konstituieren
Romane, Filme, Erinnerungen von Zeitzeugen, Dokumentarfilme oder
auch Fotos das Gedächtnis des historischen Fakts in einem sich permanent
ändernden Rahmen, in dem sie sich kontinuierlich immer wieder neu
erzeugen. Auf diese Weise verschieben sie die »heiße« in die »kalte« Erinnerung.

---

31 Zitiert bei Rigó, Sorsfordító évtizedek Kecskeméten, S. 10.

Der Film von Sándor Sára von 1997 fand keine Resonanz, weil die »fließende Lücke« weder die Sensibilität noch die Emotionen erreichte, wie es
für einen Blockbuster erforderlich gewesen wäre.

In seiner Rezension bezeichnete Ákos Szilágy den Film als »künstlerisch
unglaubwürdig«, als moralisierend-didaktischen historischen Kitsch und
als »russophob«, womit er ihn außerhalb jeglicher fachkompetenten Sphäre
verortete.[32] Schon in der Diskussion der Fachzeitschrift *Filmvilág* zeichne-
ten sich also die späteren Debatten der 2000er-Jahre über die Beurteilung
von Kriegsvergewaltigungen ab, die ich in diesem Buch analysiere. Szilágyi
verstand nicht, dass der Film von Sára die imperiale Beschaffenheit der
Roten Armee zeigt, etwa wenn die Soldaten, die aus verschiedenen Teilen
der Sowjetunion stammen, in verschiedenen Dialekten, mit Akzent und
oft auch nur fehlerhaftes Russisch sprechen. Die Geschichte der Rotarmisten und ihre emotionalen Settings blieben bislang in den einschlägigen
Analysen unerwähnt. In diesem Buch versuche ich anhand der zugänglichen Quellen, auch diesen Standpunkt zu berücksichtigen.

Szilágyi stellt in seiner Rezension den auf Erinnerungen basierenden
Wahrheitsgehalt des Films infrage, indem er bemängelt, die sowjetischen
Soldaten erschienen »beinahe als Karikaturen« als »Nicht-Menschen«, als
bestialische »Barbaren«.[33] Damit stellt er den Wahrheitsgehalt der im
öffentlichen Raum erlebten Erlebnisse von mehreren Hunderttausend
Menschen infrage, unter anderem jene von László Dobos aus den Jahren
1944 und 1945. Diese Aberkennung von historischen Erfahrungen in der
Besatzungszeit ist genau das, was die Erzählungen der Frauen verstummen
lässt.[34] Erst viel später, in den 2000er-Jahren, kommt es zur erinnerungspolitischen Wende (wobei deren Wurzeln bis zur politischen Wende von
1990 zurückreichen), wo schließlich die Erinnerungen und Interviews, als
die einzigen authentischen Quellen, die Erzählungen der Historiker ersetzen.[35] Die Argumentation von László Dobos war richtig: Kriegsgewalt
sollte nicht ethnisiert werden. Aber um in den Gräueltaten der Armee das
transnationale Element erkennen zu können, muss man den nationalen
Kontext dennoch verstehen: »Den Film von Sándor Sára kann man nicht

32 Ákos Szilágyi: Tájkép Filmszemle után, in: Filmvilág online, April 1997. http://
    www.filmvilag.hu/xista_frame.php?cikk_id=1450
33 Ákos Szilágyi: A vád tanúja, in: Filmvilág online, November 1997. http://www.
    filmvilag.hu/xista_frame.php?cikk_id=1702
34 Dobos, Sára Sándor Vád című filmjéről.
35 Gábor Gyáni: Memory and Discourse on the 1956 Hungarian Revolution, in:
    Europe-Asia Studies 58.8 (2006), S. 1199-2008.

auf eine ungarisch-russische Müllgrube simplifizieren«, schreibt Dobos.[36]
Und doch ist in Ungarn genau das passiert: Die Politik ethnisierte und po-
pularisierte das Gedächtnis der sexuellen Gewalt, sie simplifizierte die
Frage zu »einer ungarisch-russischen Müllgrube«. Und so entstand aus der
»fließenden Lücke« des kollektiven Gedächtnisses ein in diesem verein-
fachten Rahmen geschriebenes Narrativ.

Ausgehend von der Metapher »der fließenden Lücke«, in der stets diverse und immer wieder neue Inhalte zusammenfließen, ist es die Aufgabe
von Historikerinnen und Historikern, diese Prozesse zu analysieren. Unter-
suchungsgegenstände sind dabei die Ereignisse und Erzählungen, die in die
Erinnerung einfließen, und die blinden Flecken: Was blieb im Zusammenhang mit dem historischen Fakt der Massenvergewaltigungen, die sowjetische Soldaten in Ungarn verübten, unerwähnt? Der vorliegende Band
stellt sich dieser Aufgabe, indem er zunächst einen Überblick über die Geschichte sexueller Gewalt liefert, die während der sowjetischen Besetzung
in Ungarn begangen wurde, und die Quellenbasis analysiert, auf der die
aktuellen Erkenntnisse darüber, was passiert ist und was verschwiegen
wurde, fußen. Anschließend analysiere ich die Folgen von Vergewaltigungen: die Schwangerschaftsabbrüche, die Geschlechtskrankheiten, die aus-
getragenen Kinder und das Verschweigen all dessen. Im letzten Kapitel folgt
eine Analyse der Erinnerungsrahmen mit Bezug auf die Rechtsprechung,
die Geschichtsschreibung sowie die visuelle und digitale Präsentation. Mit
der Einbeziehung von sowjetischen Quellen möchte ich auch ein Schlag-
licht auf die bis heute fehlende Perspektive der anderen Seite werfen.

Es steht zu vermuten, dass die Geschichte von Kriegsvergewaltigungen
auch in Zukunft geopolitischen Ränkespielen anheimfallen wird, in denen
die tatsächlichen Opfer immer weniger eine Rolle spielen werden.

36 Dobos, Sára Sándor Vád című filmjéről.

Die Geschichte der Geschichtsschreibung der Kriegsvergewaltigung

Sexuelle Gewalt hat eine Bedeutungsdimension, und sie verfolgt einen Zweck, weil sie die Umsetzung strategischer Ziele unterstützt. Dabei ist sie jedoch nicht zwingend Bestandteil von kriegerischen Handlungen und sie ist auch nicht in jedem Konflikt präsent. Sie tritt dann auf, wenn bestimmte Umstände gleichzeitig gegeben sind, und wird zum strategischen Teil der Kriegsführung. Dieser Sachverhalt wurde in den letzten 50 Jahren schon häufiger untersucht, zum Beispiel im Zusammenhang mit den Massenvergewaltigungen, die während der Konflikte in Bangladesch (1971), in Jugoslawien (1991–2001), in Sri Lanka (1983–2009), in Ruanda (1994) und in der Demokratischen Republik Kongo (von 1996 bis heute) verübt wurden.

Die Aufmerksamkeit der Forschenden wendet sich erst seit den 1970er-Jahren dem Thema der Kriegsvergewaltigungen zu, das bis dahin als Tabu galt. Susan Brownmiller untersucht in ihrem mittlerweile zum Klassiker avancierten Buch die sexuelle Gewalt als einen Krieg, den Männer gegen Frauen führten.[1] Laut Definition von Brownmiller ist die Kriegsvergewaltigung »nicht mehr und nicht weniger als eine Methode bewußter systematischer Einschüchterung, durch die *alle Männer alle Frauen* in permanenter Angst halten«.[2]

Verschwiegene Geschichten des Zweiten Weltkriegs wurden zuerst in Deutschland erforscht.[3] Mit der zweiten Welle des Feminismus entstand eine neue Sprache, die über sexuelle Gewalt in einem völlig neuen Begriffsrahmen schrieb.[4] Zuvor war die von Soldaten verübte sexuelle Gewalt zur

---

1   Susan Brownmiller: *Gegen unseren Willen. Vergewaltigung und Männerherrschaft.* Frankfurt a. M., 1978.

2   Ebd. [Hervorh. im Original], S. 22.

3   Zu sexueller Gewalt gegen Frauen als vergessene Geschichte des Zweiten Weltkriegs vgl. Helke Sander, Barbara Johr: *Befreier und Befreite. Krieg, Vergewaltigung, Kinder.* Frankfurt a. M., S. Fischer, 2005; Stuart Liebman, Annette Michelson: After the Fall. Women in the House of the Hangmen, in: October 72 (1995), S. 4-14.

4   Verena Fiegl: *Der Krieg gegen die Frauen. Der Zusammenhang zwischen Sexismus und Militarismus.* Bielefeld, Tarantel Frauenverlag, 1990.

Normalität erklärt; entweder mit dem Argument, sie sei schließlich seit dem Raub der Sabinerinnen Bestandteil von kriegerischen Handlungen, oder die Opfer wurden sogar noch beschuldigt, sie hätten besser auf sich aufpassen sollen.

Die Forschung zu sexueller Kriegsgewalt begann im Zusammenhang mit dem Kampf der bürgerrechtlichen Bewegung um Freiheitsrechte, der die Rechte der Frau allgemein bzw. das Recht an ihrem Körper in den Mittelpunkt stellte. Infolge der Proteste gegen den Vietnamkrieg und gegen die dort verübten Vergewaltigungen verknüpfte sich der Begriff der sexuellen Gewalt als Kriegswaffe mit dem Kampf gegen die Kolonialisierung. Demzufolge hatten sich die Kolonialisten das Recht angemaßt, den Körper der einheimischen Frauen zu besitzen, womit sie gleichzeitig die Männer des kolonialisierten Landes kastrierten. Neu in dieser Theorie war auch die Erkenntnis, dass die Trennlinie zwischen Kriegsvergewaltigungen und häuslicher Gewalt keine besonders scharfe ist. Die sexuelle Gewalt auf dem Kriegsschauplatz ist die Folge desselben Machtgefälles wie im Falle der häuslichen Gewalt. Bei den amerikanischen Veteranen des Vietnamkriegs wurde rasch nachweisbar, dass die heimgekehrten Soldaten auch in ihren eigenen Familien Gewalt ausübten, was die Theorie »der Gewaltkontinuität« zu bestätigen schien.

Die Begriffe und Erklärungsmuster, die damals, Anfang der 1970er-Jahre, zur Beschreibung weiblicher Erlebnisse entstanden, sind geeignet, die sehr ähnlichen Erfahrungen von Frauen aus den Jahren 1944 und 1945 zu beschreiben. Das bedeutet, dass die Sprache, die zu dieser Analyse verwendet werden kann, erst später entstanden ist, lange nach dem historischen Ereignis selbst, und deshalb ist Umsicht geboten. Dieser parallelen, und doch zeitlich verschobenen Erzählweise entspringen zahlreiche methodologische Probleme. Erstens kann der Komplex mangels schriftlicher Quellen nur aufgrund von *Interviews und Rückerinnerungen* untersucht werden. Über eine körperlich erlittene Gewalt lässt sich eigentlich nur dann angemessen sprechen, wenn die Gewalt Erleidende selbst in der Lage ist, zu schildern, was ihr ihrer Meinung nach widerfuhr. Politisch ist es problematisch, wenn nicht das Opfer selbst, sondern jemand in seinem Namen spricht. Damit macht der Erzählende das Opfer unsichtbar, zwingt den Erlebnissen einer anderen Person seine Sprache und seine Formulierungen auf. Im Falle der ungarischen Kriegsvergewaltigungen ist diese Art des Erzählens besonders typisch. Hier erzählen oft Männer, was sie sahen, was den Frauen passierte, während die Frauen selbst schweigen. Unsere Aufgabe besteht also darin, zu analysieren, warum und wie die Opfer ihre Geschichte erzählen beziehungsweise verschweigen. Das Schweigen kann auch eine Form des Widerstands sein. Es erfordert ein hohes Maß an Sensibilität, wie man »mit den Subjekten der Forschung umgeht, und wie Forscherinnen und Forscher die Erfahrungen der in die Forschung aufgenommenen Personen zum Ausdruck bringen«.[5]

Es ist unverzichtbar, die mehrfach verstellte Erinnerung festzuhalten, die mit dem Verschweigen einhergeht, denn oft ist ja sie die einzige zur Verfügung stehende Quelle. Die jungen österreichischen und westdeutschen Forschenden der zweiten Welle des Feminismus begannen damit, zunächst die zugänglichen schriftlichen Quellen zu sammeln, um zu zeigen, was die sowjetische Besatzung für die Frauen bedeutet hatte, die damals die Mehrheit der Bevölkerung bildeten. Im ungarischen Kontext begann die Untersuchung dieser Frage erst zehn Jahre nach der Wende mit meinen eigenen Forschungen, und die Fortsetzung folgte auch erst weitere fünfzehn Jahre später, 2013, mit Fruzsina Skrabskis Dokumentarfilm ELHALLGATOTT GYALÁZAT [Die verschwiegene Schande]. In Ungarn sind bis heute spezielle theoretische und methodologische Ansätze erforderlich, um das Erzählen von Frauengeschichten überhaupt untersuchen zu können, auch ohne den Aspekt der sexuellen Gewalt.[6]

Was die Erforschung von sexueller Gewalt in Ungarn betrifft, spielten hier der feministische Aktivismus und die Frauenbewegung anfangs kaum eine Rolle. Ungarische Bürgerorganisationen, die zum Kampf gegen häusliche Gewalt gegründet wurden, betrachteten die historische Dimension dieser Frage nicht als ihre Aufgabe. Schon deshalb nicht, weil die nach 1989 neu begründete Frauenbewegung eng verknüpft war mit dem antifaschistischen, linken Diskurs, der wiederum mit der Tatsache, dass die Befreier der Roten Armee massenhaft Kriegsvergewaltigungen verübt hatten, im Grunde genommen nichts anfangen konnte. Der Antikommunismus hingegen, in dessen Rahmen man über die Vergewaltigungen durch sowjetische Soldaten nun zu reden begann, wurde zur Grundideologie der politischen Rechte, die gleichzeitig gegen die Gleichheit der sozialen Geschlechter und für das traditionelle Familienmodell eintrat. Hier war es schlicht nicht möglich, im Zusammenhang mit den Kriegsvergewaltigungen die

---

5 Liz Kell, Sheila Burton, Linda Reagan: Researching Women's Livesor Studying Women's Oppression. Reflections on What Constitutes Feminist Research, in: Mary Maynard, Jane Purvis (Hg.): *Researching Women's Lives from a Feminist Perspective*. Taylor and Francis, London, 1994, S. 35.
6 Andrea Pető: »Több mint két bekezdés.« A női történeti emlékezés keretei és 1956. Múltunk 4 (2006), S. 82-91; und Andrea Pető: A Missing Piece? How Women in the Communist Nomenclature are not Remembering, in: East European Politics and Society 16.3 (2003), S. 948-958.

strukturellen Hintergründe zur Sprache zu bringen, höchstens im intentionalistischen Rahmen. Während zum Beispiel im Kosovo, wo die serbischen Truppen Massenvergewaltigungen verübten, die lokalen und internationalen Frauenrechtsorganisationen Schulter an Schulter gegen eine
Regierungspolitik kämpften, die Frauen ethnisierend und als stimmlose
Opfer darstellten – und dafür, dass der Standpunkt der Frauen in die provisorisch Rechtsprechung miteinbezogen würde –, gab es in Ungarn weder
auf der progressiven noch auf der konservativen Seite zivile Organisationen, die sich der Erinnerung der im Zweiten Weltkrieg vergewaltigten
Frauen angenommen hätten. Einer der Gründe war, dass die Opfer der
Ereignisse in den Jahren 1944 und 1945 nicht als maßgeblicher politischer
Faktor galten und überdies schon recht alt waren.[7] In Kosovo sahen sich
die »Gedächtnisaktivist*innen«, die als Mitglieder von Zivilorganisationen
um die Gleichstellung der Erinnerung der Opfer kämpften, nicht nur damit konfrontiert, dass die serbischen Täter ihre Taten leugneten und sie auf
staatlicher Ebene verschwiegen wurden, sondern auch damit, dass der neue
kosovarische Staat das Leiden der Nation auf eine abstrakte Ebene hob, auf
der das Opfertum in den Mittelpunkt einer zu etablierenden Identität gestellt wurde. Die vergewaltigten Frauen und ihre Kinder erhielten darin
jedoch keinerlei Raum, sie hätten den Begriff der sich neu formenden »Nation« kontaminiert. Vergleichbares geschah auch in den sich neu etablierenden baltischen Staaten, in denen das Thema der von sowjetischen Soldaten verübten sexuellen Gewalt tabuisiert wurde.[8] Ein ähnlicher Prozess
lief auch in Ungarn ab: Die individuellen Lebensgeschichten von Frauen
hatten mit den auf die nationale Ebene gehobenen, abstrakten Leidensgeschichten unter der sowjetischen Besetzung nichts gemein. Doch hier, in
Ungarn, änderte sich in Ermangelung einer aktiven Frauenbewegung und
Gedächtnisaktivisten auch später nichts an dieser Situation.

Wo sich aus den Fallstudien methodologische Probleme ergaben, versuchten die später einsetzenden systematischen, empirischen Forschungen
diese zu beheben. Die ersten Forschungen in Österreich entstanden im lokalhistorischen Rahmen. Die Forschenden setzten sich das Ziel, das Leben
der Einwohnerinnen in allen Regionen zu beleuchten. Dabei mussten sie
häufig feststellen, dass ihnen Frauen zwar davon erzählten, jemanden zu
kennen, der »das« zugestoßen war, aber über die eigene Geschichte schwie-

---

7   Anna Di Lellio: Seeking Justice for Wartime Sexual Violence in Kosovo. Voices
    and Silence of Women, in: East European Politics and Societies and Cultures 30.3
    (2016), S. 621–643.
8   Vieda Skultans: *The Testimony of Lives: Narrative and Memory in Post-Soviet Latvia.*
    New York/London, Routledge, 1998.

gen sie eisern. In diesen österreichischen Forschungen waren es überraschenderweise vor allem die Männer, die erzählten, dass die »Russen« Frauen aus ihrer Familie vergewaltigt hatten. Sie schilderten auch, welchen Einfluss das auf die Geschichte ihrer Familie hatte. So wurde die Geschichte der Kriegsvergewaltigungen zu einem Unterkapitel des Krieges der Männer. In Ungarn begann die lokalhistorische Forschung des Krieges erst später, und eine Sichtbarkeit der Erinnerungen von Frauen gab es erst nach der illiberalen erinnerungspolitischen Wende.[9]

Die Erforschung der Kriegsvergewaltigungen begann damit, die sexuelle Gewalt im öffentlichen Diskurs sichtbar zu machen und der Forschung selbst Akzeptanz zu verschaffen. Später folgte die Analyse der emotionalen und sexuellen Komplexität der Beziehungen. Und erst danach wurden die Beziehungen von Zivilisten und Soldaten im analytischen Rahmen des Rassismus neu bewertet. Während des Zweiten Weltkriegs waren im Zusammenhang mit den Truppen, die auf dem Kontinent stationiert waren, Stereotype kolonialen Denkens zu beobachten: Da man die farbigen Soldaten bzw. die »Asiaten« an der Ostfront für »sexuell überladen« hielt, sorgte man sich um die weibliche Bevölkerung. Die Art und Weise, wie die ungarischen Quellen über die russischen und sowjetischen Soldaten herkömmlicherweise sprachen – dazu später mehr –, gehört ebenfalls in die kolonialistische Erzählstruktur. Besonders deutlich wird dies anhand der rassistischen Vorurteile den Kindern gegenüber, die aus diesen Beziehungen hervorgegangen sind.[10]

Die jüngsten Debatten über die Untersuchung von sexueller Gewalt sind durch eine Kritik der europazentrischen Strafverfolgung charakterisiert. Das europäische Rechtssystem, in dem die sexuelle Gewalt als Straftat gilt, das aber im Prozess der Rechtsprechung das Opfer strukturell benachteiligt, wurde im Zuge der Kolonialisierung auch auf die außereuropäische Welt übertragen. Diese Entwicklung aber machte die bereits bestehenden lokalen Institutionen unsichtbar, in deren Kompetenz bis dahin die Bestrafung dieser Normverletzung gelegen hatte.[11]

---

9 Pető: Roots of Illiberal Memory Politics; István Sántha: A front emlékezete. A Vörös Hadsereg kötelékében tömegesen és fiatalkorúakon elkövetett nemi erőszak kérdése a Dél-Vértesben, in: Csikós, Kiss, Ö. Kovács, Váltóállítás, S. 127-165.

10 Heide Fehrenbach: *Race after Hitler: Black Occupation Children in Postwar Germany and America.* Princeton, Princeton University Press, 2005.

11 Fallstudien aus Afrika zeigen, dass die Frau in der Rechtsprechung der vorkolonialistischen Zeiten eine viel größere Rolle hatte. Brett Shadle L.: Rape in the Courts of Gusiiland, Kenya, 1940s–1960s, in: African Studies Review 51.2 (2008), S. 27-50.

Die Untersuchung von sexueller Gewalt bildet inzwischen einen Hauptstrang der sich immer weiter entfaltenden Genozidforschung.[12] In der Geschichte von Kriegen und Völkermorden wird der Untersuchung der Rolle von Sexualität und sexueller Gewalt immer mehr Bedeutung beigemessen.[13] Weibliche Täterschaft taucht in diesem Diskurs, der sexuelle Gewalt als Krise der Männlichkeit betrachtet, selten auf, auch Untersuchungen zu solchen Fällen, in denen Männer von Männern vergewaltigt wurden, begannen erst vor Kurzem.[14] Das Grundlagenwerk von Susan Brownmiller, das die sexuelle Gewalt als Kriegswaffe analysierte, und damit den strukturellen Analyserahmen erschuf, wurde 2000 ins Japanische übersetzt, eine russische oder ungarische Übersetzung gibt es hingegen bis heute nicht. Erwähnen möchte ich an dieser Stelle, dass die Militär- bzw. Kriegsgeschichte – wenn auch in abnehmenden Maße – immer noch ein Monopol von männlichen Historikern ist. Und für sie war der weibliche Standpunkt von nicht allzu großem Belang, weshalb die zum Teil auch schon früh entstandenen Werke von Historikerinnen zum Thema häufig nicht zitiert wurden. Im Folgenden analysiere ich die Situation in Ungarn in diesem internationalen und vergleichenden Rahmen.

Stand der Forschung in Ungarn

Als ich 1996 Stipendiatin des Instituts für die Wissenschaften vom Menschen in Wien war, bekam ich ein Fotoalbum in die Hände, herausgegeben vom Historischen Museum der Stadt Wien über das Wien der unmittelbaren Nachkriegszeit.[15] Ich entdeckte darin ein Polizeifoto von einer Frau, die im Prater vergewaltigt und getötet worden war. Dieses Foto war der auslösende Impuls dazu, dass ich begonnen habe, die Geschichte sexueller Gewalt in Ungarn zu erforschen. Als ich wieder zu Hause war, fragte ich alle meine Bekannten aus, ob sie etwas über ähnliche Fälle in Budapest wüssten. Manche leiteten mich daraufhin an diverse Verwandte und Nach-

---

12   Ayşe Gül Altınay, Andrea Pető (Hg.): *Gendering Genocide*, in: Special issue of European Journal of Women's Studies 22.4 (2015).

13   Andrea Pető (Hg.): *Gender: War* (Macmillan Interdisciplinary Handbooks). Gale, Cangage Learning, 2017.

14   Ellen Anna Philo Gorris: Invisible Victims? Where Are Male Victims of Conflict-related Sexual Violence in International Law and Policy?, in: European Journal of Women's Studies 22.4 (2015), S. 412-427.

15   *Frauenleben 1945: Kriegsende in Wien. 205.* Sonderausstellung des Historischen Museums der Stadt Wien 21.09.–19. 11. 1995. Wien, Eigenverlag der Museen der Stadt Wien, 1995.

barinnen weiter, denen »das« ihres Wissens widerfahren sei. Ich durch-
suchte derweil die Archive, um mir einen Überblick über die zur Verfügung
stehenden Quellen zu verschaffen. 1998 erschien das Buch von Krisztián
Ungváry *Die Schlacht um Budapest*, aus dem sich viele kleine Details er-
schlossen, aber letztlich fand ich den orientalisierenden und die Erfahrungen der Frauen verschweigenden Interpretationsansatz nicht überzeugend.
1999 erschien meine erste Studie zum Thema in *Történelmi Szemle*, einer
Fachzeitschrift des Instituts für Geschichte der Ungarischen Akademie der
Wissenschaften. Der Artikel, beziehungsweise seine englischsprachige,
2003 veröffentlichte Version, wurde meine meistzitierte wissenschaftliche
Arbeit, nicht zuletzt, weil die Zeitschrift mittlerweile kostenlos zugänglich
ist. So konnten ihn viele lesen, und von noch einmal so vielen wurde er in
Blogs, die damals im Entstehen waren, zitiert und kommentiert. Um die
symbolischen Daten der »Befreiung« von Budapest und Ungarn (13. Februar und 4. April) herum wurde ich oft zitiert und eingeladen, besonders
von konservativen und sogar rechtsextremen Journalisten. Im Sommer
2004 hielt ich auf der Krim an einer feministischen Sommeruniversität
einen Vortrag über meine Forschung. Als ich fertig war, herrschte in der
Zuhörerschaft, die aus mutigen feministischen Aktivistinnen aus den ver-
schiedensten Teilen der ehemaligen Sowjetunion bestand, bleierne Stille.[16]
Als sich endlich die erste Stimme aus dem Publikum zu Wort meldete, sagte
sie: »Aber mein Großvater war doch ein Held.« Und die Frau erzählte die
Geschichte ihres Großvaters, der den gesamten Zweiten Weltkrieg hindurch heldenhaft gekämpft hatte. Mir wurde klar, wie kompliziert und abhängig vom jeweiligen politischen Kontext der Prozess ist, das Schweigen,
das Verschweigen zu durchbrechen.

Für die Geschichte der Forschungen in Ungarn ist von wesentlicher Bedeutung, dass die Institutionalisierung der Geschichtsschreibung über die
sozialen Geschlechter, die Gender Studies, die in anderen Ländern die theoretische Grundlage der Forschungen im Thema bildet, erst spät erfolgte.[17]
Während die Institute für Geschichtswissenschaft an westeuropäischen
Universitäten die Studierenden (und die Forschungsgelder) mit vielfältigen
Spezialisierungsmöglichkeiten locken, ist das in Ungarn nicht der Fall, und
an fast allen Universitäten werden die gleichen Fächer unterrichtet. Es ist
kein Wunder, dass die Kriegsgeschichte auf der Ebene einer politikwissen-

16 Den Vortrag mit dem Titel »Framing women in national history« hielt ich an der
    7. Sommeruniversität von Gender Studies (Foros, Ukraine, 06–11.9.2004).
17 Andrea Pető: Társadalmi nemek és a nők története, in: Bódy Zsombor, Ö. Kovács
    József (Hg.): *Bevezetés a társadalomtörténetbe*. Budapest, Osiris, 2003, S. 514-532.

schaftlichen, Fakten erhebenden Beschreibung verharrte. Die theoretische Inkohärenz sowie die halbherzige Auseinandersetzung mit der Anwesenheit der sowjetischen Armee in Ungarn hatten schwerwiegende politische und wissenschaftliche Folgen. Das zeigte sich nicht nur in der Debatte »Befreiung« versus »Besetzung«, sondern auch darin, welche Überraschung und welches Unverständnis der sich Anfang der 2000er-Jahre vollzogene Paradigmenwechsel in Historikerkreisen auslöste.

Die englischsprachige Publikation von Alaine Polcz' Werk *Frau an der Front* erweckte das Interesse der feministischen Literaturwissenschaftlerinnen an Erzählungen von Zeitzeuginnen sowie an theoretischen und methodologischen Fragen.[18] Fruzsina Skrabskis Dokumentarfilm VERSCHWIEGENE SCHANDE (2013) gab nicht nur dem Wandel im kollektiven Gedächtnis neue Impulse, sondern auch der wissenschaftlichen Forschung. Skrabski interviewte auch mich für den Film, und nach Vorführungen fanden oft Podiumsgespräche statt, bei denen die Regisseurin und ich unsere unterschiedlichen Auffassungen diskutierten. Im Interesse unseres gemeinsamen Zieles, nämlich die verschwiegene und mundtot gemachte jüngere Vergangenheit zur Sprache zu bringen, konnten wir dennoch gut zusammenarbeiten.[19]

Dem Film gelang das, was ich mit meinem Artikel 1999 nicht erreichen konnte: Er wirkte auf das kollektive Gedächtnis, und Vansinas »fließende Lücke« setzte sich langsam in Bewegung. Als Teil der erinnerungspolitischen Wende nahm die Veröffentlichung von Erinnerungen über die Gräueltaten von sowjetischen Soldaten in Ungarn in Zeitungen, Zeitschriften, Blogs ihren Anfang.

Die erinnerungspolitische Wende

Während Sándor Sáras Film DIE ANKLAGE 1997 nach wenigen Vorführungen bald wieder in der Dose verschwand, lief der Dokumentarfilm von Skrabski noch lange in den Kinos, sogar im öffentlich rechtlichen Fernsehen[20] wurde er mehrmals gesendet und im Internet ist er auf zwei Platt-

---

18 Alain Polcz: *Frau an der Front. Ein Bericht.* Berlin, Suhrkamp, 2012.
19 Fruzsina Skrabski: Az Elhallgatott gyalázatról vitatkoztunk. *Mandiner*, 3.3.2017. http://mandiner.hu/cikk/20170303_skrabski_fruzsina_az_elhallgatott_gyalazatrol_vitatkoztunk
20 Mit Steuergeldern finanzierter Sender, bei dem sämtliche Entscheidungsträger der FIDESZ-KDNP-Regierung verpflichtet sind. Einer der wenigen Sender, die überall in Ungarn empfangen werden können. (Anm. d. Übers.)

formen zugänglich. Bis heute wurde er etwa 200.000-mal aufgerufen. Der Erfolg des Filmes ist auch der erinnerungspolitischen Wende zu verdanken, die kurz vor der Premiere einsetzte.

Diese in Ungarn ab den 2000er-Jahren einsetzende erinnerungspolitische Wende setzt sich aus drei Komponenten zusammen. Erstens kommt es zur Popularisierung und Lokalisierung der Geschichte, das heißt, der einfache Alltagsmensch wird Gegenstand und gleichzeitig Held der historischen Untersuchungen, wie das auch Die Anklage zeigt. Die Historikerinnen und Historiker fahnden in lokalen Archiven nach Quellen und geben Erinnerungen von Zeitzeugen in Zusammenarbeit mit deren Verwandten heraus. Aus diesen privaten Erzählungen gelangen viele Tausende an die Öffentlichkeit und werden zu historischen Fakten. Im Gegensatz zu anderen, schriftlichen Quellen rücken die mündlichen Erinnerungen als zuverlässige und »wahre« Quellen in den Vordergrund der Aufmerksamkeit. Diese Privatisierung des Gedächtnisses – damit meine ich die Vorstellung, dass das Individuum die Wahrheit im Zusammenhang mit einem historischen Ereignis besser kennt als ein Historiker, der jede Quelle in ihrem Kontext analysiert – war Teil der 1989 einsetzenden erinnerungspolitischen Wende. An die Stelle der ideologisch bestimmten und zensierten Geschichten aus der Zeit vor 1989 rückte nun die individuell erlebte Geschichte als »wahr«. Eine solche individuelle Geschichte, als historische »Wahrheit« wiederum lokalisiert und individualisiert das Gedächtnis und löst es von globalen Entwicklungen und Erkenntnissen.

Zweitens muss die Wende in der Frauengeschichte benannt werden. Das bedeutet, dass die Geschichten von Frauen in die Geschichtsschreibung aufgenommen werden müssen, jedoch in einem Narrativ, das ihre Opferrolle festigt. Während die gendersensiblen Forschenden bis dahin die Abwesenheit der Frau in der Geschichtsschreibung beklagten, beobachten sie jetzt einen Paradigmenwechsel. Viele Frauen und Frauenthemen tauchen auf. Analysiert werden in Ungarn allerdings nicht die Gründe dafür, warum Frauen strukturell unsichtbar sind, stattdessen wird eine homogene Gruppe von Frauen erzeugt, die dann zum Symbol des nationalen Opfertums wird.[21]

Als dritte Komponente ist die geopolitische Wende zu nennen. Dabei wurde die Interpretation der Vergangenheit im putinschen Russland in eine sicherheitspolitische Frage umgedeutet, und der Mythos des Großen Vaterländischen Kriegs wurde zu einer Ideologie für die Formulierung von Großmachtansprüchen. Außerdem betrieben die konservativen Parteien

---

21 Pető, Roots of Illiberal Memory Politics.

der neuen osteuropäischen EU-Mitgliedstaaten, deren politische Legitimie-
rungskraft im Wesentlichen im Antikommunismus bestand, erfolgreich die
Einführung eines Gedenktages für die Opfer des Kommunismus. Sie nutzten ihre Lobby in Brüssel, um innerhalb des europäischen Erinnerungspa-
radigmas, dessen Schlüsselelement bis dahin das universelle Gedächtnis des
Holocaust darstellte, ein System zu etablieren, das diesen hegemonialen
erinnerungspolitischen Rahmen von innen heraus erodierte. Das heißt, das
universelle Narrativ »Nie wieder!« wurde bzw. wird allmählich zu einer partikularen und nationalen Angelegenheit. Dieser Rahmen des »repressiven
Vergessens« führt schließlich zur Konstruktion einer neuen Meistererzäh-
lung, die die alte ausschließt.[22] Dieses neue Narrativ bildet die theoretische
und ideologische Grundlage zur Konzipierung einer defensiven Erinne-
rungsstrategie, in der von der »doppelten Besatzung« die Rede ist und die
die Schuld für die Traumata des 20. Jahrhunderts allein den Deutschen
(bzw. den Sowjets) zuschreibt.

Die Auswirkungen dieser erinnerungspolitischen Wende ist auch im
2013 veröffentlichten Werk von Tamás Krausz und Éva Mária Varga nach-
zuvollziehen, in dem die Beteiligung der ungarischen Armee an der Besetzung der Sowjetunion herausgearbeitet wird.[23] Das Buch enthält zwar zahlreiche methodische Fehler, aber Krausz und Varga konnten nachweisen,
dass die Soldaten der ungarischen Armee an der Vergewaltigungskultur
aktiv beteiligt waren. Sie verübten in den ungarischen Besatzungszonen auf
dem Gebiet der ehemaligen Sowjetunion zahlreiche Gräueltaten, genauso
wie die sowjetischen oder alle anderen uniformierten Truppen im Laufe
von Kriegsoperationen oder eben während einer Besatzung. Das Autoren-
team wagte den entscheidenden Schritt, den die Forschung gehen musste:
das verschworene Schweigen brechen, die Kriegsvergewaltigungen zur
Sprache bringen und Akzeptanz für die Forschung verschaffen. Erst daran
anschließend kann es, zukünftig, eine fachlich fundierte, methodisch und
forschungsethisch angemessene Aufarbeitung geben. Der Befund ist eindeutig: Die ungarische Armee war am nationalsozialistischen Genozid aktiv mitbeteiligt, und dies entspricht auch dem erinnerungspolitischen Paradigma der russischen Regierung. Trotz ihres tendenziösen Umgangs mit
den Quellen und einiger Ungenauigkeiten erreichten Krausz und Varga

---

22 Paul Connerton: Seven Types of Forgetting, in: Memory Studies 1.1 (2008), S. 60-
    61.
23 Tamás Krausz, Éva Mária Varga (Hg.): *Magyar megszálló csapatok a Szovjetunióban.
    Levéltári dokumentumok (1941–1947)*. Budapest, L'Harmattan, 2013.

mit dem Band ihr Ziel: Sie initiierten mit ihren dort formulierten Thesen eine wissenschaftliche Diskussion in der Zunft.

Die Debatte über das Buch wurde auf mehreren Ebenen geführt. Auf der ersten ging es um die Klärung der Kriterien der Wissenschaftlichkeit: Wer darf wie Quellen auswählen, und was sind die Merkmale eines angemessenen Anmerkungsapparats? Auf der zweiten ging es um die Frage der Souveränität der an der Seite von Deutschland in den Krieg eingetretenen ungarischen Armee: Inwieweit konnten die Mitglieder der Heeresleitung überhaupt autonome Entscheidungen treffen? Und die dritte Ebene machte die Regeln der Kriegsführung zum Gegenstand der Analyse. In den Debatten standen sich zwei unversöhnliche erinnerungspolitische Standpunkte gegenüber: Die Herausgeber des Bandes vertraten den intentionalistischen Standpunkt; sie betonten, dass die Armee als Verbündeter von Nazideutschland ein militärisches und ideologisches Programm umgesetzt habe. Die Militärhistoriker hingegen argumentierten im Rahmen des europäischen erinnerungspolitischen Paradigmas mit der Professionalität der ungarischen Armee und mit dem Widerstand, den einzelne Soldaten leisteten. Sie zitierten oft den Befehl von Imre Kolossváry, dem Generalmajor der 105. Infanteriedivision, um zu belegen, dass die ungarische Armee Maßregeln hatte und diesen auch folgte. »Plündern und Marodieren gehören nicht zu den Eigenschaften eines Ungarn. Sollte es vorkommen, dass jemand das vergisst, soll er von seinen Kameraden verwarnt werden. Dass deutsche Behörden und Kommandanturen, die gar kein Verständnis haben, auf die überspitzten Berichten der ukrainischen Schulzen nicht herein fallen, und diese den höheren deutschen Kommandanturen und Oberkommandanturen nicht melden, können wir nur erreichen, indem wir selbst den Schein [von Gräueltaten] vermeiden.«[24] Aus einem Befehl wie diesem lässt sich allerdings kaum schließen, wie sich die schlecht versorgten und in ständiger Lebensgefahr schwebenden ungarischen und deutschen Soldaten während der militärischen Besetzung der Zivilbevölkerung gegenüber verhielten.

An dieser Stelle möchte ich auf einen blinden Fleck in der öffentlichen Debatte hinweisen, und zwar auf die methodologischen Fehler bei der Analyse von Quellen sexueller Gewalttaten bzw. auf die Unterschätzung des Ausmaßes der Kriegsvergewaltigung. Insbesondere wenn es darum geht, Vergewaltigungsfälle zu bezeugen, entpuppen sich die Quellen als ideolo-

---

24 Krisztián Ungváry (Hg.): *A második világháború*. Osiris, Budapest, 2005. Zitiert bei Ákos Fóris: Zsákmányjog a keleti hadszíntéren. Újkor, 26. 1. 2018. http://ujkor.hu/content/zsakmanyjog-keleti-hadszinteren

gisch tendenziös, und dieser Umstand wird häufig nicht reflektiert. Zum Beispiel sagt A. I. Krutuchin, ein Bewohner des 400 km südlich von Moskau gelegenen Dorfs Swetlowo, in seiner im Buch zitierten Aussage über die ungarischen Truppen: »Die Einwohner unseres Dorfs versteckten sich alle vor diesem Rudel, und als Antwort darauf, dass die Dorfbewohner versuchten, sich vor ihnen zu verstecken, erschossen sie alle, die es nicht schafften, und sie vergewaltigten unsere Frauen.«[25] Krutuchin ist eigenen Angaben zufolge 67 Jahre alt. Auffallend ist, dass er flüssig die sowjetische Propagandasprache verwendet, was die Quelle unkommentiert hinnimmt. Überraschend hingegen ist die Offenheit, mit der er über die Vergewaltigungen spricht, obwohl sexuelle Gewalt ein allgemein tabuisiertes Thema ist.

Zu diesem Thema veranstaltete das Historische Forschungsinstitut Veritas, eine im Rahmen der erinnerungspolitischen Wende aus staatlichen Geldern gegründete Einrichtung,[26] eine Konferenz, bei der ich einen Vortrag hielt. Unmittelbar im Anschluss erhielten die Institutsleitung und auch ich selbst mehrere kritische Briefe.[27] Wenn Menschen sich gleich am nächsten Tag an den Computer setzen, um im Zusammenhang mit dem Gehörten ihr Missfallen zu äußern, könnte man meinen, dies sei einer erfolgreichen Themenwahl zu verdanken. Allerdings geht es hier um viel mehr, und das möchte ich anhand der folgenden zwei, am selben Tag geschriebenen Briefe zeigen, die ich hier aus rechtlichen Gründen nur verkürzt wiedergeben kann.[28] Beide Briefeschreiberinnen nehmen zu den Erklärungsansätzen der Massenvergewaltigungen Stellung. Damit signalisieren sie eine Popularisierung der Geschichtsschreibung und stellen die Fachkompetenz der profesionellen Historikerinnen infrage. Im ersten, an mich gerichteten Brief erscheinen die sowjetischen Soldaten als »die anderen«. Die Briefschreiberin ethnisiert die Vergewaltiger, das heißt, das Erklärungsprinzip für die Gräueltaten ist die Rache der »russischen« Soldaten. Damit leugnet sie, dass die Frauen strukturelle Opfer des Militarismus

25 Krausz, Varga: Magyar megszálló csapatok a Szovjetunióban, S. 33.

26 ›Unfettered Freedom‹ Revisited: Hungarian Historical Journals between 1989 and 2018.
    Andrea Pető, Ildikó Barna, in: Journal of Contemporary History (in Vorbereitung).

27 »Szexuális erőszak és megszálló seregek a II. világháborús Magyarországon.« Megszállástól megszállásig: Magyarország nagyhatalmak szorításában 1944–1949. – Konferenz des Historichen Forschungsinstituts Veritas, Budapest, Parlament, Saal des Oberhauses 29. 9. 2014. Die Zeitschrift *Rubicon* veröffentlichte den Text des Vortrags im Gegensatz zu den anderen Vorträgen der Konferenz nicht.

28 Sämtliche Briefe sind in meinem Blog *Mandiner* zugänglich: »A II. világháborús nemi erőszak történetírása Magyarországon«, 31. 3. 2015. http://mandiner.blog. hu/2015/03/31/a_ii_vilaghaborus_nemi_eroszak_tortenetirasa_magyarszagon

waren, und behauptet, die sowjetische Armee habe die Waffe der Kriegsvergewaltigungen absichtlich, auf Anstoß von Ilja Ehrenburgs in der
Prawda veröffentlichten Artikel, eingesetzt. Sie schreibt, einzelne nieder-
trächtige Menschen und Verbrecher gebe es überall, aber die deutsche Besatzung sei mit der sowjetischen nicht zu vergleichen, denn die Sowjets
handelten von oben angestachelt, während das Verhalten der ungarischen
und deutschen Soldaten durch strenge Gesetze und Regeln sanktioniert
war.

Im zweiten Brief dient das eigene Erlebnis als Ausweis von »Wahrheit«.
Der Schwiegervater der Briefschreiberin diente in einer Grenzjägerkom-
panie, die Speisekammer ihrer Großmutter in Kiskőrös wurde von einem
Kosaken geleert, der ihre Tiere forttrieb und nach versteckten Frauen im
Haus suchte. Die Familiengeschichte ist für die Briefschreiberin glaubwür-
diger als das Narrativ der Historikerinnen und Historiker. Mit Frauen – auch
wenn das hier nicht explizit gesagt wird – sind ausschließlich ungarische
Frauen gemeint, nicht etwa jüdische Frauen, die vielleicht einige Tage zuvor vor den deutschen oder eben den ungarischen Soldaten versteckt
worden waren. In diesem Fall führt ebenfalls eine ethnisierte, intentionalistische Erzählweise zur Degradierung »der Anderen«. Die sowjetischen
Soldaten werden zu Tieren, denen nach Ansicht der Schreiberin die Beute-
und Rachefeldzüge befohlen wurden, ein Befehl, den sie ausführten. Nur
die Sowjets hätten sich so bestialisch verhalten. Beide zitierten Briefe betrachten die ungestraften Übergriffe der sowjetischen Soldaten als Ausgangspunkt. Fakt ist, dass die Sexualverbrechen von sowjetischen Soldaten
nach 1945 tatsächlich ungesühnt blieben, und die emotionalen und politischen Folgen davon sind bis heute noch präsent.

Den nächsten Schritt im neu entfachten erinnerungspolitischen Streit
stellte ein von Béni L. Balogh herausgegebener Band zur Aufarbeitung der
sowjetischen Besatzung dar, der unter dem Titel »Törvényes« megszállás
[»Legale« Besatzung] erschien.[29] Er wurde in Rezensionen vielfach kritisiert, in erster Linie wegen der nicht allzu geglückten Titelwahl, besonders
weil die Anführungszeichen, die im Titel noch vorhanden sind, im Text
selbst verschwinden.[30] Im Band wurden 225 Dokumente publiziert, die

---

29 Balogh, »Törvényes« megszállás.
30 Tamás Krausz: Egy levéltári kurzuskötet a Győzelem 70. évében, in: Eszmélet 106
    (2015), S. 86-99; Béni L. Balogh: A helyes történészi magatartásról. Válasz Krausz
    Tamásnak, in: Rubicon 9 (2015), S. 10-13; István Feitl: Az ideiglenesség időszaka:
    Magyarország 1944-1945-ben, in: Eszmélet 27, 106 (2015), S. 8-41; György Gyar-
    mati: A fegyverszünet nem vet véget a háborús állapotnak, in: Korunk 26. 10 (2015),
    S. 67-72; Éva Standeisky: »Dokumentumok a megszállásról« Élet és, in: Irodalom

den Einzug der sowjetischen Truppen, ihre Maßnahmen, Aktivitäten, die Kontakte mit den ungarischen Behörden, Beziehungen zur Bevölkerung, Übergriffe, die verursachten wirtschaftlichen Schäden, die Konfiszierungen und das Alltagsleben der Besatzer dokumentieren.

Wie György Gyarmati in seiner Rezension formulierte: Mit dem Erscheinen dieses Bandes wurde die »Quellengrundlage für den ungarischen historischen, geschichtspolitischen Diskurs der Gravamen« begründet. Die Debatte rund um das Buch brachte aber auch viele positive Ergebnisse.[31] Damit der Band zustande kommen konnte, sichteten die Mitarbeiterinnen und Mitarbeiter ungarischer Archive ihre Bestände nach möglichen Quellen, denn, wie schon erwähnt, die Unterlagen der sowjetischen Besatzung wurden nicht zentral archiviert, und das beeinträchtigt den Zugang zu ihrer Erforschung enorm. Die im Buch veröffentlichten Daten bieten ein kaleidoskopisches Bild, vor allem weil die Unterlagen durch die chaotische Kriegssituation und das nur schleppend wieder errichtete Verwaltungswesen tatsächlich nur zufällig erhalten blieben. Neu an diesem Bild ist die sich darin spiegelnde Gefühllosigkeit der ungarischen kommunistischen Leiter und die Schwäche ihrer Durchsetzungskraft. Vergeblich und ohne jegliche Aussicht auf Erfolg leiteten sie Klagebriefe an die sowjetischen Behörden weiter. Sprach jemand die Gräueltaten der Sowjets an, wurde er als Reaktionär abgestempelt und machte sich damit unbeliebt.

Schließlich soll noch ein Studienband zur Geschichte der ländlichen Regionen Ungarns in den Jahren 1944 und 1945 erwähnt werden. Dieser Band verfolgt eine Methodik, die dem deutschen Ansatz von der »Stunde Null« ähnelt, betrachtet also das Jahr 1945 als Anfangspunkt, ohne eingehende Analyse dessen, was vorher geschah und wie es dazu kam.[32] Der vorliegende Band soll die methodologischen und theoretischen Unzulänglichkeiten ausgleichen.

Die Besatzertruppen in Ungarn im Vergleich

Infolge des Versagens des ungarischen politischen Systems wurde das Land in den Jahren 1944 und 1945, den letzten zwei Kriegsjahren, von zwei Armeen besetzt: am 19. März 1944 – im Anschluss an die eigenen erfolglosen Friedensverhandlungen und den erfolgreichen Absprung Rumäniens – von

59. 33 (2015) https://www.es.hu/cikk/2015-08-14/standeisky-eva/dokumentumok-a-megszallasrol.html

31 Gyarmati: A fegyverszünet nem vet véget a háborús állapotnak, S. 72.

32 Csikós, Kiss, Kovács, Váltóállítás.

den deutschen Truppen und ab Herbst 1944 von der Roten Armee. Die ungarische Historiografie betrachtet die Geschichte der deutschen beziehungsweise sowjetischen Besatzung aufgrund der politik-historisch definierten Epochengrenzen getrennt voneinander. Die verbündeten deutschen Truppen marschierten im Großen und Ganzen ohne jeden Widerstand in das Land ein, deshalb wird dieses Ereignis oft im Rahmen der Diplomatie- oder Politikgeschichte behandelt. Die um den Preis von langen und blutigen Kämpfen erfolgte sowjetische Besatzung hingegen wird als Teil des neuen politischen Systems, des Kommunismus, analysiert. Die Gültigkeit dieser Periodisierung wurde durch die Theorie der »doppelten Besatzung« hinterfragt, die als Teil der Anfang der 2000er-Jahre einsetzenden erinnerungspolitischen Wende mit dem reanimierten Mythos von »Ungarn als Opfer« zu vermeiden suchte, dass die Frage nach der Verantwortung von Ungarn für die eigene Rolle im Zweiten Weltkrieg überhaupt gestellt wird. Die Frage der massenhaften Kriegsvergewaltigung von Frauen geriet zu dieser Zeit zunehmend in das Zentrum der Aufmerksamkeit von Wissenschaft und Publizistik, denn der Mythos von der deutschen Armee – wonach Wehrmachtangehörige keine sexuellen Gewalttaten begingen – war zur Zerstörung des Mythos der »befreienden« Roten Armee durchaus nützlich. Die sowjetischen Soldaten vergewaltigten tatsächlich massenweise Frauen, und im Folgenden soll analysiert werden, was man nach dem gegenwärtigen Forschungsstand über diese Zeit wissen kann bzw. wer sich wie an diese Jahre erinnert.

Die deutsche Besatzung

Die Wehrmacht war nur kurze Zeit in Ungarn stationiert, und bei ihrem Einmarsch in das Gebiet eines verbündeten Landes am 19. März 1944 stieß sie auf keinen nennenswerten Widerstand.[33] Das Gedächtnis der Vergewaltigungen, die deutsche Soldaten in Ungarn verübten, ist durch diese zwei Faktoren – die kurze Dauer und die Tatsache, dass sich die Wehrmacht auf dem Gebiet eines verbündeten Landes aufhielt – geprägt. Im kollektiven Gedächtnis blieb haften – wie auch die oben zitierten Briefe zeigen –, dass deutsche Soldaten ungarische Frauen nicht vergewaltigten. Über die sowjetischen Soldaten hingegen »wissen auch heute noch alle«, dass sie massenweise sexuelle Gewalten gegen die ungarische Bevölkerung, versteckte Jü-

33 György Ránki: *1944. március 19. Magyarország német megszállása.* Budapest, Kossuth Könyvkiadó, 1978; Péter Szabó, Norbert Számvéber: *A keleti hadszíntér és Magyarország, 1943–1945.* Debrecen, Puedlo Kiadó, 2003.

dinnen, Deutsche, Polinnen, Slowakinnen usw. verübten. Die Rote Armee besiegte in verlustreichen Kämpfen die von Blut triefenden Truppen und Ideen der Nationalsozialisten, aber den erinnerungspolitischen Krieg verlor sie schon in dem Moment, als sie das Land befreite.

Generalfeldmarschall Erich von Manstein sagte – übereinstimmend mit anderen Mitgliedern der deutschen militärischen Führung – im Nürnberger Prozess aus, dass die deutschen Soldaten keine Vergewaltigungen begangen hätten, wo es trotzdem dazu gekommen sein sollte, handelte es sich um Einzelfälle, und die Betroffenen seien stets strengstens bestraft worden. Diese Behauptung wurde auf der westlichen Seite der durch den Kalten Krieg gespaltenen Welt jahrzehntelang von niemandem infrage gestellt. Im von der Sowjetunion besetzten Teil Europas und in der ehemaligen Sowjetunion selbst unterstützte die offizielle Politik zwar die Gleichberechtigung der gesellschaftlichen Geschlechter, gleichzeitig blieb jedoch das System der normativen Männlichkeit erhalten: Sowohl auf institutioneller als auch auf sozioökonomischer Ebene blieb das Machtgefälle zwischen Mann und Frau erhalten. Im Narrativ des Großen Vaterländischen Krieges finden die Vergewaltigungen im antifaschistischen Diskurs, unter anderen Gräueltaten, die von den nationalsozialistischen deutschen (und ungarischen) Besatzertruppen verübt wurden, Erwähnung. Auch damit bekräftigte die Sowjetunion ihren Opferstatus moralisch. Während des Kalten Krieges sprach man im hegemonialen, moralisierenden Diskurs der Ostblockländer über die sexuelle Gewalt in einem antifaschistischen Interpretationsrahmen und nicht im militaristischen, machtgeprägten Rahmen der Gewalt.

Bevor ich auf die Analyse der deutschen Besatzung weiter eingehe, ist es notwendig, der Frage nachzugehen, ob von Manstein und die anderen – vor allem Militärhistoriker – Recht damit hatten, dass die deutschen Soldaten keine Vergewaltigungen verübten, und wenn es doch vorkam, ob es dann tatsächlich Einzelfälle waren, und die Täter mit Strafen rechnen mussten. Kritisch wurde im kultur- und mentalitätsgeschichtlichen Rahmen die Wehrmacht erstmals in der vom Hamburger Institut für Sozialforschung 1995 konzipierten, denkwürdigen und für ihre Ungenauigkeit viel kritisierten Wehrmachtausstellung untersucht.[34] Neuere Forschungen – etwa von Regina Mühlhäuser, Monika Flaschka und Birgit Beck, um nur einige zu nennen – analysierten den sogenannten Manstein-Mythos,

---

34 Der englische Katalog der Ausstellung: *Crimes of Wehrmacht. Dimensions of War Annihilation 1941–1944*. An outline of the exhibition of Hamburg Institute for Social Research. Hamburg, Hamburger Edition HIS, 2004.

wonach die Wehrmacht stets vorbildhaft und diszipliniert agierte.[35] Anhand von Archivunterlagen und Erinnerungen von Zeitzeugen wurde untersucht, ob das Verbot der sogenannten »Rassenschande«, das häufig als Argument für die Diszipliniertheit der deutschen Soldaten herangezogen wurde, in der Praxis funktionierte. An der Ostfront kämpften und arbeiteten etwa zehn Millionen Männer, und es gab zwar durchaus strenge Maßregeln (zum Beispiel der Abschnitt des Kriegsstrafgesetzbuchs über sexuelle Gewalt und das sogenannte »Blutschandegesetz«, demzufolge deutsche Soldaten keine sexuellen Beziehungen mit darunterfallenden Frauen eingehen durften, das heißt mit Slawinnen oder Jüdinnen), im Kriegsalltag wurden sie jedoch laufend unterwandert, weil eine Umsetzung im Handlungsrahmen des Militarismus strukturell schlicht nicht möglich ist. Zur Untersuchung dieser Behauptung standen erstrangige Quellen zur Verfügung, denn die Gespräche der deutschen Kriegsgefangenen wurden von den Engländern abgehört und aufgezeichnet. Aus den Abschriften dieser Gespräche geht unzweifelhaft hervor, dass sexuelle Gewalt auch für die deutschen Soldaten ein normalisiertes Verhaltensmuster war. Die deutschen Offiziere unterhielten sich mit großer Selbstverständlichkeit über ihre Beteiligung an den brutalsten Morden und Vergewaltigungen.[36]

Auch angesichts dieser eindeutigen Faktenlage bleibt für das Gedächtnis der Wehrmacht die Leugnung von Vergewaltigungen charakteristisch. Offensichtlich gibt es eine Verbindung zu der Behauptung, Angehörige der Besatzertruppen der ungarischen Armee hätten in der ehemaligen Sowjetunion keine Vergewaltigungen verübt. Dieser Mythos taucht in Ungarn immer wieder hie und da auf, doch dazu später mehr. Für die Wehrmacht jedenfalls kann man festhalten, dass die Aufrechterhaltung der militärischen Ordnung und Disziplin sowie die Einhaltung der »Rassenschutzgesetze« für die deutsche Militärführung von enormer Bedeutung

---

35 Regina Mühlhäuser: The Historicity of Denial: Sexual Violence against Jewish Women during the War of Annihilation, 1941–1945, in: Ayşe Gül Altınay, Andrea Pető (Hg.): *Gendered Memories, Gendered Wars. Feminist Conversationson War, Genocide and Political Violence*. New York/London, Routledge, 2016, S. 29-55; Birgit Beck: *Wehrmacht und sexuelle Gewalt. Sexualverbrechen vor deutschen Militärgerichten 1939–1945* (Krieg in der Geschichte, Bd. 18). Paderborn, Ferdinand Schöningh, 2004; Birgit Beck: Rape. The Military Trials of Sexual Crimes Committed by Soldiers in the Wehrmacht, 1939–1944, in: Karen Hagemann, Stefanie Schüler-Springorum (Hg.): *Home/Front. The Military, War and Gender in Twentieth Century Germany*. Oxford, Berg, 2002, S. 255-274; Monika Flaschka: *Race, Rape and Gender in Nazi Occupied Territories*. PhD diss., Kent State University, 2009.

36 Sönke Neitzel, Harald Welzer: *Soldiers: On Fighting, Killing and Dying: The Secret Second World War Tapes of German POWs*. London, McClelland & Stewart, 2012.

waren. Allerdings steht dieses Prinzip mit dem Grundprinzip des nationalsozialistischen Männlichkeitsbildes im Widerspruch, denn, wie Annette Timm es formuliert, »der Ausdruck männlicher Sexualität ist kein Thema individuellen Vergnügens, sondern der nationalen militärischen Stärke«.[37] Wie aus den nachstehenden Analysen hervorgeht, kam es an der Ostfront entgegen aller Prinzipien von militärischer Disziplin, Vorschrift und Gesetzeslage massenweise zu Vergewaltigungen. Da laut der NS-Rassenideologie die sowjetischen Staatsbürger als Untermenschen galten, besagte die für das »Barbarossa-Gebiet« gültige Richtlinie, dass »Gewalttaten von deutschen Soldaten gegenüber der sowjetischen Zivilbevölkerung nicht strafbar« seien.[38] Diese Art von Dehumanisierung trug dazu bei, dass deutsche Soldaten Vergewaltigungen verübten.

Die Frauen, die von den an der Ostfront stationierten Soldaten vergewaltigt wurden, erhielten keinerlei juristische Vergeltung, im Gegensatz zur Westfront, wo die Betroffenen die Möglichkeit hatten, bei den im Amt verbliebenen lokalen Behörden Anzeige zu erstatten. Das galt im Prinzip auch für Ungarn. So hielt das ungarische Verwaltungswesen nach dem 19. März 1944, also nach der deutschen Besatzung, obwohl sie bei der massenweisen Deportation von Juden und Jüdinnen aktiv mitwirkte, paradoxerweise eine Rechtssicherheit aufrecht, die die Ungarinnen vor den Übergriffen der verbündeten deutschen Soldaten beschützte. In Ungarn erfuhren Jüdinnen ungarischer Staatsbürgerschaft eher von den Angehörigen der eigenen uniformierten Organisationen Gewalt; in diesem Kontext sind reichlich Erinnerungen von Zeitzeuginnen und Zeitzeugen überliefert.[39]

Die Übergriffe, die deutsche Soldaten an der Ostfront verübten, sind durch mehrere Faktoren zu erklären. Dazu gehören das Bewusstsein der rassischen Überlegenheit, der zunehmend erfolgreiche sowjetische Widerstand sowie, nach der Niederlage bei Stalingrad, die immer offensichtlichere militärische Aussichtslosigkeit des Krieges.[40] Den deutschen Frauen

---

37 Annette F. Timm: Sex with a Purpose. Prostitution, Venereal Disease, and Militarized Masculinity in the Third Reich, in: Journal of the History of Sexuality 11.1-2 (2002), S. 253.

38 Beck, Rape, S. 263.

39 Sonja M. Hedgepeth, Rochelle G. Saidel (Hg.): *Sexual Violence against Jewish Women during the Holocaust.* Waltham, MA, Brandeis University Press – Hanover, University Press of New England, 2010; Steven T. Katz: Thoughts on the Intersection of Rape and Rassen[s]chande during the Holocaust, in: Modern Judaism 32.3 (2012), S. 293-322; Sinnreich, »And It Was Something«.

40 Jeffrey Burds: Sexual Violence in Europe in World War II, 1939-1945, in: Politics and Society 37.1 (2009), S. 35-74.

gegenüber, die in Deutschland eine sexuelle Beziehung mit einem sogenannten »Ostarbeiter« (diese sollten in erster Linie die Arbeitskraft in der
Landwirtschaft ersetzen) eingingen, trat der NS-Staat viel härter auf als den
Männern, die an der Ostfront kämpften. Laut dem NS-Frauenbild bestand die Aufgabe der deutschen Frauen im »Schutz des Heimes«, während
die Männer an der Front kämpften.[41] Die Wehrmacht war bestrebt, das
Sexualleben der Soldaten zu kontrollieren, indem sie mobile Bordelle mit
sogenannten »Einsatzfrauen« errichtete. Die Maßnahme erstreckte sich
von der Organisation der Logistik über die medizinische Kontrolle der
Frauen bis hin zur Bereitstellung von Verhütungsmitteln. Die Sexarbeit in
den Bordellen stellte für einen Teil der einheimischen Frauen nicht nur
eine Einnahmequelle dar, sondern sie diente ihnen auch als Schutz vor der
drohenden Deportation. Himmlers Einschätzung zufolge sind in der Ukraine aus solchen Beziehungen eine Million Kinder geboren, und es kam
zu etwa zwei Millionen zwangsverordneten Schwangerschaftsabbrüchen.[42]
Während sexuelle Gewalt an der Westfront zum Schutz des Ansehens der
Wehrmacht hart geahndet wurde, wurden Strafen an der Ostfront lediglich aus Gründen der »Rassenhygiene« verhängt, der Tatbestand von sexueller Gewalt fand in den Unterlagen keine Erwähnung. Auf Himmlers Anordnung Ende 1941 wurden auch in einigen Konzentrationslagern Bordelle
eingerichtet. Die Maßnahme wurde damit begründet, dass die Gefangenen besser arbeiten würden, wenn sie ins Bordell gehen könnten. Während
des Krieges wurden etwa 35.000 Frauen aus Ravensbrück in Lagerbordelle
gebracht, wo sie regelmäßig vergewaltigt wurden.[43] In Mauthausen hatte
das deutsche und ukrainische Wachpersonal ein Bordell eigens für sich,
und die ukrainischen und jüdischen Gefangenen durften die dort inter-
nierten Frauen als Belohnung aufsuchen. Die jüdischen Frauen waren den
deutschen Soldaten besonders ausgeliefert.[44]

Birgit Beck analysierte militärgerichtliche Verfahren, in denen Wehrmachtangehörige wegen Sexualverbrechen vor Gericht gestellt wurden,
und gelangte zum Schluss, dass die Ideologie der Männlichkeit die Gewalt
nicht nur ermöglichte, sondern auch legitimierte. In den Urteilen tauchte
regelmäßig die Begründung auf, die an der Front kämpfenden Wehr-
machtsoldaten hätten ein Recht auf sexuelle Befriedigung. Stets sei die

41 Ebd., S. 38.
42 Ebd., S. 42.
43 Ebd., S. 43.
44 Katz, Thoughts on the Intersection of Rape; Beck, Rape; Sinnreich: »And It Was
     Something«.

kriegsbedingt auftretende sexuelle Not als mildernder Umstand betont
worden.[45]

Es ist wichtig festzuhalten, dass das Narrativ des NS-Militärs – wonach
die Wehrmachtangehörigen die Gesetze und die Anordnungen befolgten
und keine Sexualverbrechen verübten – von den Alliierten nicht infrage
gestellt wurde. Die Sowjets mühten sich vergeblich, dem Untersuchungs-
material ergänzende Zeugenaussagen über Sexualdelikte durch Wehrmachtangehörige (und Angehörige der ungarischen Armee bzw. anderer
Besatzungsarmeen) auf dem Gebiet der Sowjetunion beizufügen, sie pass-
ten nicht ins Narrativ. Besonders nachdem die sowjetischen Truppen auf
den ungarischen und anderen befreiten Gebieten Massenvergewaltigungen
verübt hatten.

Die Vorgeschichte der russischen militärischen Besetzung während des Zweiten Weltkriegs, 1848 und 1914–1915 in Ungarn

Russland, die östlich von Ungarn liegende Großmacht, besetzte Ungarn
1944/45 nicht zum ersten und auch nicht zum letzten Mal. Auch aus dem
Grund ist es interessant, das kollektive Gedächtnis der Besatzung zu analysieren, weil sich daraus erschließen lässt, wie sich die Armee zur Zivilbevölkerung verhielt bzw. wie die Zivilbevölkerung die Besatzer erinnerte,
und wie diese Erinnerungen wiederum die folgende militärische Besatzung
prägten.

Während der ersten Besatzung 1849 hinterließen die Interventionsheere
in der Zivilbevölkerung trotz aller Propaganda der ungarischen Regierung
keine furchtbaren Erinnerungen. Die Besatzung dauerte nur kurz und erstreckte sich auf ein kleines Gebiet, verlief sehr gut organisiert und hatte
keine verheerenden Folgen für die ungarische Revolution. Die Vorlage des
Ministerrats vom 18. Mai 1849 an den Reichsverweser Lajos Kossuth versuchte nicht nur mit der Niederlage des Unabhängigkeitsaufstandes Schrecken zu verbreiten, sondern auch damit, dass eine Besatzung mit einer Be-
einträchtigung der Religionsfreiheit und der Moral einhergehen würde. Im
Text heißt es, mit dem Anmarsch der zaristischen Heere »ist zu uns wie
finstere Dämmerung auch die lange Herrschaft von Wildheit und Unge-
bildetheit auf dem Weg«. Später rief die Regierung in ihrer Proklamation
vom 29. Juni 1849 mit dem folgenden Argument zur Mobilisierung gegen

---

45   Beck, Rape, S. 266.

die russischen Heere auf: »Wollt ihr sehen, wie die geschändeten Leichname eurer Väter, Frauen und Kinder von den Kosaken des weiten Nordens getreten werden? Wenn nicht, dann schützt euch!« Am 10. Juli 1849 rief auch General Józef Bem die Szekler in Târgu Mureş (damals Ungarn, heute Rumänien; deutsch: Neumarkt am Mieresch, ungarisch: Marosvásárhely) gegen die einfallenden russischen Truppen zu den Waffen. Allerdings glaubte er, das vordergründige Ziel der Russen sei es nicht, zu töten, sondern den drängenden Arbeitskraftmangel in Sibirien mit Kriegsgefangenen zu beheben: »Dass das russische Heer dort, wo es einfiel, nicht tötete, und die Bevölkerung nicht niedermetzelte, sogar verheißungsvolle Versprechungen machte, hat allein den Grund, dass sie euch zuerst entwaffnen und dann lebendig gefangen nehmen wollen – sie wissen ganz genau, dass es unter den Szeklern viele tüchtige und gesunde Menschen gibt.«[46]

Die erste russische Besetzung von 1849 erstreckte sich nur auf die Randbezirke des Landes und war von kurzer Dauer. Ein Teil von Oberungarn (damals ein Verwaltungsbezirk von Ungarn, heute die Südslowakei), das gesamte Transdanubien und das Gebiet zwischen Donau und Theiß sowie Teile der Wojwodina (damals ebenfalls Ungarn, heute Serbien) blieben von der russischen Besatzung verschont, und sie dauerte insgesamt nur drei Monate. Danach wurden die russischen Truppen wieder aus dem Land abgezogen. Anders die österreichischen kaiserlichen Truppen: Sie blieben noch lange im Land und repräsentierten die »andere« Armee, die man hassen konnte. Die Zwangsrekrutierung als Strafe für die Beteiligung am Unabhängigkeitsaufstand sowie die Implementierung des Deutschen als Kommandosprache blieben während des gesamten Bestehens der Österreich-Ungarischen Monarchie durchgehend Gegenstand politischer Debatten.

In der zaristischen russischen Armee herrschte sozusagen preußische Disziplin. In Fällen allerdings, in denen sich die ungarische Zivilbevölkerung am bewaffneten Kampf, der theoretisch den regulären Truppen vorbehalten war, beteiligte, gestatteten die russischen Befehlshaber ihren Soldaten freie Plünderung. Das passierte beispielsweise in Vác oder in Mezőcsát. Die schlimmsten Übergriffe der russischen Armee gegen die Zivilbevölkerung erfolgten ebenfalls auf Befehl von oben, und zwar in Lučenec (damals Losonc, in Ungarn, heute in der Slowakei). Am 1. August 1849 wurden russische Soldaten, die sich in einem Gasthof erholen wollten, von einem ungarischen Freikorps, das gerade auf dem Weg war, sich in die Berge

46 Ich danke Róbert Hermann für die Zitate.

zurückzuziehen, getötet bzw. verschleppt. Als Vergeltungsakt verordnete Generalleutnant Grabbe, die Stadt in Brand zu setzen. Davon blieb eine detaillierte, allerdings erst im Nachhinein erstellte Beschreibung erhalten.[47]

Damals bewegten sich die Soldaten in organisierten Truppen, mit organisierter Versorgung; unkontrollierte Plünderung der Zivilbevölkerung und Übergriffe kamen in der Regel nicht vor. Die Befehlshaber hatten aber die Kompetenz, unter gewissen Umständen ihren Soldaten die Plünderung zu gestatten. Dazu zählten auch Vergewaltigungen. Das bezeugt etwa ein Fall, als Einwohner aus der Umgebung von Bratislava (damals Pozsony, Ungarn, heute in der Slowakei) Mitte Juni 1849 Beschwerde erhoben wegen Plünderungen und Diebstahl der einlogierten Soldaten. Darin erwähnten sie, »auch die Frauen sind vor ihnen nicht sicher«. Der russische Befehlshaber, Generalleutnant Panutin, leitete Maßnahmen zur Kompensierung der erlittenen Schäden ein und stellte in Aussicht, im Falle von ähnlichen Ordnungswidrigkeiten die Majore und Oberstleutnante vor das Militärgericht stellen zu lassen bzw. sie zu entlassen.

Am 2. August 1849, nach der Schlacht bei Debrecen, wurden dem russischen Oberbefehlshaber Feldmarschall Paskewitsch Übergriffe gegenüber der Bevölkerung seitens des Kavallerie-Regiments der Bergkosaken sowie des Kavallerie-Regiments der Moslems von jenseits des Kaukasus gemeldet, was nicht frei von religiösen Vorurteilen war.[48] Den Vorfall dokumentierte auch Sonzow, der Adjutant von Paskewitsch. Er schrieb, die Soldaten hätten sich wie Tiere benommen, erwähnt aber auch, einer seiner Kameraden habe die Witwen und Waisen mit dem Kantschu vor den eigenen Truppen verteidigt.[49] Die in der Aufzeichnung erwähnten »Witwen und Waisen« sind Stilmittel, ebenso wie die später gebrauchte Ausdrucksweise »Frauen und Kinder«: Sie machen die Opfer unsichtbar, entindividualisieren sie, zugleich verleihen sie dieser Art von Vorfällen eine moralisch verurteilende Dimension. Der Baron Nikolaj, ein Flügeladjutant in der zaristischen Armee, notierte in diesem Zusammenhang in seinem Tagebuch: »Wir hörten davon, dass unsere Moslems und zum Teil unsere Soldaten in Debrecen plünderten, Grausamkeiten begingen und Frauen

---

47 Danó Jeszenői: Losoncz története, in: *Losonczi Phőnix. Történeti és szépirodalmi emlékkönyv. Az 1849-diki háborúban földúlt és elpusztított Losoncz város némi fölsegélésére.* Kiadja és szerkeszti Vahot Imre. Pest, 1851. Band I, S. 19-29. Ich danke Róbert Hermann dafür, dass er mich auf diese Quelle aufmerksam machte und mir bei der Erschließung des Gedächtnisses der russischen Besatzungen behilflich war.
48 Ich danke Ildikó Rosonczy für ihre Hilfe.
49 Rosonczy Ildikó, Katona Tamás (Hg.): *Orosz szemtanúk a magyar szabadságharcról.* Budapest, Európa, 1988, S. 254-255.

und Kindern gegenüber gewalttätig waren.«[50] Bei der hier geäußerten Überzeugung der russischen Heeresführung, von den zaristischen Soldaten seien nur jene übergriffig geworden, die der muslimischen Religion angehörten, handelt es sich um dieselbe rhetorische Figur, die später in den Erinnerungen der Zeitzeuginnen und Zeitzeugen von 1944 und 1945 auftaucht, in denen auch überwiegend von Tätern »asiatischer« Abstammung die Rede ist.

Zu Beginn des Ersten Weltkriegs war eines der militärischen Ziele des zaristischen Russlands, Transkarpatien zu annektieren. Die Invasion im Herbst 1914 wurde im historischen Gedächtnis gespeichert. Die ungarische Führung erklärte den eigenen militärischen Misserfolg mit dem Mythos des sogenannten Ruthenen-Verrats, wonach sich die Russinen – die orthodoxe Mehrheit der Bevölkerung – gegen die Ungarn verschworen hätten. Um sich von der Monarchie loszulösen, hätten sie die zaristischen Truppen ins Land geholt. Der damalige Ministerpräsident István Tisza unternahm eine Reise, um den erlittenen nationalen Schaden einschätzen zu können, von dem in allen Medien berichtet wurde. Nirgendwo wird allerdings auch nur mit einem Wort erwähnt, dass es zu Vergewaltigungen gekommen war. Der Berichterstattung zufolge hatte es wohl Plünderungen seitens der Besatzungstruppen zusammen mit der ruthenischen Bevölkerung gegeben, aber diese betrafen in erster Linie die Einwohner anderer Nationalitäten, vor allem die Juden.[51]

Die Besatzung von 1944/45

Die dritte Besatzung, die von 1944 bis 1945, unterschied sich in mehreren wesentlichen Punkten von den vorangegangenen. Vor allem, weil – das bezeugen sowohl die Interviews als auch andere Quellen – die öffentliche Meinung den sowjetischen Soldaten zum ersten Mal mit der Figur eines betrunkenen, bewaffneten, gefährlichen Randalierers identifizierte. Das war genau das Gegenteil des Bildes, das man sich über den deutschen Soldaten machte, von dem in der kurzen Zeit der Besatzung der Eindruck zurückblieb, dass er, in makelloser Uniform gekleidet, für eine sich angemessen verhaltende und rassisch akzeptable Zivilbevölkerung keine Gefahr darstellte.

Über die Besatzung der Roten Armee sprachen die Zeitgenossen im Interpretationsrahmen des Krieges, so auch István Bibó: »Sie zog ein, wie ein

50 Rosonczy, Katona, Orosz szemtanúk, S. 321.

51 Ágnes Tutuskó: *Az 1914–1915. évi orosz betörések nemzetiségpolitikai vonatkozásai,* PhD-disszertáció, PPKE, Budapest, 2016.

siegreicher Nachbar eben einzieht: Die Interessen der Bevölkerung werden dabei den eigenen stark unterworfen.«[52] Die verantwortlichen Politiker reagierten entsetzt, als sie von den Gräueltaten der sowjetischen Soldaten hörten. Ferenc Nagy, der nicht für freundschaftliche Gefühle den Sowjets gegenüber bekannt war, schildert in seinen im Exil geschriebenen Memoiren die »fortwährende Angst«, weil »man die betrunkenen Soldaten weder mit der Berufung auf Menschlichkeit, Ehre, Anstand noch mit dem Heiligtum der Familie überzeugen konnte. Sie vergewaltigten junge Mädchen und wehklagende Großmütter. Vertrieben die Tiere der Bauern, nahmen die Bettwäsche, vielerorts sogar die Möbel mit. Die gnadenlosen Rotarmisten raubten Zehntausende Frauen und Kinder (Mädchen) und sie infizierten sie mit Geschlechtskrankheiten.«[53] In den Erinnerungen von József Mindszenty und im Tagebuch von József Grősz, Erzbischof von Kalocsa, nach 1956 das Oberhaupt der katholischen Kirche in Ungarn, finden sich drastische Beschreibungen der Gräueltaten von sowjetischen Soldaten. Diese Vorfälle waren für die Kommunisten und die Linke äußerst unangenehm, denn sie unterminierten die Idee der Überlegenheit des sowjetischen Menschen, die sie unentwegt bekräftigten. Selbst noch am 4. Juli 1947 (!), als die sowjetischen Soldaten längst in festen Kasernen untergebracht waren, wandte sich Mihály Farkas in einem Brief an den Generalleutnant Swiridow, den stellvertretenden Vorsitzenden des Alliierten Kontrollrats, mit folgendem Anliegen: »Es wäre gut, wenn Sie die Befehlshaber der in Ungarn stationierten Truppen der Roten Armee und die Gesandten des Alliierten Kontrollrates in den ländlichen Regionen des Landes darauf aufmerksam machen würden, dass in Ungarn in Kürze Parlamentswahlen stattfinden. Deshalb sollten sie darauf achten, wie sie sich benehmen, damit sie mit ihren Übergriffigkeiten nicht unsere Chancen beeinträchtigen.«[54]

Ein weiterer wesentlicher Unterschied zu den vorigen Besatzungen liegt im Narrativ. In der Erzählung dieser Besatzung scheint häufig eine Gegenüberstellung von der westlichen, christlichen Zivilisation und dem Osten durch, und unter den Kriegsbedingungen verloren bis dahin allgemein akzeptierte Verhaltensnormen an Gültigkeit. Auf der Ebene des historischen Gedächtnisses war das Narrativ dieser Besatzung stark von der Erinnerung an die Verteidigungskämpfe zur Zeit der osmanischen Herrschaft durch-

---

52   István Bibó: A demokrácia válsága, in: Uő.: *Válogatott tanulmányok. Band II: 1945–1949.* Budapest, Magvető, 1986, 18. Zitiert nach Balogh, »Törvényes« megszállás, S. 29.

53   Ferenc Nagy: *Küzdelem a vasfüggöny mögött.* Budapest, Európa Kiadó, 1990, S. 206. Ich danke Róbert Rigó, dass er mich darauf aufmerksam machte.

54   Balogh, »Törvényes« megszállás, S. 244.

zogen (ein großer Teil von Ungarn war 1526–1686 Teil des Osmanischen Reichs), und das beinhaltete die Vorstellung eines militärischen Barbarismus des Ostens. Die Idee von Ungarn als Bollwerk des Christentums gegen die Barbarei aus dem Osten reicht bis ins Mittelalter zurück, und dieser Topos ist auch bei anderen europäischen Nationen zu finden: etwa im Falle Polens, Tschechiens, der Slowakei, Serbiens und Rumäniens, wobei diese Aufzählung keinerlei Anspruch auf Vollständigkeit erhebt.

Die Ausdrücke »Russen-, Tatarenhorden« oder »die russische Dampfwalze«, die in den *Historiae Domus* der Kirchen vorkommen, basieren auf historischen Analogien. Viele – unter ihnen auch der Historiker Gyula Szekfű – sprachen im Zusammenhang mit der sowjetischen Besatzung von einer neuen Türkenherrschaft.[55] Damit im Zusammenhang steht auch, dass die sowjetischen Soldaten oft als orientalische, triebhafte Wesen oder als »große Kinder« beschrieben wurden. Gyula Szekfű charakterisierte sie wie folgt: »Sie handelten triebgesteuert, wie wenn einem normalen Menschen plötzlich das Blut zu Kopf steigt und er sich nicht im Griff hat: Leidenschaftliche Handlungen sind nie kaltblütig, es sind nie im Voraus geplante oder massenhafte, aus sadistischem Antrieb durchgeführte Gräueltaten.«[56] Fanni Gyarmati, die Witwe des jüdisch-ungarischen Dichters Miklós Radnóti, schreibt in ihrem Tagebuch: »Es ist doch Asien, das wir jetzt am Hals haben«[57] und: »Riesige, ungezogene Kinder sind das [...].«[58] Alaine Polcz meint: »Sicher hatten sich die ungarischen Soldaten in den russischen Dörfern auch nicht anständiger benommen. Sie waren vielleicht nur nicht so brutal.[59] [...] Hier aber war der Osten über den Westen hereingebrochen.«[60] Der Schriftsteller Iván Boldizsár trug zur Prägung des orientalischen Mythos vom warmherzigen, trinkfesten, aber grundsätzlich zugewandten sowjetischen Soldaten bei. In seinen Memoiren erinnert er sich an geselliges Beisammensein mit zechenden Soldaten.[61] Ähnlich schreiben Sándor Márai, Gyula Schöpflin oder George Gabori über die an eine »Tatarenhorde erinnernden« Rotarmisten: kindlich und gutmü-

55 Ich danke Gábor Gyáni, dass er mich auf diese Zusammenhänge aufmerksam machte.

56 Gyula Szekfű: *Forradalom után*. Budapest, Gondolat, 1983, S. 126. Zitiert nach Balogh, »Törvényes« megszállás, S. 29.

57 Radnóti Miklósné Gyarmati Fanni: *Napló I-II. 1935-1946*. Budapest, Jaffa, 2014, Band II, S. 421.

58 Radnóti Miklósné: Napló II, S. 452.

59 Polcz, Frau an der Front, S. 124.

60 Ebd., S. 124.

61 Iván Boldizsár: *Don–Buda–Párizs*. Budapest, Magvető, 1982. Zitiert nach Balogh, »Törvényes« megszállás, S. 43.

tig, aber unberechenbar.[62] In der Zusammenfassung von Krisztián Ungváry heißt es: »In der Wahrnehmung der Bevölkerung benahmen sich die deutschen zivilisiert, aber, wenn sie es für nötig hielten, gnadenlos, während die Russen grundsätzlich gutmütig waren, aber Barbaren.«[63]

In polnischen Erinnerungen kommt die sowjetische Besatzung regelrecht einer Naturkatastrophe gleich, und der sowjetische Soldat wird unter Einfluss der traditionellen Russen- bzw. der Kommunismusfeindlichkeit geradezu als teuflisch-barbarisch gezeichnet. Die sowjetischen Soldaten sind »Schurken, die kaukasische, dunkle Zeiten beschwören, sie sind eklig. Ich habe Angst vor ihnen, sie schleichen hier immer herum«, schrieb eine Polin aus Wrocław am 8. August 1945 in einem von der Zensur abgefangenen Brief. In Polen galten die Russen und die Juden als Hauptfeinde, daher überrascht es nicht, dass sie die von den sowjetischen Soldaten angerichtete Verwüstung mit den gleichen Bildern beschrieben wie jene, mit denen sie gegen die Juden hetzten: Entsprechend vergifteten auch die Sowjets die Brunnen, raubten und töteten junge, unschuldige Mädchen.[64]

Sowohl das Ausmaß als auch die Beschaffenheit der Gewalt, die die ungarische Bevölkerung erlitt, überraschten die Zeitgenossen. Der Krieg begann für die Mehrheit der ungarischen Bevölkerung erst mit der sowjetischen Besatzung, wohingegen etwa Polen die Grausamkeiten der sowjetischen Armee im Anschluss an die fünfjährige, gnadenlose deutsche Besatzung erlebte. Solch eine Negativfolie gab es in Ungarn nicht. Deshalb erinnert man sich in Polen an die Rote Armee als Soldaten, die noch schlimmer waren als die Deutschen.[65] Viele erklärten sich die extremen Vorkommnisse damit, dass die Rote Armee aus einer anderen Kultur stammte und »die Russen« Nachkommen der mittelalterlichen Mongolen-Heere waren. In den Interviews, die ich in Ungarn führte, wurden die Gräueltaten der Rotarmisten als Revanche für die Verbrechen der ungarischen Soldaten in der Ukraine erklärt. Mitunter wurde auch die These formuliert, dass das Ausmaß der Kriegsgewalt mit dem Faktor Zeit anwächst.[66]

62 Sándor Márai: *Föld, föld! … Emlékezések.* Budapest, Helikon – Akadémiai Kiadó, 1991; Gyula Schöpflin: *Szélkiáltó. Visszaemlékezés.* Budapest, Magvető–Pontus, 1991; George Gabori [Gábori György]: *Amikor elszabadult a gonosz.* Übersetzt von Halász Zoltán. Budapest, Magyar Világ, 1991. Zitiert nach Balogh, »Törvényes« megszállás, S. 45.

63 Krisztián Ungváry: *Budapest ostroma.* Budapest, Corvina, 2009, S. 213, S. 304. Zitiert nach Balogh, »Törvényes« megszállás, S. 34.

64 Zaremba, Wielka Trwoga.

65 Ebd.

66 Zu den Gräueltaten der marokkanischen Truppen vgl. Tommaso Baris: *Traduefuochi. Esperienza e memoria della guerralungo la linea Gustav.* Bari, Laterza, 2004.

Der dritte Unterschied liegt in der angsteinflößenden und effektiven Propaganda, die der ungarische Staat in den Jahren vor der Besatzung verbreitet hatte. Interviews mit Wienerinnen und Budapesterinnen bestätigen, dass die Frauen vor den sowjetischen Soldaten schon im Vorfeld große Angst hatten, schließlich hatten die Plakate und die Wochenschauen schon seit Jahrzehnten die Sowjetunion und die Rote Armee als den größten Feind dargestellt.[67] Die NS-Propaganda sorgte dafür, dass die Bevölkerung frühzeitig darauf »vorbereitet« wurde, womit sie bei einem Sieg der Roten Armee zu rechnen hätte. Die Prophezeihungen der Wochenschauen wurden schließlich traurige Wirklichkeit. Tatsächlich stürzten Soldaten – in grobe Soldatenkleider gehüllt und die Mütze mit dem roten Stern auf dem Kopf – in friedliche Familienheime, genauso wie die goebbels'sche Propaganda es angekündigt hatte. Die Frauen erzählten in den Interviews von ihren ersten Begegnungen mit den »Russen« wie von einer Filmszene, als hätten sie sich selbst dabei beobachtet. Das lässt sich unter anderem damit erklären, dass sie das, was ihnen widerfuhr, zuvor mehrmals auf der Leinwand gesehen hatten. Die Ängste in der Bevölkerung der besetzten Länder basierten in erster Linie auf der ethnischen Andersartigkeit der Soldaten der Roten Armee. Es ist kein Zufall, dass die sowjetische Kriegspropaganda auf den militärischen Denkmälern, die nach der Besatzung errichtet wurden, ausschließlich Soldaten mit slawischen Gesichtszügen abbilden ließ, womit sie die Ressentiments der einheimischen Bevölkerung dämpfen wollte. Vor der Besatzung wirkten die Medien in vielen Ländern bei der Konstruktion des Schreckensbildes »Sowjetunion« mit, häufige Themen in der Berichterstattung waren die Vergemeinschaftung von Eigentum, die Religionsfeindlichkeit und die angeblich freizügigen Sitten der Frauen. Da die im Untergrund operierende ungarische kommunistische Partei nur äußerst wenig Einfluss ausübte, konnte sie eine breitere Öffentlichkeit nur über Flugblätter erreichen, und das war äußerst riskant. Die Ungarinnen und Ungarn begannen erst zu dem Zeitpunkt, die Sendungen des Moskauer Rundfunks zu hören, als die Rote Armee bereits im Anmarsch war. Die Erfahrungen der ungarischen Soldaten an der Ostfront aus erster Hand führten auch zu keinem schmeichelhaften Bild über die Sowjetunion. Das Elend, das sie dort zu sehen bekamen, die Grausamkeiten und die Gewalt deckten sich eins zu eins mit den Botschaften der deutschen Propagandamaschinerie.

---

67 Irene Bandhauer-Schöffmann, Ela Hornung: Vom »Dritten Reich« zur Zweiten Republik. Frauen im Wien der Nachkriegszeit, in: David F. Good – Margarete Grandner, Mary Jo Maynes (Hg.): *Frauen in Österreich. Beiträge zu ihrer Situation im 19. und 20. Jahrhundert.* Wien, Böhlau, 1994, S. 232.

Ungarinnen mit sowjetischen Soldaten in Szombathely

Der vierte Unterschied ergab sich daraus, dass die staatlichen Institutionen in Ungarn zusammenbrachen und die Gesellschaft sich in Individuen atomisierte. In der Folge musste die ungarische Bevölkerung die Erfahrung machen, dass sie mangels dieser staatlichen Institutionen nur auf sich selbst bzw. auf die Familie zählen konnte. Das Ausmaß des Zusammenbruchs zeigt sich sehr anschaulich etwa an dem Beispiel, dass selbst das Auto des Ministerpräsidenten Miklós Béla Dálnoki von den Sowjets konfisziert wurde, und das Staatsoberhaupt erhielt erst nach langer Zeit und einem Ersuch an die sowjetischen Autoriäten sein Auto zurück.[68] Es half auch nicht, überzeugter Kommunist zu sein. Die 40 bis 50 Gesandten des Bauarbeiterkongresses, die am 30. August von Budapest unterwegs nach Hause waren, wurden im Zug nicht nur von Rotarmisten ausgeraubt, sondern zudem gezwungen, sich auszuziehen und ihre Kleidung abzugeben. Dem Gewerkschaftssekretär des Komitats Szabolcs wurde das Fahrrad dreimal abgenommen, als er zur Agitation unterwegs war.[69] Diese »Alltagsniederlagen« wirkten sich auch auf das Männlichkeitsbild der Ungarn aus.

68 Balogh, »Törvényes« megszállás, S. 167.
69 Ebd., S. 340.

Damals waren die Kriterien stark vom feudal-patriarchalen Wertesystem der Vorkriegszeit geprägt, deshalb erlebten die meisten Männer die Vergewaltigungen der Frauen als eine »Niederlage« der ungarischen Männlichkeit, als »eine Schande des Mannes«. Diese Haltung trug einiges dazu bei, dass Fälle verschwiegen wurden und sich eine »Verschwörung der Stille« ausbreitete. Die Maler Viktor Madarász (1839–1917) und Bertalan Székely (1835–1910) skizzierten in ihren Gemälden die historische Szenerie, als Mihály Dobozi mit seiner Frau 1526 (ebenfalls ein Jahr des Zerfalls des ungarischen Staates[70]) vor den osmanischen Truppen flüchtet und sie auf ihren eigenen Wunsch tötet, damit sie nicht in Gefangenschaft gerät. Beide Gemälde porträtieren die romantische Idee einer kämpferischen Männlichkeit, die Ferenc Kölcsey (1790–1838), der auch die ungarische Nationalhymne dichtete, in seinem Gedicht *Dobozi* wie folgt beschreibt: »Ach, soll vielleicht gehasster Kuss / in den Armen wilden Siegers mein Lohn werden / und durch seine Gewalt / die gebrochene Scham zu Grunde gehen? / Ach Gatte, stell dir mit Schrecken / deine Frau in der Sünde vor, / wie sie bedrängt wird. / Soll das der Lohn ihrer Treue werden? / Lass sie doch lieber ihren letzten Kampf fechten.«[71] Dieses moralische Gerüst, innerhalb dessen Selbstmord oder Mord ein akzeptabler Ausweg sind, um Ehre zu bewahren, begegnet uns des Öfteren und reicht weit zurück. Die Idee selbst hat antike Wurzeln: Ein Beispiel dafür ist die Geschichte von Lucretia aus dem antiken Rom, die das Bewahren ihrer weiblichen Ehre für wichtiger hält als ein durch sexuelle Gewalt beschmutztes Leben. Diese Vorstellung formulierte einer der Rabbis von Łodz wie folgt: »Es ist besser meine Tochter aufzuopfern, als dass sie die Prostituierte der Deutschen wird.«[72] In dem bekannten Kriegsgedicht des litauisch-jüdischen Dichters Hillel Bavli (1893–1961), *Dreiundneunzig Jungfrauen*, gehen die Mädchen lieber in den Tod, als dass sie von den deutschen Soldaten vergewaltigt werden. All diese Beispiele veranschaulichen, dass in der Gesellschaft insgesamt wenig Raum zur Verfügung stand, um weibliches Verhalten erzählen zu können, das davon abwich.[73]

---

70 Die Armee des Osmanischen Reichs schlug die Ungarn bei Mohács und nahm den mittlerenTeil des Landes ein. In der Folge zerfiel das Ungarische Königreich in drei Teile: das Osmanische Reich, Siebenbürgen und das Ungarische Königreich unter der Hoheit der Habsburger. (Anm. d. Übers.)

71 Ferenc Kölcsey: *Dobozi*, in: *Ferenc Kölcsey: Versek és versfordítások*. Budapest, Universitas, 2001, S. 93.

72 Sinnreich: »And It Was Something«, S. 7.

73 Bos, Pascale: Her Flesh is Branded? »For Officers Only«: Imagining and Imagined Sexual Violence against Jewish Women during the Holocaust, in: Earl, Hilary, Karl

Als die Front immer näherkam, brachen mit Ausnahme der kirchlichen fast alle Institutionen zusammen, Schutz konnte man nur noch in einigen Kirchen oder Klöstern finden. Der Bevölkerung blieb nichts anderes übrig, als nach Wegen zu suchen, wie sie sich selbst verteidigen konnte. Etwas Hoffnung versprach man sich kurzfristig vom bewaffneten Widerstand, der allerdings mit dem größten Risiko verbunden war. Am 11. Februar 1945 suchte János Kálmán die Gemeindeverwaltung von Litke auf und ließ ein Protokoll aufnehmen. Er berichtete, dass in der vergangenen Nacht gegen 2 Uhr vier Soldaten bei ihm erschienen waren und seine Tochter und seine Schwiegertochter zum »Kartoffelschälen« mitnehmen wollten. Als diese sich widersetzten, begannen die Soldaten, im Haus umherzuschießen, trieben die Frauen sodann aus dem Haus, vergewaltigten und verletzten sie mit Messerstichen, sodass beide Frauen ins Krankenhaus gebracht werden mussten.[74] Da das sowjetische Kriegsgericht kein Recht auf bewaffnete Selbstverteidigung kannte, hatte der Täter mit Todesstrafe oder einer Haftstrafe nicht unter 30 Jahren zu rechnen.[75] Unter anderem in einem Bericht vom 2. Juni 1945 fasste das Polizeikommissariat des 14. Bezirks von Budapest die Übergriffe zusammen, die von den Rotarmisten in seinem Revier verübt wurden. Danach töteten die sowjetischen Soldaten acht Menschen in ihren Wohnungen, vor der Polizeiwache des 14. Bezirks erschossen sie einen Polizisten und raubten ihn aus. Unter den Ermordeten waren drei Frauen, ob sie vergewaltigt worden waren, wurde nicht festgehalten.[76] In diese Richtung wurde schlicht nicht ermittelt.

Aus Familiengeschichten ist überliefert, dass die Mädchen oft als alte Frauen getarnt, mit Ruß verschmiertem Gesicht auf die Straße gelassen wurden, doch selbst diese Methode schützte nicht sicher vor den häufig vorkommenden Vergewaltigungen von sowjetischen Soldaten. In seinen Memoiren schreibt Mátyás Rákosi (1892–1971), der Generalsekretär der Ungarischen Kommunistischen Partei und spätere Ministerpräsident, über die schützende Wirkung eines Bekleidungsstücks: »Viele Frauen trugen Schlabberhosen (ich habe gehört, dass die russischen Soldaten Frauen, die solche Hosen trugen, angeblich nicht ausstehen konnten).«[77]

A. Schleunes (Hg.): *Lessons and Legacies XI: Expanding Perspectives on the Holocaust in a Changing World*. Evanston, Northwest University Press, 2014, S. 62-66.

74 Balogh, »Törvényes« megszállás. S. 286.

75 Kovács Imre: *Magyarország megszállása*. Budapest, Katalizátor, 1990, S. 246.

76 Blinken Nyílt Társadalom Archívum (a továbbiakban BOSA) HU OSA 408-1-3/9.

77 Rákosi Mátyás: *Visszaemlékezések I-II. 1940-1956*. Budapest, Napvilág, 1997, S. 160.

Dem widerspricht allerdings die Tatsache, dass im Winter fast alle Frauen Hosen trugen, ein besonders guter Schutz vor Vergewaltigung kann es also nicht gewesen sein. Darüber hinaus konnte es den Frauen passieren, dass sie in Männerkleidung wiederum für Deserteure gehalten wurden. Brigitte Wehmeyer-Janca beschreibt in ihrer Autobiografie *Heimat des Herzens liegt in Danzig (1938–1958)*, wie sich ihre Mutter tarnte, um sich vor den sowjetischen Soldaten zu schützen.[78] In Wien gingen die Frauen, wenn irgend möglich, gar nicht hinaus auf die Straße, und wenn es unvermeidbar war, dann schminkten sie sich alt.[79] In Polen war eine Zugfahrt selbst noch im Herbst 1946 wegen der Rotarmisten, die in den Zügen randalierten, gefährlich.[80] Die Frauen griffen hier zu verschiedenen Methoden: Sie versteckten sich, täuschten mit unter die Haut injiziertem Jod Syphilis vor, mit rot gefärbtem Speichel Tuberkulose oder sie simulierten mit Marmelade Regelblutung. Doch nichts davon schützte sicher. Wienerinnen taten besser daran, nicht aufs Land zu flüchten, sondern ihre Wohnung gar nicht mehr zu verlassen, die städtischen Wohngemeinschaften gewährten noch die größte Sicherheit.[81] In der Stadt jedoch erwiesen sich die Weinkeller in der Umgebung von Wien als besonders gefährlich. In Budapest war es ähnlich. Das Bewegen in einer Gruppe – von Nachbarn, Verwandten, Bekannten – bot noch die beste Chance, Frauen vor Gewalt zu bewahren. Und wenn es doch zu einer Vergewaltigung gekommen war, kam dem Umfeld eine wichtige Rolle in der medizinischen und seelischen Unterstützung zu. Etwa im Falle einer Jüdin, die sich in einem Budapester Keller versteckt hielt, und die von einer möglichen Geschlechtskrankheit und Schwangerschaft verschont blieb, weil ein Medizinstudent, der sie zusammen mit ihrer Familie versteckt hielt, sofort zur Hilfe kam.[82] Aber nicht alle Frauen erhielten medizinische Versorgung.

78 Brigitte Wehmeyer-Janca: *Heimat des Herzens liegt in Danzig*. Zitiert nach Karwowska: Gwałty a kultúra, S. 163-171.

79 Irene Bandhauer-Schöffmann, Ela Hornung: Der Topos des sowjetischen Soldaten, in: Jahrbuch 1995. Dokumentationsarchiv des österreichischen Widerstandes, Wien, 1995, S. 28-44.

80 Zaremba, Wielka Trwoga.

81 Bandhauer-Schöffmann, Hornung, Der Topos, S. 31.

82 Interview 54150, Abschnitt 88. Visual History Archive der USC Shoah Foundation.

Die Besatzung im Jahr 1956

Die vierte Besatzung, die von 1956, war eine gut vorbereitete und in kurzer Zeit durchgeführte militärische Operation, an der in erster Linie Elitetruppen beteiligt waren.[83] Trotzdem war die Angst, dass es wieder zu Übergriffen auf die Zivilbevölkerung durch die sowjetischen Besatzungstruppen kommen würde, überall präsent. Bis die Lage sich klärte, wurden die Frauen in Kellern versteckt und Wachposten aufgestellt. Einer der Anführer in den Straßenkämpfen gegen die Sowjets, der Angeklagte Károly Volay, erwähnte in seinem Prozess, seine Sowjetfeindlichkeit sei dadurch motiviert gewesen, dass seine Frau 1945 von den Russen vergewaltigt worden war.[84] Das ist in den Unterlagen festgehalten, obwohl er beim Verhör darum bat, dass diese persönliche Sachlage nicht protokolliert werde. Theoretisch lebten die in Ungarn stationierten sowjetischen Truppen in hermetisch abgeschlossenen Kasernen, unterhalb der Offiziersebene durften die Soldaten mit der Zivilbevölkerung keine Kontakte pflegen.[85] Gábor Magos, ein geschützter Zeuge, berichtete vor der UNO dennoch davon, dass »sowohl die Einheiten der ungarischen Staatsschutzbehörde als auch die des NKWD gegenüber Frauen gewalttätig« geworden seien. Ihm zufolge seien die Soldaten der NKWD-Einheiten, die nach der Niederschlagung der »erbitterten« und langwierigen Verteidigungskämpfe des Budaer Burgviertels mit dem Befehl zur Säuberung dorthin geschickt worden waren, Frauen gegenüber aggressiv zudringlich geworden. Auch die Soldaten des NKWD, die die Aufgabe hatten, die österreichisch-ungarische Grenze zu kontrollieren, hätten Frauen gegenüber Gewalttaten verübt und selbst 12- bis 15-jährige Mädchen nicht verschont. Außerdem fügte er noch hinzu, der Direktor der Wiener Heil- und psychiatrischen Anstalt, ein gewisser Professor Hoff, könnte – sofern er von der ärztlichen Schweigepflicht entbunden würde – bestätigen, dass manche von den Mädchen, die es bis nach Österreich schafften, Selbstmordversuche begingen, andere erlitten Nervenzusammenbrüche.[86] Die

83 Miklós Horváth, Jenő Györkei (Hg.): *Szovjet katonai intervenció, 1956.* Budapest, Argumentum, 1996; Molnár György: A Vörös Hadsereg Magyarországi Hadjárata 1956-ban, in: Beszélő online 2. (1997), S. 11. http://beszelo.c3.hu/cikkek/a-voros-hadsereg-magyarorszagi-hadjarata-1956-ban

84 Prozess gegen Károly Volay. Hauptstädtisches Archiv (im weiteren BFL) BFL 3445/59, Historisches Archiv der Staatsicherheitlichen Dienste (im weiteren ÁBTL) ÁBTL V-144979. Ich danke László Eörsi, der mich darauf aufmerksam machte.

85 Ich danke János Rainer M. für die Information.

86 András Mink (Hg.): *Tanúságtevők az ENSZ előtt.* Budapest, Nagy Imre Alapítvány, 2010, S. 320-321. Ich danke László Eörsi, der mich auf diese Quelle aufmerksam machte.

Zeugenaussage von Magos fügt sich gut in die Logiken des Kalten Krieges, ganz glaubwürdig ist sie nicht. Schon die Bezeichnung der Ereignisse als »Verteidigungskämpfe des Budaer Burgviertels« klingt verdächtig. Gemeint sein könnten die Kämpfe am Széna-tér, doch klingt dieser gewöhnliche Platz in Buda, bei dem keine historische Konnotation anklingt, deutlich weniger poetisch als die Rede von der erbitterten Verteidigung des symbolträchtigen Burgviertels. Darüber hinaus war es mitunter gar nicht einfach, die Uniform des NKWD zu identifizieren, besonders in Straßenkämpfen, in denen aus der Deckung heraus geschossen wurde. Fakt ist jedoch, dass diejenigen, die sich auf der Flucht befanden, den von ihren Einheiten getrennten Soldaten oder Patrouillen ausgeliefert waren, mitunter ausgeraubt und vergewaltigt wurden. So erging es zwei Mädchen, die am 27. November 1956 in einer Scheune bei Ják Unterschlupf suchten.[87] Dass es jedoch massenweise solche Vorfälle gegeben hätte, ist eher unwahrscheinlich. Das Gedächtnis der sowjetischen Besatzung von 1944 und 1945 hatte jedoch ganz offensichtlich einen merklichen Einfluss auf die späteren Ereignisse in Ungarn genommen.

Die Debatte »Befreiung« versus »Besetzung«

Die Debatte »Befreiung« kontra »Besatzung« war nicht nur in Ungarn Thema. Auch im Zusammenhang mit der Landung in der Normandie sprach man von einer regelrechten »Epidemie von Vergewaltigungen«, und die einheimische Bevölkerung erlebte die Übergriffe als Besatzung. Die amerikanische Heeresführung verfolgte bei ihrem Umgang damit keine einheitliche Linie. 77 Prozent der festgenommenen Täter waren afroamerikanische Soldaten; 70 Prozent von ihnen wurden hingerichtet, und zwar öffentlich. Der Henker wurde dazu eigens aus Texas eingeflogen. Die hohe Anzahl der verurteilten afroamerikanischen Soldaten signalisiert ein Bestreben, die von amerikanischen Soldaten verübte sexuelle Gewalt als ein »afroamerikanisches« Problem zu rahmen. (Ähnlich bei der Roten Armee, wo überwiegend auch das Verhalten der »asiatischen« Soldaten verurteilt wurde.) Zwischen der einheimischen Bevölkerung und den stationierten Soldaten kam es oft zu Zwischenfällen. In der amerikanischen Armee dienten zahlreiche afroamerikanische Soldaten, und das wiederum förderte den nicht allzu verborgenen Rassismus der einheimischen französischen Bevölkerung zutage – und ihre Angst vor den »schwarzen Männern«, die weiße

87 BOSA HU OSA 300-1-2-77361.

Frauen vergewaltigen. Dieses koloniale Stereotyp in Kombination mit der amerikanischen Lynchkultur bildete ein gefährliches Gebräu bei den Truppen, die nach den schweren, verlustreichen Kämpfen eine Erholungspause benötigten. Es kam auch zu Konfiszierungen, die amerikanische Armee beschlagnahmte, was sie brauchte. Die französische Presse berichtete in diesem Zusammenhang von »illegalen Konfiszierungen«. Die Beziehungen zwischen der amerikanischen Armee und der Zivilbevölkerung wurden immer angespannter. Um die brodelnde PR-Katastrophe im Kessel zu halten, setzte die amerikanische Heeresführung auf koloniale Überlegenheitsgefühle und machte in erster Linie die »anderen«, die afroamerikanischen Soldaten, verantwortlich für die Übergriffe. Diese durften gehasst werden. Mit Verlagerung der Front gen Osten wurden die amerikanischen Truppen nach kurzer Zeit aus der Normandie wieder abgezogen.[88]

Beim Vergleich zwischen der Wehrmacht und der Roten Armee zeigt sich das von Michael Walzer beschriebene Dilemma von *Gerechtigkeit im Krieg* und *gerechtem Krieg*.[89] Es ist durchaus vorstellbar, dass die Wehrmacht anfangs darauf bestand, dass die im 19. Jahrhundert aufgestellten Regeln der Kriegsführung einzuhalten waren und dafür sorgte, dass der Rechtsprechungsmechanismus innerhalb der Armee funktionierte. Aber dieses Bemühen wurde bald von den Gesetzen des Krieges überschrieben. Dennoch hielt sich der Mythos, demzufolge die Wehrmacht als ausführendes Organ des NS-Staates mit den Morden nicht militärischer Art nichts zu tun hatte und nur auf dem Schlachtfeld entsprechend dem selbst geschaffenen Regelwerk tötete. Diese Strategie war lange erfolgreich, bis zur bereits erwähnten Wehrmachtausstellung 1998; die »sauberen Hände« der deutschen Soldaten wurden lange von niemandem infrage gestellt.

Die Rote Armee bemühte sich sehr schnell, noch während der laufenden Kriegsoperationen, auch um eine erinnerungspolitische Offensive. Überall schossen Statuen und Befreiungsdenkmäler aus dem Boden. Später wurden Gedenktage der Befreiung eingeführt, etwa der Tag der Roten Armee. Treffen mit Kriegsveteranen wurden veranstaltet, und die Verwandten der im Kampf gefallenen Soldaten besuchten Ungarn, wie zum Beispiel die Familie Merkurjew, deren Besuch im November 1957 in der ungarischen Presse viel Aufmerksamkeit erhielt. Solche Ereignisse sollten das Bild einer russischen Armee verstärken, die für die gute Sache kämpfte,

---

88 Dazu mehr bei Mary Louise Roberts: *What Soldiers Do: Sex and Amercian GI in World War II France*. Chicago, University of Chicago Press, 2014.
89 Michael Walzer: *Just and Unjust Wars: A Moral Argument with Historical Illustrations*. New York, Basic Books, 1977.

zur Bevölkerung zuvorkommend war, dabei äußerst kompetent und ethnisch homogen. Auf den offiziellen Fotos waren nie nicht slawische Soldaten zu sehen, was den imperialen Charakter der Roten Armee in den Hintergrund drängte. Aber auch Soldatinnen tauchten nur hie und da auf. Die in Moskau herausgegebene und in mehrere Sprachen übersetzte Illustrierte *Szovjet Kultúra* (dt.: Sowjetunion) veröffentlichte regelmäßig Artikel über die Armee, in denen die Soldaten ebenfalls in einem vorteilhaften Licht gezeigt wurden. Die hier publizierten Bilder der Gewinner des Kindermalwettbewerbs »So lebt das Bild des befreienden sowjetischen Soldaten im Herzen des ungarischen Volks« standen allerdings in scharfem Kontrast zum Erleben der Zivilbevölkerung während des Krieges.[90]

Noch während die sowjetische Armee in Ungarn stationiert war (bis zum 16. Juni 1991), kam es in den Geschichtswissenschaften zu ersten Versuchen, den Alltag der Befreiung, sozusagen die »menschliche Seite«, zu zeigen. Allerdings wurde die Quellenedition, die zum 25. Jahrestag der Befreiung unter dem Titel SORSFORDULÓ (dt.: Schicksalswende) in zwei Bänden erschien, aufgrund eines der darin veröffentlichten Dokumente verboten: ein Protokoll des Stadtrats von Kisújszállás, in dem steht, der Amtsarzt habe vorgeschlagen, in der Stadt ein Bordell einzurichten, denn seines Wissens »gibt es in der Stadt jede Menge Frauen, die gerne bereit wären, sich den Russen zur Verfügung zu stellen«.[91] Außerdem könne man mit dieser Maßnahme vermutlich dafür sorgen, dass die anderen Frauen weniger belästigt würden. Das offizielle Narrativ, wonach die Soldaten der Roten Armee dem Land die »Freiheit brachten« und »Brot verteilten«, erlebten so nur sehr wenige Menschen, dieses von der Politik verbreitete Bild stand im krassen Gegensatz zu den persönlichen Erfahrungen der meisten; angefangen mit der Besatzung der sowjetischen Armee und übergehend in das die Gesellschaft umgestaltende Projekt des Kommunismus. Viele hatten Anlass zu Klagen.

In den vergangenen Jahrzehnten übertrug die Forschung mithilfe der Konzepte vom transkulturellen Gedächtnis und vom verflochtenen Gedächtnis die Konstituierung, Übergabe und Instrumentalisierung des Gedächtnisses in einen globalen Rahmen.

Infolge des Paradigmenwechsels nach dem Ende des Kalten Krieges setzten in Osteuropa Prozesse ein, die neben der Theorie der »doppelten

90 Így él a felszabadító szovjet harcos képe a magyar nép szívében, in: Szovjet Kultúra, Mai 1952. BOSA HU OSA 300-1-2-77361.
91 Elek Karsai, Magda Somlyai (Hg.): *Sorsforduló. Iratok Magyarország felszabadulásának történetéhez I.* Budapest, Levéltári Igazgatóság, 1970, S. 223.

Besatzung« das Gedächtnis des Opferstatus dieser Länder in den Vordergrund rückten.[92] Infolge des Zusammenbruchs des Kommunismus kam es zu einer geopolitischen Restrukturierung, die auch den historischen Diskurs verschob, und die Idee der doppelten Besatzung setzte sich immer stärker durch. Der Antikommunismus und die Aufarbeitung der sowjetischen Besatzung entwickelten sich zur Legitimitätsgrundlage in vielen osteuropäischen Ländern. Seit Ende der 1990er-Jahre ist in den baltischen Ländern, in der Ukraine und in Polen das antikommunistische Gedächtnis des Zweiten Weltkriegs auch Bestandteil des sicherheitspolitischen Diskurses geworden. In diesen Ländern wurde das Gedächtnis des Zweiten Weltkriegs nicht glorifiziert wie im Falle der russischen Erinnerungspolitik, sondern in ein nationales Leidensnarrativ umgewandelt. Wobei allerdings beide erinnerungspolitischen Diskurse – der im Ostblock bis zur Wende geltende und der darauf folgende – auf die Orientalisierung des Gegenübers, der Sowjets, setzten, das heißt, sie schufen ein abwertendes, paternalisierendes Bild vom »anderen«. In der Eigensicht der Sowjetunion wurde sie von jemand »anderem« angegriffen, nämlich von Europa, genauer: von den Deutschen, während die osteuropäischen Länder die sowjetische Intervention als eine barbarische Besatzung aus dem Osten erlebten. Für sie war das »immense Menschenopfer«, das die sowjetische Heeresführung brachte, charakteristisch für die barbarische Unzivilisiertheit und die Grausamkeit der Heeresführung. Die Osteuropäer betrachteten auch die russischen Soldaten als etwas Orientalisches, etwas »anderes«, wie auch die halbherzige Auseinandersetzung des Landes mit seiner stalinistischen Vergangenheit.[93] Nach 1991 verschärfte sich der erinnerungspolitische Kampf besonders in dieser Region, also in Osteuropa.

In Polen begann diese Entwicklung nach 1989 mit einer Quellenpublikation der Überlieferungen von Vergewaltigungen durch sowjetische Soldaten. Das Sichtbarmachen der Leidensgeschichten von polnischen Frauen trug zugleich auch zur deutsch-polnischen Versöhnung bei, denn am Ende des Krieges litt die weibliche Bevölkerung beider Länder unter den Vergewaltigungen der Rotarmisten. Die Fokussierung auf diese Leidensgeschichten aus dem Zweiten Weltkrieg ermöglichte das Entstehen

---

92 Jie-Hyun Lim: Afterword. Entangled Memories of the Second World War, in: Patrick Finney (Hg.): *Remembering the Second World War*. London/New York, Routledge, 2018.

93 Maria Malksoo: Nesting Orientalism at War. WWII and the Memory War in Eastern Europe, in: Tarak Barkawi, Keith Stanski (Hg.): *Orientalism and War*. New York, Columbia University Press, 2013, S. 177-195.

eines neuen erinnerungspolitischen Konsenses zwischen Polen und Deutschen.[94]

Die auf Orientalisierung und auf die Herabsetzung »des anderen« fokussierende historiografische und erinnerungs- bzw. sicherheitspolitische Debatte begann in Ungarn später als etwa in den baltischen Ländern oder in Polen, und das Opfernarrativ tauchte in den institutionalisierten erinnerungspolitischen Gefechten erst nach dem Sieg des Parteienbündnisses von Viktor Orbáns Fidesz und der KDNP im Jahr 2010 auf.[95] Die illiberale Regierung definierte ihren Standpunkt in Abgrenzung zu der bis dahin in Europa hegemonial betrachteten Devise des »Nie wieder!«. Mit ihrer neuen Haltung okkupierte sie im öffentlichen Raum den Diskurs, selbst auf öffentlichen Veranstaltungen wiederholte sie die Parole beständig, und sie setzte sie für ihre Zwecke ein. Ihre Erinnerungspolitik legte den bis dahin paradigmatischen und universal geltenden europäischen erinnerungspolitischen Diskurs als Werkzeug »westlicher Hegemonie« aus, das heißt, der Westen habe das Narrativ, in dem er dem partikularen Narrativ von Ungarn keinen Raum ließ, für sich beschlagnahmt, und deshalb sehe sich die ungarische Regierung gezwungen, eine eigene Terminologie zu etablieren. Ein Mittel dazu waren die im öffentlichen Raum prominent platzierten Geschichten von Ungarinnen, die Opfer von Vergewaltigungen durch sowjetische Soldaten geworden waren. Diese erinnerungspolitische Wende fand zeitgleich mit der Umgestaltung der Infrastruktur der akademischen historischen Forschung und des Geschichtsunterrichts statt.[96]

Das ungarische erinnerungspolitische Paradigma der »doppelten Besatzung« setzte das Trauma der sowjetischen Besatzung weitgehend mit der deutschen Besatzung gleich. Ein Ausdruck dafür war die Errichtung des Denkmals der deutschen Besatzung 2014 am Szabadság-tér. Genau hier sollte auch ein schwarzer Obelisk zum Gedenken der Opfer der sowjetischen Besatzung errichtet werden, der aber letztendlich im Jahr 2018 aus geopolitischen Gründen an einem weniger frequentierten Ort, in Óbuda, aufgestellt wurde.[97] 2017, nach dem Gulag-Gedenkjahr, wurde die Gedenkstätte des Ungarischen Nationalmuseums »Malenkij Robot« eröffnet. In der Ausstellung bekam ein Zitat aus dem Tagebuch von József Grősz einen prominenten Platz, in dem er über Vergewaltigungen, die von sowje-

---

94 Karwowska, Gwałty a kultura, S. 169-170.
95 Vgl. Andrea Pető: Hungary's Illiberal Polypore State, in: European Politics and Society Newsletter 21 (2017), S. 18-21.
96 Vgl. Pető, Roots of Illiberal Memory Politics, S. 42-58.
97 Andrea Pető: Ein Paradigmenwechsel im Holocaust-Gedenken in Ungarn, in: RGOW 2020-09.15-19.

tischen Soldaten verübt worden waren, schreibt. Der erinnerungspolitische Paradigmenwechsel ist allerdings auch innerhalb von internationalen Organisationen in vollem Gange, obwohl gerade sie doch die Aufgabe hätten, das ursprüngliche Paradigma des »Nie wieder« zu schützen. Die ungarische Regierung riskierte es im Jahr 2014, direkt vor den Parlamentswahlen, nicht, die Leitung von IHRA, der Organisation für Holocaustforschung und -unterricht, die sie damals innehatte, zu verlieren, denn sie war bestrebt, die neue erinnerungspolitische Praxis auch auf der internationalen Bühne zu etablieren.

Die erinnerungspolitische Wende zeigt auch auf, dass es, anders als bei den Verbänden der Holocaust- und Gulagopfer, für das Gedächtnis der von sowjetischen Soldaten verübten Vergewaltigungen keine internationalen Organisationen gibt. Hinzu kommt, dass die normative Wirkung der internationalen Wissenschaften bzw. der Frauenbewegungen bis 2018 bereits an Kraft verlor, obwohl diese in der Lage gewesen wären, alternative erinnerungspolitische Rahmen zu schaffen. Im Moment sieht es danach aus, dass das Paradigma der sogenannten »doppelten Besatzung« den Richtungsstreit in der erinnerungspolitischen Debatte gewinnen wird. Dies lässt sich auch in der Debatte verfolgen, die um die Kriegsvergewaltigungen und deren Ursachen entstand.

Gräueltaten der Roten Armee in anderen Ländern

Massenvergewaltigungen werden nicht ausnahmslos von jeder Besatzungsarmee verübt, und nicht alle Angehörige der Roten Armee haben während des Zweiten Weltkriegs überall Massenvergewaltigungen verübt. Der Fokus liegt hier auf der Massenhaftigkeit, denn sexuelle Gewalt als solche geht mit dem Militarismus schlechthin einher. Deshalb lohnt es, sich zunächst einen Überblick darüber zu verschaffen, wie sich die sowjetischen Soldaten zur selben Zeit in den verschiedenen besetzten Regionen verhielten. Das Argument, dass sich die Soldaten der Roten Armee so verhielten, weil sie unzivilisiert waren, trägt nicht weit, wenn man die Besatzung in Ungarn mit jener in anderen Ländern vergleicht.

Obwohl zum Beispiel in Jugoslawien auch die Truppen der 2. und 3. Ukrainischen Front kämpften, zeigt sich dort ein ganz anderes Bild.[98]

---

98   Zur Diszipliniertheit in der 2. und der 3. Ukrainischen Front vgl. Péter Kenéz: *Hungary from the Nazis to the Soviets. The Establishment of the Communist Regime in Hungary, 1944–1948.* New York, Cambridge University Press, 2006, S. 38-40. Zitiert nach Balogh, »Törvényes« megszállás, S. 35.

Anders als in Ungarn ging hier das Bild einer gewalttätigen, plündernden Roten Armee nicht in das kollektive Gedächtnis ein. Im Oktober 1944 versendeten die Sowjets innerhalb von zehn Tagen 30.000 Briefe an bulgarische und jugoslawische Adressen. In diesen Briefen drückten sowjetische Soldaten ihre Freude darüber aus, auf die einheimische Bevölkerung zu treffen, und legten sogar Fotos von sich bei, damit sie in liebevoller Erinnerung bewahrt würden. Aus den Interviews mit Zeitzeugen zeichnet sich überwiegend das Bild vom unterstützenden, schützenden Soldaten ab, der Lebensmittel verteilt; auch wird eine effektive Zusammenarbeit mit den Partisanen erkennbar[99]: Während der Befreiung von Belgrad marschierten die Partisanen und die sowjetischen Soldaten gemeinsam auf der Siegesparade.[100] Diese Freundschaft war beiden Parteien nützlich. Für die jugoslawischen Partisanen war es vorteilhaft, dass die Kooperation, in deren Fokus die deutschen Besatzer als Hauptfeind standen, die kollaborierenden kroatischen und serbischen Regime in den Hintergrund rücken ließen, ebenso wie den antisowjetischen, prowestlichen jugoslawischen Widerstand. Die sowjetische Seite konnte sich über eine Imagepflege der Roten Armee, der sonst kein besonders schmeichelhafter Ruf vorauseilte, freuen. Mit den Tschetniks, den nationalistischen serbischen Partisanentruppen, musste sich die Rote Armee nicht auseinandersetzen. Der erfolgreiche bewaffnete Widerstand der jugoslawischen Kommunisten stärkte die Sowjets auch in dem außerordentlich wichtigen Glauben, dass sie im Kampf gegen NS-Deutschland nicht allein standen. Gleichzeitig beschwerten sich selbst die bulgarischen und jugoslawischen Soldaten, die beste Beziehungen zu den Sowjets pflegten, über die imperiale Arroganz, mit der diese die besetzten Gebiete als die eigenen betrachteten und nicht einmal mit den lokalen Kommunisten kommunizierten.[101]

Die Rote Armee war – wie jede Armee – gewalttätig, nationalistisch und misogyn. Das war vor allem der Ausbildung und darüber hinaus der langen, im Gefecht verbrachten Zeit zuzuschreiben. Die Vorgesetzten waren gegenüber ihren Soldaten gewalttätig und grausam und außerdem Herren über Leben und Tod. Die militärischen Vorschriften interpretierten manche Befehlshaber willkürlich. Die Lebensmittelversorgung wurde während der Kampfeinsätze sporadisch, woraufhin sich die Soldaten von der einheimischen Bevölkerung nahmen, was sie brauchten. Es verwundert nicht,

---

99 Vojin Majstorović: The Red Army in Yugoslavia, 1944-1945, in: Slavic Review 75.2 (2016), S. 411.
100 Ebd., S. 412.
101 Ebd., S. 415.

dass sie Unterstützung erwarteten, und in den jugoslawischen und bulgarischen Gebieten auch erhielten, was allein schon aufgrund der sprachlichen Verwandtschaft leichter fiel. Auch auf den jugoslawischen Gebieten kam es zu militärischen Disziplinarverstößen, aber typischer waren Plünderungen und Raubüberfälle.[102] Sicher verübten sowjetische Soldaten – im halb betrunkenen Zustand – wie überall sonst auch hier Vergewaltigungen, aber eben deutlich weniger. Die meisten dieser Verbrechen wurden von fahnenflüchtigen Soldaten verübt oder von solchen, die ihre Einheit verloren hatten.[103] Auf diese Ausrede berief sich nicht nur die sowjetische Heeresführung, um die Verantwortung von sich zu schieben: Tatsächlich machten sich gegen Ende des Krieges viele Soldaten selbstständig, und es kam auch vor, dass sich Verbrecher sowjetische Uniformen beschafften.

Wer die Massenvergewaltigungen in Ungarn damit erklären möchte, die Sowjets hätten sich für die Verbrechen, die die ungarische Armee in der Sowjetunion verübte, revanchieren wollen, der ist auf dem falschen Pfad. (Bei den französischen Soldaten in der französischen Besatzungszone in Deutschland ist dies jedoch anders gelagert. Bei ihnen war tatsächlich Rache die motivierende Kraft, denn Frankreich hatte unendlich gelitten unter der deutschen Besatzung.[104]) Ausschlaggebend war vielmehr die Haltung der Befehlshaber: ob sie die im Krieg unvermeidbare sexuelle Gewalt ermunterten oder streng ahndeten.

Die amerikanischen Soldaten verhielten sich in der Normandie genauso wie die Sowjets in Jugoslawien. Sie erkannten die Verdienste des französischen Widerstandes an, gleichzeitig waren sie aber der Meinung, dass sie ein Recht auf die französischen Frauen hatten.[105] Majstorovic nennt die Zahlen der dokumentierten sexuellen Gewalttaten, die von amerikanischen Truppen in Europa verübt wurden. In der westlichen Besatzungszone in Deutschland kam es zu 17.080, im gesamten westlichen Besatzungsgebiet zu rund 190.000 Vergewaltigungen. Der französische Historiker Olivier Wieviorka stieß auf mehr als 200 Fälle im Département Manche. Die eng-

---

102 Kerstin Bischl: Telling Stories. Gender Relationships and Masculinity in the Red Army 1941–1945, in: Maren Röger, Ruth Leiserowitz (Hg.): *Women and Men at War: A Gender Perspective on World War II and its Aftermath in Central Europe.* Osnabrück, 2012, S. 117-134.

103 Majstorović, The Red Army, S. 419.

104 Miriam Gebhardt: *Als die Soldaten kamen. Die Vergewaltigung deutscher Frauen am Ende des Zweiten Weltkriegs.* München, Deutsche Verlags-Anstalt, 2015; Die Rezension von Norman M. Naimark siehe in: Francia-Recensio 3 (2015), 19./20. Jahrhundert – Histoire contemporaine. http://www.perspectivia.net/publikationen/francia/francia-recensio/2015-3/zg/gebhardt_naimark

105 Roberts, What Soldiers Do, S. 64-67.

lischen und französischen Truppen waren gewalttätiger als die amerikanischen, aber belastbare Daten stehen nicht zur Verfügung. Auch in Bulgarien und der Tschechoslowakei gab es weniger sexuelle Gewalt durch
sowjetische Soldaten als in Ungarn. Dort, in Bulgarien und der Tschechoslowakei, wurden laut Aussage eines Obersts diejenigen, die Vergewaltigung verübten, vor der Öffentlichkeit bloßgestellt und verurteilt.[106] Mit
Recht stellt sich also die Frage: Was schützte die Frauen in den Ländern,
in denen es weniger Vorfälle gab, vor Massenvergewaltigungen?

Eine erste Antwort ist, dass die sowjetische Heeresführung Jugoslawien,
Bulgarien und die Tschechoslowakei als freundschaftlich verbundene Länder betrachtete, und die Soldaten erhielten dementsprechende Anweisungen. Darüber hinaus konnte die einheimische Bevölkerung dank der gemeinsamen slawischen Sprache mit den Soldaten der Besatzertruppen
kommunizieren. Die panslawistische Propaganda zeitigte zudem ihre Wirkung, ebenso die Anti-Nazi-Kampagne. Schließlich hatten die Sowjets und
die Jugoslawen gleichermaßen unter der NS-Unterdrückung gelitten. In
der militärischen Zeitschrift *Krasnaja Swesda*, aus der die politischen Offiziere den Soldaten bei ideologischen Einweisungen häufig zitierten, wurde
die Erwartung formuliert, wie sich die Soldaten in Jugoslawien verhalten
sollen. Tolbuchin, der Oberbefehlshaber der 3. Ukrainischen Front, gab
den Befehl aus, dass gegen diejenigen, die sexuelle Gewalt verüben, streng
vorgegangen werden sollte. Beim Einmarsch im Dezember 1944 beteiligte
sich auch der 1943 gegründete und gefürchtete militärische Nachrichtendienst SMERSch an der Kampagne gegen Vergewaltigungen.[107] In der sowjetischen Propaganda fanden mit Blick auf Jugoslawien weder lokale ethnische Konflikte noch kollaborierende Regierungen Erwähnung, obwohl
dort der Zweite Weltkrieg auch ein Bürgerkrieg war. Stets war von einem
einheitlichen Jugoslawien die Rede, das den Nationalsozialismus erfolgreich bekämpfte.[108]

Die Anzahl der sexuellen Gewalttaten hing maßgeblich davon ab, wie
effektiv die Heeresführung agierte und inwieweit sie sich bei der Einhaltung der Disziplin durchsetzen konnte. Obwohl die Institutionen der Dis-
ziplinarverfahren in der Roten Armee überall die gleichen waren, gab es
doch je nach Standort große Unterschiede bezüglich der Diszipliniertheit,
der Strafinstitution selbst und ihrer Funktionsweise. Die Heeresführung
hatte außerdem für ihre gegen die Nazis kämpfenden slawischen Brüder

106 Majstorović, The Red Army, S. 397.
107 Ebd., S. 403.
108 Ebd., S. 404.

mehr Empathie als für die ungarische Bevölkerung, deren Sprache sie nicht verstand, und die ihnen mit heftigem Widerstand begegnete, der einen hohen Blutzoll erforderte. Die Russenfreundschaft Bulgariens hatte tiefe historische Wurzeln, außerdem war das Land nicht der letzte Verbündete Hitler-Deutschlands, so wie Ungarn.

In Jugoslawien kämpften 300.000 sowjetische Soldaten, in Ungarn ungefähr eine Million, entsprechend muss auch die Größenordnung der stationierten Soldaten in Betracht gezogen werden. Die Verluste der Roten Armee waren in Ungarn auch wesentlich größer (140.000 Gefallene) als in Jugoslawien (7.889) oder in Österreich (26.000).[109] All das trug zu den Gewalttätigkeiten bei. Während die Kriegsoperationen in Jugoslawien bloß drei Monate andauerten, waren zehn Monate erforderlich, um Ungarn einzunehmen. Hinzu kommt, dass die sowjetischen Besatzertruppen in Jugoslawien im Anschluss an die kurzen Kriegsoperationen im Gegensatz zu Ungarn nicht länger Station machten. Die jugoslawische Armeeführung pflegte gute Beziehungen zum sowjetischen Oberkommando, was weder von dem politischen Federgewicht der ungarischen kommunistischen Emigranten noch von der Übergangsregierung behauptet werden kann. Marschall Tito forderte von den Partisanen Berichterstattung über die Führung der Sowjets ein, und kamen ihm Widrigkeiten zu Ohren, zögerte er nicht, damit vor den sowjetischen General Kornejew zu treten. Schon aus Eigeninteresse, schließlich wollte er nicht in die Situation der ungarischen Kommunisten nach dem Krieg geraten. Diese wurden nämlich von der eigenen Bevölkerung mit den randalierenden sowjetischen Soldaten, die sie schwerlich als Befreier feiern konnten, identifiziert. Aus den zugänglichen Dokumenten geht sehr deutlich hervor, dass die höchste Ebene der sowjetischen politischen Leitung über die ans Tageslicht gekommenen Fälle Bescheid wusste und darüber besorgt war; etwa im Fall einer Partisanin, die im Wald vergewaltigt wurde. Die überlieferten Fallbeschreibungen belegen, dass die sowjetischen Täter verurteilt wurden, und die Strafe reichte von der Degradierung bis hin zum Arbeitslager.

Diese glückliche Konstellation verschiedener Faktoren führte dazu, dass es in Jugoslawien weniger Vergewaltigungen gab.[110] Aber eine umfassende Kontrolle der Soldaten war auch hier nicht möglich, zumindest das zeigen die Zahlen. Milovan Đilas schreibt in seinem oft zitierten Memoire im Zusammenhang mit Jugoslawien über 111 Morde und 1.204 mit Raub verbun-

---

109   Ebd., S. 401.
110   Ebd., S. 407.

dene Vergewaltigungen.[111] Vladimir Dedijer (1914–1990), ein serbischer Partisane, kommt zu dem Ergebnis, dass die durch Jugoslawien ziehende, 300.000 Soldaten mannstarke sowjetische Armee 1.219 Vergewaltigungen, 111 Morde und 1.204 Raubüberfälle verübte. Hier muss angemerkt werden, dass Robert Lilly auf der Basis kriminologischer Forschung davon ausgeht, dass nur etwa fünf Prozent aller Vergewaltigungsfälle angezeigt werden. Anhand der gut dokumentierten und für die Forschung zugänglichen Prozessakten der in Europa eingesetzten Soldaten der amerikanischen Armee legt er dar, dass für ein realistisches Ergebnis ein Multiplikator von 20 angewandt werden müsse: Demnach wären von hundert Vergewaltigungsfällen nur fünf gemeldet worden.[112]

In Rumänien hielt die militärische und lokale zivile Verwaltung auch während der Besatzung den Betrieb aufrecht, deshalb stehen Daten zu Gewalttaten von Soldaten zur Verfügung. Hier wurden innerhalb von einem Monat (von September bis Oktober 1944) 355.200 Frauen vergewaltigt, nicht einberechnet sind die Fälle, die in Ländern passierten, die früher besetzt und nach 1945 der Sowjetunion angeschlossen wurden. Wenn die Vergewaltigungen hinzugerechnet werden, die während der Besatzung, als die Front bereits Ungarn erreicht hatte, verübt wurden, kommt man auf eine Zahl von etwa einer halben Million. Die ungarischen Angaben sind nicht valide, da es keine Behörde gab, die die Fälle zuverlässig dokumentiert hätte. In Österreich wird die Anzahl der sexuellen Gewalttaten allein in Wien auf 70.000 bis 100.000 geschätzt.[113]

Die sowjetische Besatzung in Ungarn zeigt die meisten Ähnlichkeiten (wenn auch nicht in Bezug auf die Größenordnung) mit der französischen Besatzungszone in Deutschland. Auch diese Zone war nicht zum ersten Mal von der Armee des Nachbarlandes besetzt. Bei der Besatzung nach dem Ersten Weltkrieg waren eigens Truppen aus den Kolonien – Einsatzkräfte aus Marokko, Tunesien und dem Senegal – hierher abkommandiert worden, um die Deutschen noch tiefer zu demütigen. Die »schwarze Schmach«, wie die Gewalttätigkeiten der französischen Truppen aus den Kolonien gegen die Zivilbevölkerung nach dem Ersten Weltkrieg bezeichnet wurden, ging ins kollektive Gedächtnis ein und lebte 1944 wieder auf.[114]

111   Ebd., S. 398.
112   Robert J. Lilly: *Taken by Force. Rape and American GIs in WWII*. Basingstoke, Palgrave Macmillan, 2007, S. 11-12.
113   Majstorović, The Red Army, S. 400.
114   Keith L. Nelson: The »Black Horror on the Rhine«: Race as a Factor in post-World War I Diplomacy, in: The Journal of Modern History 42.4 (1970), S. 606-627.

Die französische Armee verfügte über deutlich weniger Soldaten als die der Sowjets, außerdem war sie die schwächste unter den alliierten Armeen. Obwohl das Vichy-Regime mit den deutschen Besatzern kollaboriert hatte, forderte die französische Armee einen Platz in der Neustrukturierung der Nachkriegszeit für sich ein. Doch auch hier, genauso wie in manchen Einheiten der Roten Armee, herrschten chaotische Verhältnisse. Die zentrale Kontrolle war schwach, und so schikanierten die französischen Soldaten, häufig von persönlicher Rachelust motiviert, die Zivilbevölkerung ungebremst; dokumentiert ist von diesen Ereignissen nur wenig.[115]

Die in der Fachliteratur meistzitierte Massenvergewaltigung an der westlichen Front geschah in Stuttgart, wo marokkanische Truppen der französischen Armee 2.500 deutsche Frauen vergewaltigten. Der Umgang mit dem Vorfall zeigt, dass die Opfer an der Westfront ebenfalls mit Verschweigen und Manipulation zu kämpfen hatten.[116] In den Nachrichten hieß es, dass deutsche Frauen in der Stuttgarter U-Bahn von marokkanischen Truppen massenhaft vergewaltigt wurden. Tatsächlich hatte die Stadt, wortwörtlich betrachtet, gar keine U-Bahn, der Vorfall ereignete sich in einer Straßenbahn-Remise. Um einen Skandal zu vermeiden, übernahmen die amerikanischen Behörden Stuttgarts Besatzung von den Franzosen. Unter dem Vorwand, es gebe in Stuttgart schließlich gar keine U-Bahn, und die ganze Geschichte sei nur von der deutschen Propaganda erdichtet worden, wurde eine Ermittlung nicht eingeleitet. So wurden die Stimmen der Opfer zum Schweigen gebracht.[117] Übrigens nutzten die deutschen Frauen, um die ungewünschten Schwangerschaften abzubrechen, noch lange nach dem Niedergang des Dritten Reiches die Möglichkeiten, die ihnen die nationalsozialistischen »Blutschutzgesetze« boten.[118]

Die militärische Besatzung hatte auch Auswirkungen auf die Sprache der Besetzten. So wie die Ausdrücke *davajcsaszi* (Gib die Uhr her!), *gyevuski* (Mädchen) oder *zabrálás* (stehlen, aus dem Russischen Verb забрать)

---

115 Norman M. Naimark: *The Russians in Germany. A History of the Soviet Zone of Occupation, 1945-1949*. Cambridge, MA, Harvard University Press, 1995, S. 106.

116 Reiner Pommerin: The Fate of Mixed Blood Children in Germany, in: German Studies Review 5.3 (1982), S. 315-323.

117 Hagemann, Schüler-Springorum, Home/Front, S. 149. Naimark erwähnt den Vorfall, kommentiert ihn aber nicht.

118 Atina Grossmann: A Question of Silence: The Rape of German Women by Occupation Soldiers in West Germany under Construction, in: Moeller, Robert G. (Hg.): *Politics, Society and Culture in the Adenauer Era*. Ann Arbor, University of Michigan Press, 1997, S. 47.

in den ungarischen Wortschatz übergingen, so gelangte womöglich das Wort *Fisimatenten* (aus dem französischen Ausdruck *visitezmatente*: »Besuchen Sie mein Zelt!) ins Deutsche, das noch auf die Zeit der napoleonischen Besatzung zurückgeführt werden kann. Eine solche Anlehnung ist auch das französisch-italienische Verb *marocchinate*, das auf den Vandalismus der marokkanischen Soldaten in Monte Cassino zurückgeht.[119]

Kürzlich begann in Tschechien ebenfalls die Erforschung der Kriegsvergewaltigungen. Aus den ersten Ergebnissen geht auch hier hervor, dass es einen Unterschied macht, ob es sich um Vergewaltigungen handelt, die während einer lang andauernden Besatzung verübt wurden, oder solche, die im Zuge schneller Kriegsoperationen passierten. Forschungen zum Gedächtnis der sowjetischen Besatzung nach der Niederschlagung des 1968er-Frühlings konnten zeigen, dass die sowjetischen Soldaten in Bezug auf Kultiviertheit und Zivilisiertheit, ebenso wie in Ungarn, auch in der Tschechoslowakei für minderwertig gehalten wurden. Im tschechischen Gedächtnis blieben in erster Linie die von den sowjetischen Soldaten verursachten finanziellen und Umweltschäden haften. Die sowjetischen Soldaten lebten, ebenfalls wie in Ungarn, auch hier in abgeschlossenen Kasernen, hatten ihre eigene Verwaltung, und verlassen durften sie das Gelände nur unter Aufsicht. Die Rotarmisten wurden unterstützend in der Landwirtschaft und bei Naturkatastrophen eingesetzt.[120] Die nach 1991 aufgenommenen Rückerinnerungen löschten im kollektiven Gedächtnis die früher für beide Seiten nützlichen und blühenden wirtschaftlichen Beziehungen aus; was blieb, war eine Reihe von Erinnerungen an erlittene Schäden (finanzieller Art). Die frühere Kooperation geriet in Vergessenheit, obwohl damals die Gesellschaft für sowjetisch-tschechoslowakische Freundschaft 2.241.000 Mitglieder zählte.[121]

In der Zeit vor 1968 gab es eine ausgezeichnete Zusammenarbeit zwischen den sowjetischen und tschechoslowakischen Strafverfolgungsbehörden, von der Harmonisierung der Rechtsvorschriften über die gemeinsamen Patrouillen bis hin zur Ausbildung von Polizeikräften. Nach der Niederschlagung des Prager Frühlings unterlagen die in der Tschechoslo-

119 Katherine Rossy: *Forgotten Agents in a Forgotten Zone: German Women under French Occupation in Post-Nazi Germany, 1945–1949.* MA thesis, Concordia University, Montreal, 2013, S. 25.

120 Szovjet katonák a gátond, in: Népszabadság, 20.7.1958. BOSA HU OSA 300-1-2-77361.

121 Marie Cerna: Occupation Friendly Assistance. The Soviet Army 1968–1991 in the Memory of the Czech People, in: Czech Journal of Contemporary History 4 (2016), S. 80-101.

wakei stationierten sowjetischen Soldaten einem Sonderbefehl, der ihnen Diebstahl und Schlägereien verbot. In der Ausbildung wurde den sowjetischen Soldaten in speziellen Kursen zivilisiertes Benehmen beigebracht; es wurde Wert darauf gelegt, dass sie höflich anklopften und grüßten.[122] Aus Interviews geht hervor, dass die Soldaten es mitunter kaum erwarten konnten, nach Ungarn versetzt zu werden, weil es dort »djewuschki«, Mädchen, gab, und man ungehindert Lebensmittel und Alkohol stehlen konnte. Sowjetische Uniformen wurden wie in Ungarn auch in der Slowakei für Raubüberfälle verwendet, die als die schlimmste Disziplinverletzung galten. Ob diejenigen, die in sowjetischer Uniform plünderten, tatsächlich sowjetische Soldaten waren oder tschechoslowakische Verbrecher in sowjetischer Uniform, lässt sich nicht feststellen. Aber es liegt nahe, zu vermuten, dass die sowjetische Armeeführung mit der Betonung der letztgenannten Möglichkeit die Verantwortung von sich schieben wollte.[123]

Da sich die sowjetischen Soldaten in der Tschechoslowakei außerhalb der Kasernen nicht frei bewegen durften, war die Anzahl der Vergewaltigungen im gegebenen Zeitraum (1968–1989) verhältnismäßig niedrig. Die Abriegelung der sowjetischen Soldaten wurde im Sommer für den Einsatz zu landwirtschaftlichen Arbeiten aufgehoben, und zu dieser Zeit passierten auch Vergewaltigungen.[124] In den Quellen werden zwei wiederkehrende Szenarien genannt: Zum einen vergewaltigten sowjetische Soldaten junge Frauen, die per Anhalter unterwegs waren, und zum anderen wurden Frauen von sowjetischen Soldaten angegriffen, die entweder betrunken waren oder sich ohne Genehmigung außerhalb der Kaserne aufhielten. Es kam, wenn auch selten, vor, dass die Sexualdelikte und Diebstähle mit einem Mord endeten. Im *Schwarzen Buch* der sowjetischen Besetzung in der Tschechoslowakei sind auch die zum Teil schweren Strafen verzeichnet.[125]

---

122 Für die Übersetzungen aus dem Tschechischen danke ich Vít Lukaš. David Hubený: Spolupráce Policejního ředitelství a Rudé armády na zajištění bezpečnosti ve Velké Praze a potlačení kriminality rudoarmejců [dt.: Die Zusammenarbeit der Polizei und der Roten Armee beim Bekämüfen der Kriminalität unter den Rotarmisten im Großraum Prag], in: Sborník archivu bezpečnostních složek 11 (2013), S. 159-174.

123 Hubený, Spolupráce, S. 163.

124 Tomek Prokop: Life with Soviet Troops in Czechoslovakia and After their Withdrawal, in: Folklore (Estonia) 70 (2017), S. 97-120.

125 Prokop Tomek, Ivo Pejčoch: *Černá kniha sovětské okupace: Sovětská armada v Československu a její oběti 1968-1991* [dt.: Das schwarze Buch der sowjetischen Besetzung: Die sowjetische Armee in der Tschechoslowakei und ihre Opfer 1968-1991] Cheb, Svět křídel, 2015. Ich danke Ondrej Klipa und Vít Lukaš.

Das Zusammenleben der sowjetischen Soldaten und der Zivilbevölkerung war nach der 1956er-Revolution auch in Ungarn nicht konfliktfrei. Während der langen sowjetischen Besatzung ähnelten die Vorfälle jenen in der Tschechoslowakei: Vergewaltigungen verübten vor allem Soldaten, die in der Landwirtschaft aushelfen mussten. So wurden die Seidenraupenzüchterinnen aus Szekszárd, die beim Maulbeerblättersammeln von sowjetischen Soldaten angegriffen wurden, Opfer einer Gruppenvergewaltigung.[126] Auf dem Postamt von Bogyiszló wurde die Postmeisterin vergewaltigt und das Postamt ausgeraubt.[127] Im Budapester József-Katona-Theater war die Inszenierung des Romans von Szilárd Rubin, *Der Eisengel*, ein großer Erfolg, der anhand der Untersuchungsunterlagen Mordfälle aus den Jahren 1953 und 1954 analysiert, die mutmaßlich von sowjetischen Soldaten begangen worden waren. Für den Mord an fünf jungen Frauen war eine Zwanzigjährige hingerichtet worden, obwohl sie aussagte, sie habe die Morde nicht begangen, sondern die Frauen lediglich in die sowjetische Kaserne geführt.[128] Szilárd Rubin versuchte, der Sache auf den Grund zu gehen, und nahm eigene Ermittlungen auf, aber zu den sowjetischen Unterlagen erhielt er keinen Zugang.

Zusammenfassend lässt sich feststellen, dass es für Massenvergewaltigungen durch sowjetische Soldaten der Koinzidenz mehrerer Faktoren bedurfte: Rachelust für frühere Taten des Feindes; lange und blutige Kämpfe im Vorfeld; eine zahlenmäßig große Armee, die in ein Gebiet kam, in dem keine slawische Sprache gesprochen wurde; Administration und Verwaltung waren zusammengebrochen. Laut der Typologie von Robert Hayden kann es in fünf Situationen zur sexuellen Gewalt kommen: Kriegsvergewaltigungen werden verübt, wenn (1) der Staat schwach und nicht in der Lage ist, seine Staatsbürger vor den bewaffneten Soldaten zu schützen; (2) die Armeeführung die Truppen mit ungehinderter Plünderung belohnt; (3) die Normen der Gesellschaft zerfallen; (4) der Begriff von Männlichkeit über Militarismus definiert wird; (5) die Wut und die Frustration bzw. das persönliche Trauma des Mannes aufgrund der Demütigungen, die er in der Armee und im Alltag erleiden musste, präsent sind.[129] Während der sowjetischen Besatzung der Jahre 1944 und 1945 in Ungarn war mit allen fünf Faktoren zu rechnen. Dabei soll nicht unerwähnt bleiben, dass sexu-

126 BOSA HU OSA 300-1-2-37537.
127 BOSA HU OSA 300-1-2-13123, 27.12.1951.
128 Szilárd Rubin: *Aprószentek*. Budapest, Magvető, 2012.
129 Donna Pankhurst: Sexual Violence in War, in: Shepherd, Laura (Hg.): *Gender Matters in Global Politics: A Feminist Introduction to International Relations*. London, Routledge, 2009, S. 148-160.

elle Gewalt im Kontext eines Bürgerkriegs auch Bestandteil einer lokalen Gemeinschaft sein kann und frühere Konflikte auf diese Weise vergolten werden. Während des Bürgerkriegs in Jugoslawien wurden Frauen von den eigenen Nachbarn, die einer anderen Ethnie angehörten, vergewaltigt, und Familien wurden angegriffen, mit denen die Angreifer seit Generationen gute Beziehungen gepflegt hatten.[130] Das kam in Ungarn typischerweise nicht vor.

130   Robert M. Hayden: Rape and Rape Avoidance in Ethno-National Conflicts: Sexual Violence in Liminalized States Mass, in: American Anthropogist 102.1 (2000), S. 27-41.

Typologie der Kriegsvergewaltigungen und ihre Ursachen

Im Laufe der letzten Jahre waren die Forscherinnen und Forscher von Kriegsvergewaltigungen bestrebt, über die reine Dokumentation hinauszugehen, und sie versuchten, neue theoretisch-methodische Rahmen zu definieren. Der Begriff der sexuellen Gewalt beinhaltet schließlich nicht nur den Akt des gewaltsam erzwungenen Beischlafs, dazu gehören auch sexuelle Demütigung, sexuelle Folter, Verstümmelung der Genitalien und Sexsklaverei, die die Opfergruppe zunächst stigmatisiert und demütigt und sie in der Folge marginalisiert und der Vergessenheit preisgibt. Die Frau war in ihrer Funktion als Mutter und Ehefrau verantwortlich für den Wohlstand der Gemeinschaft, ihre Sexualität wurde entlang der Gendervorstellung des Mannes definiert. Eine Verletzung der Ehre der Frau zog also auch den Mann in Mitleidenschaft und in der Folge die Gesellschaft als Ganzes. Aus dieser besonderen Konstellation folgt, dass die Frau in militärischen Konflikten zur militärischen Zielscheibe wird. Die Rote Armee zog relativ zügig durch Ungarn, deshalb kam es von den oben aufgezählten Sexualverbrechen hauptsächlich zu Vergewaltigungen, vereinzelt wird jedoch auch über Fälle von Sexsklaverei berichtet.

Cynthia Enloe unterscheidet drei Arten der Vergewaltigungen durch Angehörige des Militärs. Bei zweien davon – bei den sogenannten Vergewaltigungen zum Schutz der Nation und bei den strukturell bedingten Massenvergewaltigungen – ist sexuelle Gewalt als Kriegswaffe zu verstehen. Die dritte Art ist die rekreative Vergewaltigung.[1] In ihren Erinnerungen berichten polnische Frauen, dass sich die sowjetischen Soldaten so verhielten, als hätten sie nach der langen Zeit der Kämpfe zur eigenen Erholung von den Strapazen ein Recht auf den Körper der Frauen.[2]

Die Ursachen der sexuellen Gewalt können im archaisch-patriarchalen bzw. im ideologisch-nationalen Rahmen diskutiert werden. Die von sowje-

---

1 Cynthia Enloe, *Maneuvers: The International Politics of Militarizing Women's Lives*. Berkeley, University of California Press, 2000, S. 111, 123, 132.
2 Zaremba, Wielka Trwoga.

tischen Soldaten verübte sexuelle Gewalt kann je nach bestehendem
Machtverhältnis in beiden Rahmen analysiert werden. In der Fachliteratur
ist die am stärksten verbreitete Erklärung für sexuelle Gewalt der archaisch-
patriarchale Ansatz: »Krieg ist Krieg.«[3] In diesem Interpretationsrahmen
nimmt der Feind – der gegnerische, siegreiche Soldat – die Frau durch sexuelle Gewalt in seinen Besitz. Im Krieg ist die Frau zu einem strategischen
Objekt geworden, für das die kämpfenden Parteien einander töten. Mit
der Vergewaltigung der Frau zerstören die im Krieg sich feindlich gegenüberstehenden Männer einander gegenseitig das Eigentum. Die Frau muss
über das erlittene Leid schon aus dem Grund schweigen, weil das Opfer
letztendlich gar nicht sie selber ist, sondern der Mann, dessen Macht sie zu
Hause untergeordnet ist. Erzählt sie von der Gewalttat, würde dies nur den
Ruhm des Siegers vergrößern. Also darf die Frau von der Vergewaltigung
nicht sprechen. Mary Beard weist auf die Wurzeln dieses Schweigens hin,
die bis in die Antike reichen: auf Philomela, der die Zunge herausgeschnitten wird, damit sie den Vergewaltiger nicht verraten kann, und die dessen
Bildnis in ein Gewand für ihre Schwester einwebt; auf Shakespeares *Titus
Andronicus*, wo Lavinie ebenfalls die Zunge herausgeschnitten wird, damit
sie über ihre Vergewaltigung nicht sprechen kann. Frauen können und dürfen im öffentlichen Raum bis heute nur als Opfer oder Märtyrerinnen über
erlittene sexuelle Gewalt sprechen.[4] Sexuelle Gewalt ist Bestandteil des
Kriegs der Männer, sie gehört zu den im Voraus definierten Spielregeln. »In
einem gegen andere Männer geführten Krieg stellt das höchste Gebot die
Notwendigkeit dar, den »anderen«, den Feind zu bezwingen. […] Die Verletzung des Körpers der Frau ist nur ein Mittel, das den Zweck hat, die
errungene Vorherrschaft zu deklarieren und dauerhaft zu bestätigen.«[5]

Als die Rote Armee den nördlichen Rand von Jugoslawien durchzog,
wurden 121 Fälle von sexueller Gewalt gemeldet. Der serbische Politiker
Milovan Đilas, so geht es aus seinem Buch hervor, scheute sich nicht, die
Vorfälle bei Stalin vorzubringen. Bei diesem oft zitierten Gespräch erwiderte Stalin verwundert: Wie könne Đilas, als großer Kenner menschlichen Leidens und Herzens, nicht verstehen, dass die Soldaten, die in
ständiger Lebensgefahr lebten, das Recht auf ein bisschen Unterhaltung

3 Julius Hay [Háy Gyula]: *Geboren 1900. Erinnerungen.* Hamburg, Christian Wegner
   Verlag, 1971, S. 287.
4 Mary Beard: *Women and Power: A Manifesto.* London, Profile Books, 2017, S. 23.
5 Tanaka, Yuki: *Hidden Horrors. Japanese War Crimes in World War II.* Boulder, CO,
   Westview Press, 1996, S. 107.

hätten?[6] Hier ordnet Stalin die strukturell bedingte Vergewaltigung als rekreative Vergewaltigung ein.

Mátyás Rákosi berichtete regelmäßig an den mächtigen Generalsekretär der Komintern, Georgi Dimitroff, über die Lage im besetzten Ungarn. Im Folgenden bat er Dimitroff darum, sich persönlich einzusetzen, weil »unsere Situation immer schwieriger wird, denn die Übergriffe der Roten Armee werden der [Ungarischen Kommunistischen] Partei zugeschrieben. Ohne Zweifel lässt sich in dieser Hinsicht schon etwas Verbesserung beobachten, aber immer wieder wird über massenhafte Fälle von Vergewaltigungen, Plünderungen etc. berichtet, sie kommen bei der Befreiung eines Gebiets jedes Mal zur Sprache, so zuletzt in Budapest.«[7] Rákosi blieb mit seiner Bitte erfolglos, obwohl er richtig erkannt hatte, dass für die kommunistische Partei – die der Unterstützung der Roten Armee bedurfte – das Verhalten der sowjetischen Soldaten keine besonders gute Propaganda darstellte. Vergeblich schrieb auch László Háy, der noch aus der Zeit seines Moskauer Exils ausgezeichnete Beziehungen zur sowjetischen Parteiführung unterhielt, im Mai 1945 an Dimitroff, dass die Beziehung der ungarischen Bevölkerung zur Roten Armee sich verschlechtert habe, doch auch sein Brief zeigte keine Wirkung. An diesen beiden Beispielen lässt sich gut ablesen, wie schwach die Durchsetzungskraft der ungarischen kommunistischen Emigranten war.[8] László Sólyom, der Polizeipräsident von Budapest, machte in seinem Bericht vom 8. Juni 1945 an die sowjetische Kommandantur von Budapest auf die Verschlechterung der öffentlichen Sicherheit und die zunehmende sowjetfeindliche Stimmung ebenfalls aufmerksam: »Die reihenweise sich wiederholenden Belästigungen erwecken in der Bevölkerung sowjetfeindliche Gesinnung. Die reaktionären Pfeilkreuzler-Elemente, die immer noch in großer Anzahl anwesend sind, können diese Stimmung leicht für ihre russenfeindliche Propaganda missbrauchen.«[9] Auch dieser Bericht zeigte quasi keine Wirkung, denn – wie oben dargelegt – in Ungarn führte das Zusammenwirken mehrerer Faktoren zu den Massenvergewaltigungen.

In vielen konkreten Fällen wurde Klage eingereicht, aber auch das führte zu nichts. In seinem Brief vom 7. September 1945 informierte Ferenc Nagy, Minister für Wiederaufbau, später Ministerpräsident, Mar

6 Đilas, Milovan: *Találkozások Sztálinnal.* Ford. Radics Viktória. Budapest, Magvető, 1989, S. 102.
7 Henrik Vass (Auswahl): Dokumentumok Rákositól – Rákosiról, in: Múltunk 2-3 (1991), S. 247 (Brief vom 19. Februar).
8 Balogh, »Törvényes« megszállás, S. 41.
9 Ebd., S. 320-322.

schall Woroschilow über einen Vorfall, der sich im Komitat Baranya in der Gemeinde Bisse – an seinem Geburtsort – zugetragen hatte. In seiner Antwort vom 14. September 1945 behauptete der Marschall rundweg, dass der Minister lüge: »[die Vorfälle] hatten sich nicht so zugetragen, wie es Ihnen berichtet wurde«. Was genau passiert ist, ist tatsächlich unklar. Baten die Dorfbewohner die sowjetischen Soldaten ins Haus, boten sie ihnen hier Alkohol und dort Abendessen an oder sind die Soldaten ungebeten in die Häuser eingedrungen? Und versammelten sich die Männer des Dorfes in der Nacht, um ihre Frauen zu beschützen, die vorher in einem Haus zusammengeholt wurden, oder wollten sie nur sowjetfeindliches Verhalten demonstrieren? Zerstückelten sie die Rotarmisten mit der Axt und vergruben sie auf den Äckern außerhalb des Dorfes aus Niedertracht oder weil sie keinen anderen Weg sahen, die Frauen vor Vergewaltigung zu retten? Für den Marschall waren die Antworten eindeutig: Die Bewohner des Dorfes hatten die beiden sowjetischen Soldaten grundlos niedergemetzelt, denn ihm zufolge »wurde in der Ermittlung keine sexuelle Gewalt gegen Frauen festgestellt«.[10] Auch als Ministerpräsident erreichte Ferenc Nagy nicht viel mehr. Am 10. August 1946 antwortete ihm Swiridow, der geschäftsführende stellvertretende Leiter der Alliierten Kommission, auf seine schriftlich eingereichte Beschwerde: »Der Großteil der von Ihnen genannten Fakten konnte nicht nachgewiesen werden, und der Rest war Übertreibung.«[11]

Zoltán Vas, der noch vor Rákosi, Gerő und Révai aus dem Moskauer Exil nach Ungarn zurückgekehrt war, berichtete im Oktober 1944 in Szeged ebenfalls über Exzesse: »Noch schlimmer als die Übergriffe ist die furchtbare Panik, die in der Bevölkerung herrscht. Die Menschen wagen sich nicht mehr aus den Häusern und fürchten sich vor den Soldaten. [...] es kommt nicht selten vor, dass ein Rotarmist eine Frau um Unterkunft bittet. Da er sich nicht verständlich machen kann, zeigt er der Frau gestikulierend, dass er schlafen möchte. Die Frau läuft dann schreiend aus dem Haus, weil sie glaubt, er wolle sie schänden.«[12]

Die ungarischen Kommunisten konnten sich also mit ihren Beschwerden bei den Sowjets im Großen und Ganzen kein Gehör verschaffen, aber da es keine Alternative gab, wandte sich auch die Győrer Organisation der Sozialdemokratischen Partei an die Vertreter der Ungarischen Kommunistischen Partei, damit diese sich für sie, die Sozialdemokraten aus Győr, bei

---

10 Ebd., S. 348-349.
11 Ebd., S. 392-394.
12 Ebd., S. 249.

den Sowjets einsetzten. Der von der Parteiorganisation verfasste Bericht verzeichnete bis zum 14. Dezember 21 Fälle von Wohnungseinbruch, vier Mordfälle, sieben ausgeraubte Passanten und zwei Wochen später die Plünderung von 34 Geschäften, vier Morde, 15 ausgeraubte Fußgänger sowie einen Überfall auf das Nonnenkloster.[13] Bei dem Dokument handelt es sich um ein »verwaistes Dokument«, weitere Unterlagen in diesem Zusammenhang sind nicht überliefert. Ob die Sozialdemokraten mit dieser Anfrage etwas erreichen konnten, ist also nicht bekannt. Der Brief ist trotzdem ein wichtiges Zeugnis, denn er zeigt, dass die Győrer sehr verzweifelt gewesen sein mussten, sie wandten sich ja nicht an die Kommunisten vor Ort mit ihrer Bitte um Beistand, sondern an jene in Budapest.

Dem zweiten Erklärungsansatz zufolge hat die sexuelle Gewalt einen ideologisch-nationalen Ursprung.[14] Auch in der Beschreibung von Kriegsereignissen werden oft Begriffe aus dem Bereich der Sexualität verwendet. Während des Ersten Weltkriegs wurde etwa Deutschland von Frankreich beschuldigt, Belgien »vergewaltigt« zu haben.[15] Damit war nicht gemeint, dass jeder Soldat eine Vergewaltigung begangen hatte, sondern dass die Möglichkeit bestand, dass er sie begeht, da die Männlichkeit, dessen konstruktiver Bestandteil der Militarismus ist, im Extremfall auf diese Weise ultimativ unter Beweis gestellt wird. Der weibliche Körper steht für die ganze Gemeinschaft, entsprechend gilt die Gewalt an ihr als Sieg über die Gemeinschaft der Nation.

Mit Bezug auf die sexuellen Gewalttaten, die sowjetische Soldaten während des Zweiten Weltkriegs verübten, wird in der Fachliteratur häufig ein 1942 in der *Prawda* erschienener Text von Ilja Ehrenburg zitiert. Ehrenburg ruft dort als Maßnahme der Vergeltung offen zur Vergewaltigung deutscher Frauen auf und beschreibt sehr detailliert, wie die Deutschen die Russinnen entehrt haben sollen: »Diese geilen Schweine sind jetzt nach Russland eingedrungen. [...] Sie vergewaltigen unsere Frauen und verbreiten unter ihnen Geschlechtskrankheiten. Tötet, Tötet! [...] Brecht mit Gewalt den Rassenhochmut der germanischen Frauen. Nehmt sie als rechtmäßige Beute.«[16] Gleichzeitig mit Ehrenburgs Text erschienen Hunderte ähnliche Pamphlete. Ihre Existenz bietet für die sexuellen Gewalttaten der sowjetischen Soldaten jedoch nicht notwendigerweise die Erklärung.

---

13 BOSA HU OSA 408-1-3/9.
14 Hoerning, Erika M.: The Myth of Female Loyality, in: The Journal of Psychohistory 16 (1988), S. 38.
15 Edmund Burke, zitiert nach Roy Porter: Does Rape Have a Historical Meaning?, in: Sylvana Tomaselli, Roy Porter (Hg.): *Rape*. Oxford, Blackwell, 1986, S. 232.
16 Brownmiller, Gegen unseren Willen, S. 70 und S. 74.

Theoretisch ging man zwar davon aus, dass jeder Soldat die *Prawda* las, aber unter Kriegsverhältnissen erreichte die Zeitung nur mit Verzögerung die kämpfenden Einheiten – wenn überhaupt. Außerdem folgten dem geschriebenen Wort nicht zwangsläufig auch entsprechende Taten. Die NS-Propaganda benötigte dringlich Material, um die erschöpften deutschen Soldaten anzufeuern, und dafür ließ sich auch der Ehrenburg-Text gut verwenden. Alexander Solschenizyn, der heldenhaft im Zweiten Weltkrieg gekämpft hatte, reflektiert seine Erlebnisse in Preußen im Gedicht *Ostpreußische Nächte*. Offen schreibt er über die Vergewaltigung von Frauen. »Waren's viel auf der Matratze? / Kompanie? Ein Zug? Was macht es! / Tochter – Kind noch, gleich getötet. / Alles schlicht nach der Parole: / NICHTS VERGESSEN! NICHTS VERZEIH'N! / BLUT FÜR BLUT! – und Zahn für Zahn. / Wer noch Jungfrau, wird zum Weibe, / und die Weiber – Leichen bald. / Schon vernebelt, Augen blutig, / bittet: »Töte mich, Soldat! / Sieht nicht der getrübte Blick?«[17] Hier werden die verübten Vergewaltigungen mit dem Motiv der Rache erklärt.

Die Propaganda des Horthy-Systems schüchterte die christliche Mittelschicht mit solchen Parolen wie, dass die Frauen in der Sowjetunion »gemeinsam benutzt« würden, ein. Und wie bereits erwähnt, die sowjetischen Soldaten verhielten sich in Ungarn tatsächlich genau so, wie das die Politik vorhergesagt hatte. Ein Vergewaltigungsopfer aus Berlin schilderte in einem Interview: »Vier Jahre lang hat uns Goebbels erzählt, daß uns die Russen vergewaltigen würden. [...] Wir könnten es nicht ertragen, wenn Goebbels recht behielte.«[18] Eine der wirksamsten Strategien der goebbelsschen Propaganda war die Botschaft, die wiederkehrend in der Wochenschau gezeigt wurde: Sollte es den deutschen Soldaten nicht gelingen, die sowjetische Armee zu besiegen, dann würden grobschlächtige, »mongolische« Soldaten in Uniform und schweren Stiefeln den friedlichen, deutschen Heimen »Besuch« erstatten. Als sich die Propaganda später bewahrheitete, wirkte sie dennoch überraschend.[19]

Zu Beginn des Feldzugs gegen die Sowjetunion informierte Molotow die Alliierten in einer Note über die Vergewaltigungen, die deutsche Truppen an der weiblichen Bevölkerung Russlands verübt hatten. Diese sogenannte Molotow-Note wurde später auch im Nürnberger Prozess als Beweis verwendet, und die Frage der sexuellen Gewalt dadurch auf die Ebene

---

17 Alexander Solschenizyn: *Ostpreußische Nächte. Eine Dichtung in Versen*, aus dem Russischen übertragen von Nikolaus Ehlert, Darmstadt/Neuwied, 1976, S. 35.
18 Ruth Andreas-Friedrich, 1984 Schauplatz Berlin, Frankfurt, Suhrkamp, S. 22, zitiert nach Hoerning, The Myth of Female Loyalty.
19 Grossmann, A Question of Silence, S. 41.

der Großpolitik gehoben.[20] Der Feind seien die Faschisten und das deutsche Volk gab Stalin zu Befehl, aber das dürfte kaum Auswirkungen auf die kämpfenden Einheiten gehabt haben. Wie Jurij Belas, ein sowjetischer Veteran, in einem Interview schilderte, habe man in der Schießgrube alles, aber nicht Stalin im Kopf gehabt.[21] Als die Rote Armee schließlich das Territorium des »Dritten Reichs« erreichte und zum ersten Mal einer deutschsprachigen Gemeinschaft gegenüberstand, hatte Österreich bereits als Opfer der hitlerschen Gewalt gegolten,[22] aber das änderte nichts am Verhalten der Soldaten und ihrer Befehlshaber gegenüber der österreichischen Zivilbevölkerung.

Infolge der seit den 1990er-Jahren verübten Massenvergewaltigungen verstärkte sich die kritische Erforschung von Kriegsvergewaltigungen auch in der Disziplin der internationalen Beziehungen. Für die Untersuchung der Gründe von Kriegsvergewaltigungen definiert Paul Kirby drei Erklärungsrahmen: den instrumentalen, den irrationalen und den mythologischen.[23] Das instrumentale Erklärungsmuster entspricht dem oben erwähnten ideologisch-nationalen, das irrationale und das mythologische hingegen dem archaisch-patriarchalen. Neu an Kirbys Ansatz ist, dass er mit dem mythologischen Ansatz sexuelle Gewalt aus der Kategorie rationaler Erklärbarkeit entfernt. Er erweitert den Untersuchungsrahmen um ein Element, womit es fraglich wird, ob der Kreislauf der Gewalt je unterbrochen werden kann.

Inger Skjelsbæk, auch eine Wissenschaftlerin aus dem Feld der internationalen Beziehungen, definiert ihrerseits für die sexuelle Kriegsgewalt drei Erklärungsansätze. Die essenzialistische Erklärung, der zufolge jede Frau Zielscheibe militärischer Männlichkeit ist, entspricht im Großen und Ganzen dem archaisch-patriarchalischen Erklärungsansatz. Skjelsbæk definiert zudem ein strukturalistisches Erklärungsmuster, wonach diejenigen Frauen als Opfer betrachtet werden, die einer bestimmten ethnisch-gesell-

20 Tanaka, Hidden Horrors, S. 101.
21 Catherine Merridale, *Ivan's War. Life and Death in the Red Army 1939–45*. London, Faber & Faber, 2005, S. 16.
22 Vgl. Gerhardt Botz: *Krisenzonen einer Demokratie. Gewalt, Streik und Konfliktunterdrückung in Österreich seit 1918*. Campus-Verlag, Frankfurt a.M. 1987; Gerhardt Botz (Hg.): *Kontroversen um Österreichs Zeitgeschichte. Verdrängte Vergangenheit, Österreich-Identität, Waldheim und die Historiker*. Zweite, erweiterte Auflage. Studien zur historischen Sozialwissenschaft, Band 13, Frankfurt a.M. (u.a.), Campus, 2008.
23 Paul Kirby: How is Rape a Weapon of War? Feminist International Relations, Modes of Critical Explanation and the Study of Wartime Sexual Violence, in: European Journal of International Relations 19.4 (2012), S. 797-821.

schaftlichen Gruppe angehören. Das ist eigentlich nichts anderes als die bereits erwähnte ideologisch-nationale Erklärung von Enloe. Der dritte, und vor dem Hintergrund der bereits erwähnten, neue Erklärungsansatz ist der gesellschaftlich-konstruktivistische, der das Konstrukt von Männlichkeiten und Weiblichkeiten je nach Kontext analysiert.[24]

Der Militärhistoriker Krisztián Ungváry wiederum vertritt die These, »Vergewaltigungen lassen sich oft nicht auf sexuelle, sondern auf zivilisatorische Gründe zurückführen«.[25] Éva Standeisky betrachtet sexuelle Gewalt als üblichen Bestandteil des Krieges bzw. als Ursache dafür die unterschiedliche Kultiviertheit der Soldaten.[26] Das ist genau der Grund, mit dem auch die Zeitgenossen die Vorfälle während der sowjetischen Besatzung zu erklären versuchten: Ungarn sei von einer wilden Horde aus dem Osten überrannt worden.

Vom asiatischen Charakter der sowjetischen Soldaten, ihrer *Andersrassigkeit*, war vor und nach dem Eintreffen der Roten Armee sowohl in Wien als auch in Budapest häufig die Rede. Allerdings wurde in Ungarn in der antikommunistischen Propaganda vor allem der Unterschied der politischen Systeme betont, während in Österreich, das seit dem »Anschluss« als Teil des »Dritten Reichs« galt, die Rassenunterschiede in den Vordergrund gestellt wurden. In der öffentlichen Meinung verband sich das Bild von der sich »unaufhaltbar nähernden asiatischen Horde«, die den kultivierten christlichen Westen seit Jahrhunderten beständig gefährde, mit den Gräueltaten des Kommunismus. Die Propaganda verbreitete, dass die sowjetischen Besatzungstruppen – bzw. Besatzungstruppen schlechthin – keinerlei Gnade kannten und alles Bewegliche mitnähmen.

Norman M. Naimark analysiert in seinem Buch die Vergewaltigungsfälle in der sowjetischen Besatzungszone und kommt zu dem Schluss, dass sich die Soldaten in Ungarn wesentlich ungehinderter »austoben« konnten als in den zuvor befreiten Ländern.[27] Trotzdem wurde nicht einmal annähernd das Ausmaß der Vergewaltigungen in Deutschland erreicht, wo es zwischen März und November 1945 zu etwa 1,9 Millionen Fällen gekommen sein könnte. Etwa hunderttausend davon passierten allein in Berlin zwischen dem 24. April und dem 3. Mai.[28] Die hohe Anzahl der Vergewal-

---

24 Skjelsbæk, Inger: Sexual Violence and War. Mapping Out a Complex Relationship, in: European Journal of International Relations 7.2 (2001), S. 213.

25 Krisztián Ungváry: »Szovjet jogsértések Magyarországon«, in: Magyar Nemzet, 29. 11. 1997, S. 16.

26 Standeisky, »Dokumentumok a megszállásról«.

27 Naimark, The Russians in Germany, S. 70.

28 Liebman-Michelson verwendet die Daten von *After the Fall*.

tigungen in diesen beiden Ländern erklärt Naimark unter anderem damit, dass hier die Solidarität, die aus der Sprachgemeinschaft der verwandten slawischen Muttersprachen entsprang, sich nicht entwickeln konnte, anders als zum Beispiel in Bulgarien. Hinzu kommt, dass die Ungarn als Verbündete der Deutschen am Krieg aktiv beteiligt waren.[29] Dieses Argument wird jedoch vom Kriegsberichterstatter Lew Kopelew widerlegt, der über seine Erlebnisse in Ostpreußen erzählt. Kopelew zufolge spielte es keine Rolle, welche Sprache die vergewaltigte Frau sprach: Ob es sich um feindliche deutsche Frauen oder um Polinnen, die selbst Opfer des nationalsozialistischen Deutschlands handelte, spielte keine Rolle. Kopelew wurde nach Erscheinen seines Buches nach Sibirien in ein Arbeitslager verbannt. Laut offizieller sowjetischer Propaganda gab es nämlich keine von sowjetischen Soldaten verübten Vergewaltigungen. Als weiteren Grund nennt Naimark die Bedeutung der persönlichen Rache für die Gräueltaten der deutschen Truppen.[30] Das wird auch durch die Aussage einer Ungarin belegt, die einer illegalen französischen kommunistischen Bewegung angehörte. Sie wurde im Februar 1945 vor den Augen ihres Mannes und ihrer Eltern in der Innenstadt von Budapest von zwei bewaffneten sowjetischen Soldaten vergewaltigt.[31] Vergewaltigungen, die vor Augenzeugen erfolgen, verstärken die Gruppenkohäsion unter den Tätern, die Demütigung der Opfer und die ausgelebte Rache sind umso größer. In den überlieferten Fällen in Polen werden fast immer Vergewaltigungen beschrieben, die vor Zeugen (meistens einem Kind oder einem männlichen Familienmitglied) passieren.[32]

Naimark arbeitet außerdem heraus, dass die jungen Soldaten aus ukrainischen und weißrussischen Gebieten, die die brutale Besatzung der deutschen und der ungarischen Truppen selbst erlitten hatten, häufiger Verge-

29 Naimark, The Russians in Germany, S. 70.

30 Die Rechtmäßigkeit der Rache wegen der Gewalttaten der Ungarn in der Sowjetunion wird auch von József Ö. Kovács betont. Siehe József Ö. Kovács: Földindulás – A leplezett kommunista diktatúra társadalmi gyakorlata a vidéki Magyarországon 1945-ben, in: Csikós, Kiss, Ö. Kovács, Váltóállítás S. 19-65, hier 23. Zu den feindschaftlichen Gefühlen der ungarischen Leitung gegenüber der sowjetischen Militärführung siehe: Balogh, »Törvényes« megszállás, S. 16.

31 Ich interviewte drei weitere Frauen, auf die ich zufällig in meinem Bekanntenkreis stieß und die im Februar 1945 ebenfalls Vergewaltigungsopfer in Budapest geworden waren. Ich fragte sie, wie der Vorfall sich ereignet hatte, wie sie sich verteidigt hatten, welche Folgen die Vergewaltigung hatte und wem bzw. wie sie das Erlebte erzählten. Diese Geschichten sind wegen der kleinen Fallzahl nicht repräsentativ.

32 Joanna Ostrowska, Marcin Zaremba: »Kobiecagehenna« [dt.: Leiden der Frau], in: Polityka, 7.3.2009, S. 64-65.

waltigungen verübten als ihre älteren Kameraden.[33] Rache bedeutete auch im polnischen Kontext, dass die sowjetischen Soldaten, die mit dem Stereotyp des kommunistischen Juden in Verbindung gebracht wurden, Rache nahmen. Ewa Stachniak (1952), eine polnische, in Kanada lebende Schriftstellerin erhielt 2000 für ihr Buch *Necessary Lies* den kanadischen Literaturpreis für den besten Debütroman. Darin schreibt sie, dass die deutschen Frauen deshalb vergewaltigt wurden, weil die sowjetischen Soldaten nach der Befreiung von Auschwitz in Gruppen ins Konzentrationslager geführt wurden, um die Leichenberge dort mit eigenen Augen zu betrachten. Nach Stachniak hinterließ dieses Erlebnis bei den Sowjets einen enormen Eindruck, als hätte man ein Schild aufgehängt: »Soldaten! Auschwitz verzeiht nicht! Nehmt gnadenlos Rache!«[34]

Zur vielfach verübten sexuellen Gewalt dient auch die besondere Beschaffenheit der sowjetischen Armee als Erklärung. Wegen der enorm hohen Menschenverluste kamen auch viele ungebildete, zwangsrekrutierte Soldaten mit unterschiedlichsten gesellschaftlichen und kulturellen Hintergründen in die Verbände der Roten Armee. Manche Forscher vermuten, für die Frauen war es dort am gefährlichsten, wo die Front gerade durchzog, weil die Soldaten im Schatten des drohenden Todes die Früchte der gewonnenen Schlacht sofort ernten wollten. Andere wiederum meinen (Susan Brownmiller etwa zitiert Cornelius Ryan),[35] gefährlicher noch waren die von ihrer Einheit versprengten, undisziplinierten Horden, die den disziplinierten, in vorderster Reihe kämpfenden Soldaten folgten.[36] Allerdings geht aus den Schilderungen von Zoltán Vas hervor – einem damals einflussreichen Politiker der MKP, der seit dem Exil in der Sowjetunion gute Kontakte nach Moskau pflegte –, dass es die Sturmeinheiten waren, die in der ersten Reihe kämpften, erst dann folgten die Elitetruppen.[37] Ähnliches berichtet der linke Agrarpolitiker István Szabó über die in sein Heimatdorf, Nádudvar, einziehenden sowjetischen Soldaten.[38] Fakt ist, dass die einzelnen Einheiten selbst innerhalb desselben Frontabschnittes große Unterschiede im Verhalten aufwiesen: Es gab diszipliniertere Einheiten und solche, die unkontrollierbar waren. Dafür, dass aus jemandem

33 Naimark, The Russians in Germany, S. 90.
34 Karwowska, Gwałty a kultura S. 163-171; Eva Stachniak: *Necessary Lies*. Toronto, Dundurn Press, 2000.
35 Berlin bevételéről a hidegháborúelfogultságávallásd, Cornelius Ryan: *The Last Battle*. London, Simon & Schuster, 1966.
36 Brownmiller, Against Our Will, S. 66-67.
37 Kovács, Magyarország megszállása, S. 270.
38 Balogh, »Törvényes« megszállás, S. 44.

in Friedenszeiten ein Sexualtäter wird, gibt es mehrere Erklärungsansätze: Kindheitstrauma, individuelle Neigung, Gruppendruck, eventuell auch Alkohol- oder Rauschgifteinfluss.[39] Da die Angst vor Strafe im Krieg abgeschwächt ist oder ganz verschwindet, sind die Gründe komplexer.

An den Kriegsoperationen, die auf ungarischem Gebiet stattfanden, waren nicht nur die Soldaten der Roten Armee beteiligt. In den Memoiren von Gyula Horn erhält man eine präzise Beschreibung über die Gewalttaten der rumänischen Einheiten. Der linke Politiker weist auf das unterschiedliche Verhalten von rumänischen und sowjetischen Soldaten gegenüber ungarischen Frauen hin. Seiner Beobachtung zufolge näherten sich die sowjetischen Soldaten den Frauen anders: »Sie wollten die Frauen eher liebevoll, mit Geschenken für sich gewinnen, oft mit Erfolg.«[40] Diese positiv wertende Differenzierung weist darauf hin, dass diese Erinnerungen mit Blick auf die Zukunft geschrieben wurden; sie verfolgen den Zweck, mit bewusster Selbstrepräsentation die künftige Haltung zu den Sowjets zu beeinflussen.

Eine Vergewaltigung ist nicht zwingend durch sexuelles Begehren motiviert. Nicht nur die Opfer, sondern auch jeder dritte Täter berichtet über sexuelle Dysfunktion, das heißt, die Vergewaltigung ging nicht unbedingt mit sexueller Lust einher. Den Täter treibt der Hass gegen die Frau, er will Macht ausüben. Im Falle der sowjetischen Soldaten muss auch bedacht werden, dass die stalinistische Sowjetunion im Fieber der rationalen Planbarkeit lebte und unkontrollierbaren Gefühlen keinen Raum gab. Gleichzeitig war sie in Bezug auf Sexualität von beachtlicher spießbürgerlicher Prüderie geprägt. Die Skulptur der Venus von Milo wurde zum Beispiel als pornografisch gebrandmarkt. Kein Wunder also, dass die Soldaten unter den extremen Kriegsbedingungen verwirrt waren.[41]

Während des Krieges und auch in der Nachkriegszeit, in Zeiten akuten Männermangels also, war die sexuelle Fantasie der Frauen aktiver. Die unterdrückte Sexualität der früher unter normativer Kontrolle stehenden Frauen zeigt sich oft in pornografischer Darstellung der Geschichten über Vergewaltigungen. Mit dem Auftauchen der Roten Armee war zwar der als bedrückend erlebte Mangel an Männern beendet, aber das Auftreten von

39 Sarah Michal Greathouse, Jessica Saunders, Miriam Matthews, Kirsten M. Keller, Laura L. Miller: Characteristics of Male Perpetrators Who Sexually Assault Female Victims, in: *A Review of the Literature on Sexual Assault Perpetrator Characteristics and Behaviors*. Santa Monica, CA, RAND Corporation, 2015, S. 7-31.

40 Gyula Horn: *Cölöpök*. Budapest, Zenit Könyvek, 1991, S. 71. Ich danke Krisztián Ungváry, dass er mich auf diese Quelle aufmerksam machte.

41 Zaremba, Wielka Trwoga. Zitiert nach Merridale, Ivan's War, S. 336.

uniformierten Männern war mit hohem Risiko verbunden. Die moralischen Normen der alten Welt lockerten sich zwar, aber die Geschlechter-
beziehungen waren von Unsicherheiten geprägt. Viele Frauen wählten
nicht nur deshalb aus den Besatzungssoldaten Partner für sich, weil es keinen einheimischen Mann für sie gab, vielmehr wollten sie damit ein Zeichen politischen Protests setzen. In Wien wählten Frauen häufig als Auf-
lehnung gegen ihre niedrige gesellschaftliche Position einen russischen
Partner, vielleicht folgten sie auch einer linken Familientradition.[42] In Ungarn, wo sich das kommunistische System im Aufbau befand, galten gute
Beziehungen zu den Besatzungstruppen als Garant für eine Karriere.

Wenn man die Bedeutung von Kriegsvergewaltigung darauf reduziert,
dass sie ausschließlich eine bewusst eingesetzte Kriegswaffe in den Händen
von Heeresführung und Politikern ist, die sie zur Bestrafung bestimmter
Völkergruppen nutzten (wenn man also die intentionalistische Interpretation fokussiert), werden eine komplexe Untersuchung sowie ein struktureller Ansatz des Phänomens verunmöglicht.

Der Diskurs über die Gewalttaten sowjetischer Soldaten verläuft heute
in Ungarn eindeutig zugunsten der intentionalistischen Interpretation. So
lässt sich vermeiden, nach den Bestandteilen des Militarismus zu fragen,
die Elemente der normativen Männlichkeit zu erschließen bzw. sich mit
den Machtinteressen der Kultur von sexueller Gewalt auseinanderzusetzen. Wenn man allerdings mit dem Argument, dass die Kultur der sexuellen Gewalt eine supranationale sei, ausschließlich den strukturellen Interpretationsrahmen berücksichtigt, betrachtet man die Opfer sexueller
Gewalt vom Ort des Vorfalls losgelöst und verliert dadurch die Möglichkeit, zu verstehen, wer zum Täter wird (und wie) bzw. welche Gründe und
Folgen die sexuelle Gewalt hatte und wer ihr zum Opfer fiel.

Es führt auch nicht zu einem tieferen Verständnis, die Soldaten, die
Frauen vergewaltigten, allein in ihrer Eigenschaft als sowjetische Besatzer
zu betrachten, denn dabei verliert man aus den Augen, dass sowohl die
sowjetische als auch die ungarische Armee Bestandteil einer Militärkultur
sind, die bedingt, dass ein Soldat, wenn er die Möglichkeit dazu hat,
Frauen vergewaltigen wird. Dabei macht es keinen Unterschied, ob es sich
um ungarische, deutsche oder sowjetische Soldaten oder jeder beliebigen
Nation handelt. Allerdings ist auch nicht zu akzeptieren, dass man die Gewalttäter bloß als »Männer« betrachtet, weil dadurch das auch nicht selten
Phänomen der sexuellen Gewalt gegen Männer unsichtbar gemacht wird.
Auch bleibt das komplexe System der Gründe und Folgen im Dunkeln,

---

42 Mündliche Überlieferung von Marianne Baumgartner in einem Interview.

wodurch es dem Täter möglich wird, unbestraft davonzukommen. Das ist also nicht der Weg, den Forscherinnen und Forscher beschreiten sollten, denn es ist ihre moralische und professionelle Pflicht, dieses System in seiner ganzen Komplexität zu untersuchen, schon der Würde der Opfer zuliebe. Das hier soll ein erster Schritt auf diesem Weg sein.

Die Folgen

Die Vergewaltigungsopfer erlitten unterschiedliche Arten von Traumata, abhängig von den Folgen, die die Gewalttat nach sich zog. Viele erkrankten, andere wurden schwanger und hatten entweder einen Schwangerschaftsabbruch oder haben ihr Kind geboren. Auch mit psychischen Folgen war zu rechnen wie dem posttraumatischen Stress-Syndrom, Depressionen, Medikamenten- oder Alkoholabhängigkeit. Viele erlitten während der Vergewaltigung gravierende physische Verletzungen. Eine Holocaustüberlebende erzählt darüber wie folgt: »Ich habe es nicht gewagt wegzulaufen, er hätte ja mir hinterherschießen können. Er schlug mir ins Gesicht. Er zog ein Taschenmesser hervor, schnitt meine Hose kaputt. Ich wusste nicht, wie ich mich verhalten sollte. Niemand hatte mir erzählt, was man dann macht. Er legte sich auf mich, war sehr betrunken. Er roch nach Wein. Er legte das Messer zur Seite, weil er beide Hände brauchte. Ich griff nach dem Messer. Ich überlegte mir, wohin ich stechen sollte, damit die anderen nicht kommen. Er wollte mir das Messer aus der Hand nehmen, er trat mich mit solcher Kraft am Hintern, dass ich durch das Tor hinausflog. Ich stand da, blutig, meine Hände waren blutig, mit hängender Hose. Irgendwie fand ich in die Gärtnerei zurück und bekam dort einen hysterischen Anfall. Ich habe meiner Mutter nie davon erzählt.«[43] Viele erlitten chronische innere Verletzungen, die ihr Leben lang behandelt werden mussten. Viele der Opfer lehnten jeglichen sexuellen Kontakt später völlig ab und traten in Reaktion auf die Vergewaltigung ins Kloster ein. Wie bereits erwähnt, ein Ziel der Kriegsvergewaltigungen ist die Zerstörung der familiären und intimen Beziehungen, die Demütigung von Männern und Frauen. Während in Bosnien die Frauen, die sexuelle Gewalt erlitten hatten, aus ihrem Wohnort flüchteten, blieben die Opfer in Ungarn bis zur großen Bevölkerungswanderung, die durch den Ausbau der LPGs und die forcierte Entwicklung der Industrie hervorgerufen wurde, in der Regel am Tatort. Aus diesem Grund begegnet man in Ungarn oft dem Phänomen, dass die Opfer die

---

43 Interview 51550, Abschnitt 74. Visual History Archive der USC Shoah Foundation.

erlittene Vergewaltigung so erzählen, als wäre sie einer anderen Frau passiert.

Mit dem Ersten Weltkrieg änderte sich grundsätzlich etwas in der Beziehung zwischen Bevölkerung und Armee. Zu ersten Massenvergewaltigungen auf dem europäischen Kriegsschauplatz kam es nach dem Überfall auf Belgien, als die Front stockte und die deutschen Truppen schließlich vier Jahre lang im Land stationiert blieben. Die deutschen Soldaten wurden bei Einheimischen einquartiert, woraufhin sich intime Beziehungen innerhalb von kurzer Zeit und gut organisiert entwickelten. Die lokalhistorischen Forschungen belegen nicht nur regionale Unterschiede innerhalb Belgiens, sondern zeigen auch, welche Strategien die weibliche Bevölkerung im Umgang mit den deutschen Soldaten entwickelt hatte, die aufgrund der militärischen Misserfolge und der blutigen Verluste frustriert und desillusioniert waren. Belgische Frauen sind aus unterschiedlichen Gründen sexuelle Begegnungen mit den deutschen Besatzern eingegangen: Wenn sie nicht gewaltsam zum Sex gezwungen wurden, kamen finanzielle Schwierigkeiten als Motive infrage, manchmal auch Abenteuerlust oder Protest gegen die patriarchalen Normen.[44] Sexuelle Gewalt wurde vom Militärgericht geahndet, in den besetzten Städten stand den Soldaten ein Netzwerk von organisierten Sexarbeiterinnen zur Verfügung. Wenn man das Phänomen im zeitlichen Ablauf untersucht, zeichnet sich deutlich ab, dass mit Fortdauern des Krieges und der Besatzung die Armut unter den Frauen und parallel dazu auch die Anzahl der Sexworkerinnen und der Geschlechtskrankheiten anstieg. Um Letztere in den Griff zu bekommen, wurden spezielle Krankenhäuser eingerichtet. Die belgische Forschung hat herausgearbeitet, dass in den größeren Städten sowohl die Anzahl der ohne Vater geborenen Kinder als auch die der geschlechtskranken Frauen zunahm. In den kleinen Gemeinden auf dem Land funktionierte die gesellschaftliche Kontrolle besser, die Anzahl der sexuellen Kontakte war minimal. Wo es trotzdem dazu kam, sind die Frauen häufig in eine Großstadt gezogen, um sich den prüfenden Augen der Nachbarn zu entziehen.

In Ungarn waren die Folgen 1944/45 – als die sowjetische Armee mit mäßig strenger Kontrolle und vielen Soldaten durch das Land zog – andere als in der darauf folgenden, sich lange hinziehenden Besatzungsphase. In dieser Periode kam es neben Vergewaltigungen auch zu weiteren gewalt-

44 Debruyne, Emmanuel: »Femmes à Boches«. Sexual Encounters Between Occupiers and Occupied (France, Belgium 1914-1918), in: Stefan Karner, Philipp Lesiak (Hg.): *Erster Weltkrieg. Globaler Konflikt – lokale Folgen. Neue Perspektiven.* Innsbruck/Wien/Bozen, Studien Verlag, 2014, S. 105-122.

Propagandaplakat aus dem Zweiten Weltkrieg. Unten steht: » Vergiss nicht: Auch in der Fremde kämpfst du für die Zukunft deiner Familie«, Budapest 1942

samen Handlungen: zu massenhafter Verschleppung in sowjetische bzw. ungarische Arbeitslager, zur Verstaatlichung von Privateigentum, Gründung von LPGs, Vertreibung von Minderheiten sowie zu Umerziehungsprogrammen. All das trug dazu bei, dass fast alle Familien mindestens eine, vielleicht sogar mehrere traumatische Erinnerungen aus dieser Zeit davontrugen. Ob bzw. wie diese erzählt wurden, definiert dabei das jeweilige politische Setting der Familie. Von diesen nahezu gleichzeitig erlebten traumatischen Vorfällen lassen sich die Vergewaltigungen sicherlich am schwierigsten erzählen, was dazu beitrug, dass sie ganz überwiegend verschwiegen wurden.

Schätzungen von ungefähr: der Zahlenkrieg

Die ersten Studien, die zum Thema Kriegsvergewaltigungen entstanden, betrachteten es vorrangig als ihr Ziel, die Anzahl der Vorfälle zu ermitteln und die bis dahin verschwiegenen Fakten aufzudecken. Da die relevanten Daten nicht so ohne Weiteres auffindbar waren, erwies sich die Einschätzung der Vergewaltigungsfälle in Ungarn, genauso wie in Österreich oder Polen, als ein schier unmögliches Unterfangen. Und so ist es: Bestimmte Folgerungen lassen sich nur durch indirekte Quellen belegen. Außerdem ist es im Fall einer Massenvergewaltigung sowohl in moralischer als auch in wissenschaftlicher Hinsicht problematisch, empirisch zu ermitteln, wie viele Fälle es gab. Wie viele Vergewaltigungen zum Beispiel liegen vor, wenn eine Frau an einem Abend von mehreren Männern vergewaltigt wurde? Im Film von Fruzsina Skrabski wird in Bezug auf die in Ungarn verübten Vergewaltigungsfälle eine Anzahl von 80.000 bis 250.000 angegeben, wofür die Regisseurin mit Recht kritisiert wurde. Es ist offensichtlich, dass sie die Zahlen benötigte, um sie, visualisiert, als filmisches Werkzeug zu nutzen, die Massenhaftigkeit zu veranschaulichen. Und dennoch: Die über die Leinwand schwebenden großen Zahlen können dem Zuschauer kein Bild über die Auswirkung dieser Gewalttat auf diejenigen vermitteln, die sie erlitten; auch darüber nicht, welche methodische und theoretische Dimension die historische Tatsache hat, dass es eben nur grobe Schätzungen über die Anzahl der Vergewaltigungsvorfälle gibt, die anhand der als zuverlässig geltenden, allerdings nur partiell zugänglichen Daten der Versorgungsanstalten für Geschlechtskrankheiten und der Amtsärzte ermittelt wurden.

Die Schätzungen zur Anzahl der Kriegsvergewaltigungen in Deutschland weisen ebenfalls eine große Spannbreite auf: Annemarie Tröger gibt ihre Zahl im besetzten Deutschland mit zwischen 20.000 und 500.000 an;[45] Barbara Johr hingegen geht sogar von über zwei Millionen aus. Diese letztere Zahl wurde Teil des Kanons und wird oft zitiert, obwohl sie sehr fragwürdig ist. Nicht nur wegen der vorhin erwähnten ethischen Frage (wie viele Vergewaltigungen zählt eine Gruppenvergewaltigung), aber auch weil es große regionale Unterschiede gibt.[46] Nach den Statistiken der Charité betrug die Zahl der vergewaltigten Frauen in Berlin 95.000 bis 130.000; die Zahl der Vergewaltigungen durch amerikanische Soldaten auf deutschem Boden wird auf 14.000 geschätzt.[47]

---

45 Tröger: Between Rape and Prostitution. Survival Strategies and Chances of Emancipation for Berlin Women after WWII, in: Judith Friedlander (Hg.): *Women in Culture and Politics*. Bloomington, Indiana University Press, 1986, S. 99; Annemarie Tröger: German Women's Memories of World War II, in: Margaret Randolph-Higonnet et al. (Hg.): *Behind the Lines: Gender and the Two World Wars*. New Haven, Yale University Press, 1987, S. 285-289.

46 Barbara Johr: Die Ereignisse in Zahlen, in: Sander, Johr, Befreier und Befreite, S. 59.

47 Burds, Sexual Violence, S. 60.

In diese Zahlen sind die weiblichen Opfer der Schoah, die von Deutschen und ihren Verbündeten vergewaltigt wurden, nicht mit eingerech-
net; auch für die Anzahl der Vergewaltigungen in den osteuropäischen
Ländern gibt es keine Schätzungen. Mit den Opfern der Schoah beschäftigen sich heute – nach langen wissenschaftlichen und politischen Kämpfen – Dutzende von wissenschaftlichen Arbeiten, die osteuropäischen Länder werden aber, einer Logik des Kalten Krieges folgend, in die Analyse
weiterhin nicht einbezogen.[48] In Erinnerungen, die im Visual History
Archive der USC Shoah Foundation aufbewahrt sind, erzählen Zeitzeuginnen, dass die Gefahr, von einem sowjetischen Soldaten vergewaltigt zu
werden, immer bestand, sowohl bei der Befreiung der Konzentrationslager
als auch während der Heimreise.[49] Diese Sammlung ermöglicht freilich
nur die Analyse von Einzelfällen, sie ist nicht dazu geeignet, umfassende
und allgemeingültige Schlüsse zu ziehen. In den etwa 52.000 Interviews
der Sammlung sprechen die Zeitzeuginnen 1182-mal von ihrer Angst, vergewaltigt zu werden, über eine Vergewaltigung selbst in 688 Fällen. Die
exorbitanten, auf unsicheren Schätzungen basierenden Zahlen sollten zeigen, dass Frauen massenhaft davon betroffen waren, und auf diese Weise
zu öffentlicher Anerkennung führen. Was die Forschenden und andere
Teilnehmerinnen und Teilnehmer des Diskurses mit diesen vagen Zahlen
stattdessen erreichten, ist, dass die Auseinandersetzung mit den strukturellen Ursachen zunächst einmal ausblieb, und darüber hinaus handelten sie
sich berechtigte Kritik führender Expertinnen und Experten ein, was die
Forschung in gewisser Weise verunmöglichte oder zumindest an die Peri-
pherie drängte.

Man hielt diese Schätzungen für hinreichend genau, obwohl sich die
Anzahl der Vergewaltigungsfälle selbst im Hinblick auf eindeutig definier-
bare geografische Räume und im Besitz von als sicher eingestuften Quellen, etwa von überlieferten amtsärztlichen Berichten, immer nur mit
Vorsicht nutzen ließ. Die Amtsärzte in Ungarn überstanden die Veränderungen, die infolge der Kriegssituation hervorgerufen worden waren, un-
beschadet, deshalb spielten sie im Vakuum der juristischen und politischen

---

48 Iris Chang: *The Rape of Nanking: The Forgotten Holocaust of World War II*. New
    York, Basic Books, 1997; Allison Ruby Reid-Cunningham: Rape as a Weapon of
    Genocide, in: Genocide Studies and Prevention 3.3 (2008), S. 279-296.

49 Helga Dorner, Edit Jeges, Andrea Pető: News of Seeing: Digital Testimonies,
    Reflective Inquiry, and Video Pedagogy in a Graduate Seminar, in: Andrea Pető,
    Helga Thorson (Hg.): *The Future of Holocaust Memorialisation. Confronting Racism,
    Anti-Semitism, and Homophobia Through Memory Work*. Budapest, Tom Lantos
    Institute, 2015, S. 42-46.

Regelungen als Behörde eine wichtige Rolle. Und trotzdem stehen die Schätzungen der Opferzahlen aus mehreren Gründen auf schwachen Beinen. Die Bevölkerung in den Städten war durch den Zuzug der Kriegsflüchtlinge stark angewachsen, und in den unter Belagerung stehenden Städten verschob sich der Anteil der Geschlechter, schon deshalb ist es anhand der zur Verfügung stehenden Daten schwierig, allgemeingültige Schlüsse zu ziehen. Hinzu kommt, dass viele Frauen vom Land, nachdem die Schlacht um Budapest beendet war, lieber in die Hauptstadt fuhren, um sich zu vergewissern, ob ihre sexuelle Begegnung mit den sowjetischen Soldaten irgendwelche Folgen hatte und, wenn ja, welcher Art diese waren. Dies war die einzige Möglichkeit, sich der scharfen Beobachtung der Nachbarschaft und ihrer drohenden Ächtung zu entziehen. Allerdings wird sich das Opfer wohl nur in dem Fall an einen Arzt gewandt haben, wenn ein Verdacht auf Schwangerschaft oder Geschlechtskrankheit auch bestand. Andernfalls blieb »der Fall« für die Behörden unentdeckt und allein als Erinnerung einer Frau in einem weiblichen Körper eingesperrt erhalten.

Eine weitere Schwierigkeit, allgemeingültige Ergebnisse zu erlangen, liegt darin, dass die Anzahl der verübten Vergewaltigungen in den verschiedenen Ortschaften prozentual sehr unterschiedlich war, so kann es beispielsweise in den dicht bevölkerten Städten bzw. in deren Umland auffallend häufig zu Vergewaltigungen gekommen sein. Lokalhistorische Studien in Österreich zeigen, dass es ebenfalls von Bedeutung war, wie schwer die Kämpfe waren, mit denen die sowjetischen Truppen eine Ortschaft einnahmen: Bei besonders schwer umkämpften Ortschaften konnte der Unterschied sogar bis zu 40 Prozent ausmachen. Wo die Truppen ohne besonderen Widerstand einmarschierten, kam es bei etwa sechs Prozent der weiblichen Bevölkerung zu sexuellen Kontakten mit den Soldaten. In ländlichen, dünn besiedelten Regionen oder in den Bergen, wo man sich gut verstecken konnte, dürfte dieser Anteil noch geringer gewesen sein.[50]

Dass es definitiv zu einer Vergewaltigung gekommen war, kann nur in solchen Fällen zweifelsfrei konstatiert werden, bei denen die Truppen nach der Einnahme eines bestimmten Gebiets die Frauen versammelten und sie mit Waffengewalt zum Geschlechtsverkehr zwangen. Aber ein sexuelles Zusammentreffen mit Soldaten kann auch – aus unterschiedlichen Gründen – aus freien Stücken passiert sein, und eventuell führte das zu einer unerwünschten Schwangerschaft. Da die Frauen nur in diesen Fällen das Recht

---

50 Marianne Baumgartner: *Das Kriegsende und die unmittelbare Nachkriegszeit in lebensgeschichtlichen Erzählungen von Frauen aus dem Mostviertel.* Magisterarbeit, Universität Wien, 1992, S. 87.

auf einen Abbruch hatten, wurden auch solche Schwangerschaften häufig als Folge sexueller Gewalt protokolliert. Allerdings ist es selbst in einem solchen Kontext problematisch, von Freiwilligkeit zu sprechen. Zoe Waxman argumentiert, dass eine sexuelle Beziehung nicht als freiwillig bezeichnet werden kann, wenn ein wesentliches Machtgefälle besteht.[51] Katz verwendete den Begriff »erzwungene Liebschaft«, als sie über sexuelle Beziehungen zwischen deutschen Soldaten und Jüdinnen in den Konzentrationslagern schrieb, wofür sie heftig kritisiert wurde.[52] Dieser Begriff setzt nämlich voraus, dass die Jüdinnen eine Wahl hatten, und davon kann bei einem derart ungleichen Machtverhältnis offensichtlich nicht die Rede sein.

Wenn in einem Land die Vergewaltigungsfälle durch sowjetische Soldaten nachdrücklich kommuniziert und empirisch angegeben werden, dient das dazu, das jeweilige Land nach Kriegsende als Opfer zu positionieren. Die in diesem narrativen Rahmen geschilderten Erinnerungen waren nach 1989 weit verbreitet. Als wollten sich die Länder mit den sensationsheischend veröffentlichten Daten den Opferstatus erkämpfen. Da es sich nicht ziemt, die Opfer von Kriegsverbrechen für ein anderes, zuvor verübtes Verbrechen zur Rechenschaft zu ziehen, kam es dazu, dass die von der Roten Armee verübten Verbrechen die Kriegsverbrechen der ungarischen und der deutschen Armee überdeckten. Die Diskussion um die Zahlen spielt im politischen Kampf um das Vergessen eine Schlüsselrolle.

Tendenzen der Geburtenraten als Hinweis auf Vergewaltigungen

Wenn eine Frau infolge einer Vergewaltigung schwanger wurde, dann wählte sie in den meisten Fällen die legale Methode der Abtreibung. Die von sowjetischen Soldaten verübte sexuelle Gewalt leistete in Ungarn sicher einen Beitrag zur Liberalisierung der Abtreibungspolitik. Breite Schichten der Gesellschaft, oft sogar die Kirchen, akzeptierten, dass die Frau in dieser besonderen Situation über das Schicksal des Fötus in ihrem Körper selbst entscheiden können muss. Die Entwicklung der Bevölkerungsgröße zeigt nach den Kriegsereignissen kein außergewöhnliches Wachstum. Entsprechend lässt sich aus den Geburtenziffern nicht unmittelbar auf das Ausmaß der Vergewaltigungen schließen.

---

51 Zoe Waxman: Unheard Testimony, Untold Stories: The Representation of Women's Holocaust Experiences, in: Women's History Review 12.4 (2003), S. 661-677.
52 Katz, Thoughts on the Intersection of Rape, S. 298.

Tabelle 1 zeigt, dass die Zahl der Lebendgeburten auch in Budapest nicht auffällig angestiegen ist. Zwar war die Lebendgeburtenziffer im April 1946 höher, allerdings kann das nicht unbedingt mit Vergewaltigungen von sowjetischen Soldaten erklärt werden. Vergleicht man diese Zahlen mit denen der Vorkriegszeit, werden im Wesentlichen keine Änderungen ersichtlich. Der allgemein schlechte physische Zustand der Bevölkerung sowie die schlechten Zustände im Gesundheitswesen haben natürlich ihre Spuren auch in der Säuglingssterblichkeitsrate hinterlassen. Die Geburtenziffer war mit der Ausnahme von April vergleichsweise niedrig, was der Amtsleiter des Gesundheitsamtes von Budapest damit erklärte, dass im weiblichen Körper »infolge der Enthaltsamkeit und der Angst vor Schwangerschaft Störungen auftraten«, welche selbst auf »wirtschaftliche und psychische Gründe zurückzuführen sind«.[53]

1946*	
Januar	961
Februar	1096
März	1373**
April	2439
Mai	1480
Juni	1494

Tabelle 1: Geburten in Budapest im ersten Halbjahr 1946

* Protokolle des Verwaltungskomitees der Hauptstadt Budapest BFL IV.1416.a, erstellt nach den Berichten des Amtsleiters des Gesundheitsamtes von Budapest.
** Im Bericht von Mai 1946 werden 1535 Geburten verzeichnet.

Das Schicksal der Kinder, die infolge von unerwünschtem Geschlechtsverkehr geboren wurden, regelte der von der Ungarischen Kommunistischen Partei delegierte Minister für soziale Wohlfahrt Erik Molnár in einer Rechtsverordnung: »Nach dem Durchzug der Roten Armee und dem darauffolgenden Chaos wurden Kinder geboren, die ihre zur Sorge verpflichteten Angehörigen nicht in ihrer Familie halten wollen. Da aber die Kinder ohne Versorgung und Pflege nicht bleiben dürfen, müssen sie in staatliche Obhut genommen werden, damit die Kosten der Pflege nicht ihre gesetzesmäßig zur Sorge verpflichteten Angehörigen belasten. In Anbetracht der Tatsache, dass sie finanziell und moralisch verlassen sind, erteile ich dem Waisenamt die Anweisung, jeden Säugling, der im Zeitraum von 9 bis 18 Monaten nach der Befreiung des Geburtsortes geboren wurde, für verlassen zu erklären, wenn die Eltern oder einer der Elternteile verweigert, das

53   BFL IV.1416.a. Bericht des Amtsleiters der Gesundheitsbehörde Budapest, 6.1.1946.

Kind vor dessen erstem Lebensjahr in die Familie zu integrieren und die Mutter mit einer Bescheinigung, ausgestellt vom Bürgermeister der Stadt, in Budapest vom Bezirksvorstehenden, in anderen Gemeinden von der Verwaltungsleitung, nachweisen kann, dass sie im oben genannten Zeitraum Opfer der oben geschilderten Ereignisse wurde. Zu verlassen ist auch das Kind zu erklären, das schon älter als ein Jahr ist, dessen rechtsmäßiger Vater, der zum Zeitpunkt der Geburt abwesend war und *innerhalb von zwei Tagen* nach seiner Rückkehr verweigert, das Kind in seine Familie aufzunehmen.«[54] Unglücklicherweise sind die Unterlagen der Waisenhäuser für die Forschung bis heute nicht zugänglich. Und auch die Findbücher im Archiv der Hauptstadt Budapest sind bei der Orientierung keine Hilfe. Jedes Dokument des Waisenamtes müsste einzeln gesichtet werden, aber dafür gibt es keine Kapazitäten. Es gibt Einträge, in denen kein Vater angegeben ist, aber das bedeutet nicht zwingend, dass es sich um ein aus einer Vergewaltigung hervorgegangenes Kind handelt, und selbst wenn, muss der Vater kein russischer Soldat sein.

Die offizielle Statistik der Stadt Wien zeigt, dass die Geburtenrate im 9. Monat nach der Einnahme der Stadt zu steigen begann (siehe Tabelle 2), aber auch hier nicht überproportional.

1946*	
Januar	872
Februar	803
März	1054
April	975
Mai	1026
Juni	1290
Juli	1576
August	1645
September	1786
Oktober	1802
November	1843
Dezember	1936

Tabelle 2: Die Geburtenziffern in Wien im Jahr 1946

* Statistisches Jahrbuch der Stadt Wien 1946–1947. Wien, 1949, S. 35

54 BFL VIII.1134. Unterlagen des Instituts für Mutter-, Säugling- und Kleinkinderschutz Budapest, Anordnung des Ministeriums für Wohlfahrt 97/1946, 8540/1945. I. 3. vom 14. 1. 1946. [Hervorhebung A. P.]

Schwangerschaftsabbrüche

Sprunghaft manifestierte sich ein Anspruch auf einen in einer medizinischen Einrichtung durchgeführten, also mit weniger Risiken verbundenen Schwangerschaftsabbruch, was den Eindruck erwecken könnte, dies sei die Folge von Vergewaltigungen durch sowjetische Soldaten. Da für Ungarn keine zuverlässigen Daten zur Verfügung stehen, sollen hier die Zahlen aus Forschungen über Berlin in Analogie herangezogen werden: Danach wurden dort 20 Prozent der vergewaltigten Frauen schwanger.[55] In Wien, das Teil des »Dritten Reiches« war, wurde die in den nationalsozialistischen »Blutschutzgesetzen« definierte Indikation zum Schwangerschaftsabbruch praktiziert. Da die Täter der Vergewaltigungen, also »die Russen«, »fremdrassig« waren, stieß die Durchführung eines Schwangerschaftsabbruchs nicht nur auf keine Hindernisse, sondern im Sinne der Blutschutzgesetze war es sogar verpflichtend.[56]

In Ungarn war der Schwangerschaftsabbruch durch ein Gesetz aus dem Jahr 1878 verboten, aber ein Schwangerschaftsabbruch, der von einem Arzt für rechtmäßig erklärt worden war, wurde durch ein Urteil des Obersten Gerichthofs entkriminalisiert. Diese Operationen wurden von Gynäkologen in Privatkliniken bzw. Polikliniken durchgeführt, und es fehlte nicht an zahlungsfähiger Nachfrage. Aber zugleich bestanden auf dem Land die jahrhundertealten Abtreibungspraktiken fort. Die Regelung des Schwangerschaftsabbruchs änderte sich durch das enorme Ausmaß der Vergewaltigungen, die von Rotarmisten 1945 verübt wurden. Das Budapester Nationale Komitee – ein provisorisches, bis zu den ersten Kommunalwahlen existierendes Verwaltungsorgan, in dem Delegierte aller demokratischen Parteien vertreten waren – setzte am 14. Februar 1945 die Regelung des Strafgesetzbuches zum Verbot von Schwangerschaftsabbrüchen außer Kraft und erklärte, dass nach Vorlage der erforderlichen Genehmigungen es dem Arzt erlaubt sei, diesen – zum ersten Mal in der Praxis der Geburtenregelung in Ungarn – in einer medizinischen Einrichtung verpflichtend und kostenlos durchzuführen. Geplant war allerdings, dass diese Regelung nur vier Monate in Kraft bleibt.[57] Damit wurde jedoch eine Präzedenz ge-

---

55   Sander, Johr, Befreier und Befreite, S. 52.

56   Maria Mesner: *Frauensache? Zur Auseinandersetzung um den Schwangerschaftsabbruch in Österreich* (Veröffentlichungen des Ludwig-Boltzmann-Instituts für Geschichte der Gesellschaftswissenschaften, Bd. 23). Wien, Jugend und Volk, 1994.

57   Ferenc Gáspár, László Halasi (Hg.): *A Budapesti Nemzeti Bizottság jegyzőkönyvei 1945-1946* (Quellenausgabe des Hauptsädtischen Archivs VII). Budapest, 1975, S. 33.

schaffen, und das Verbot aus dem Jahr 1878 sowie die Geburtenregelungs-
praxis zu seiner Umgehung kippten endgültig. Der Amtsleiter des Gesundheitsamtes in Budapest teilte den Direktoren der öffentlichen
Krankenhäuser schriftlich mit, die Chefärzte der Entbindungsstationen
seien zu informieren, dass »angesichts der schwierigen Situation die frühen
Schwangerschaftsabbrüche bei Personen genehmigt werden, die sich mit
dieser Bitte an Fachärzte der Geburtshilfe wenden«. Die Nationalen Komitees ordneten auch in anderen Teilen des Landes die Direktoren der öffentlichen Krankenhäuser an, »den vergewaltigten Frauen mit der erforderlichen Hilfe zur Seite zu stehen«.[58] Diese Anordnung blieb von Juni bis
September 1945 in Kraft.

Es stellt sich die Frage, auf welcher gesetzlichen Grundlage den Gynäkologen angeordnet wurde, die Operationen auszuführen und zu dokumentieren, wenn sie den Text der im Februar 1945 erlassenen Änderungen des
Gesetzes in *Magyar Közlöny*, dem Mitteilungsblatt der Regierung, in dem
neue Gesetzestexte offiziell veröffentlicht werden, aufgrund der chaotischen
Verhältnisse der Nachkriegszeit gar nicht zu sehen bekamen. Diese ohnehin
wackelige gesetzliche Grundlage der Schwangerschaftsabbrüche wurde
noch unsicherer dadurch, dass die Gesetzesänderungen nicht einmal allen
Mitarbeitern des Gesundheitswesens kommuniziert wurden. Die zögern-
den Ärzte aus Sopron schrieben zum Beispiel am 30. April 1945 (!) an Tibor
Hám, den Obergespan des Komitats und der Stadt Sopron, einen Antrag,
in dem sie »dringend eine legitime Anordnung« zum Abbruch von Schwangerschaften infolge von Vergewaltigung forderten, da »sie immer häufiger
von geschwängerten Frauen zum Schwangerschaftsabbruch aufgesucht
werden«.[59]

Wie verunsichert die Ärzte waren, veranschaulicht auch der Brief von
Mátyás Pfannewald, dem Chefarzt der Gynäkologie des öffentlichen
Mária-Valéria-Krankenhauses in Balassagyarmat, vom 24. Februar 1945 an
Béla Draskóczy, den kommissarischen Vizegespan. Dr. Pfannenwald
schreibt, dass »seit der Besatzung [...] recht viele unschuldige Mädchen
und Frauen unverschuldet schwanger« wurden. Allerdings müsse man in
Erwägung ziehen, »dass bei einem Schwangerschaftsabbruch jedes Mal ein
Fötus in der Gebärmutter getötet wird – es ist doch verständlich, dass die-
sen Mord nicht nur das Gesetz der Natur, sondern auch das der Kirchen
und der meisten Staaten verbietet«. Der Chefarzt zählt mehrere Argu-

---

58 GYML (Archiv des Komitats Győr), Unterlagen des Nationalen Komitees, 30. 4. 1945.
    Ich danke György Németh, dass er mir seine Forschungen zur Verfügung stellte.
59 Balogh, »Törvényes« megszállás, S. 313.

mente auf, die gegen eine Genehmigung des Schwangerschaftsabbruchs sprachen: Auch solche Frauen würden einen Abbruch beantragen, die nicht als Opfer einer Vergewaltigung schwanger geworden sind; wenn die Frau zudem mit einer Geschlechtskrankheit infiziert sei, und der Schwangerschaftsabbruch vor der medizinischen Behandlung durchgeführt würde, könne das zu Unfruchtbarkeit führen; der Abbruch einer vorangeschrittenen Schwangerschaft gefährde das Leben der Mutter. Schließlich merkt er höchst bemerkenswert an: »Es wäre allein schon im Interesse der Volkswirtschaft wichtig, dass sich unsere Nation, selbst auf solch unerwünschte Weise, vermehrt. Unsere Geburtenrate ist sehr niedrig, sodass unsere Nation zum Aussterben verdammt ist, wenn es zu keiner Steigerung kommt.« Dann entfaltet er einen großangelegten sozialen Plan: Damit die Mütter ihre Kinder austrügen, sollte man ihnen eine moralische und finanzielle Grundlage bereitstellen, angefangen von Mutterheimen bis hin zur Mutterschaftsbeihilfe. Am Ende fügt er noch hinzu, dass, sollte der Schwangerschaftsabbruch dennoch erlaubt werden, er jedes Mal von einem Ausschuss genehmigt werden und in einer medizinischen Einrichtung durchgeführt werden müsse, ohne dass der Patientin Kosten entstünden.[60]

Als Dr. Pfannenwald sein Gesuch verschickte, war die Anordnung bereits zehn Tage in Kraft und deckte sich im Wesentlichen mit seinen Überlegungen: Wurde eine Schwangerschaft festgestellt, musste die Frau den zuständigen Amtsarzt aufsuchen, und der Fall wurde protokolliert. Hier wurden die vorgetragene Vergewaltigungsgeschichte und die Genehmigung zum Schwangerschaftsabbruch erfasst. Und mit diesem Protokoll meldete sich die Frau in der gynäkologischen Abteilung des Krankenhauses, wo der Abort kostenlos durchgeführt wurde. Anhand der ohnehin nur fragmentarisch überlieferten Unterlagen des Gesundheitsamtes lässt sich aber die Vergewaltigung nur schwer rekonstruieren.

Im Protokoll, das der Amtsarzt des Kreises von Monor am 7. Oktober 1945 aufnahm, wird dokumentiert, dass die Frau zu Fuß unterwegs war, vom Nachbarort nach Hause, als sie von einem russischen Soldaten, der aus einem Lkw stieg, vergewaltigt wurde. Den Antrag unterzeichneten nicht nur die Klägerin und der Amtsarzt, sondern auch ihr Ehemann und ihre Schwiegermutter.[61] Welche Art von Familienbesprechung dem Arztbesuch vorangegangen war, geht aus dem Protokoll nicht hervor, aber sicher ist, dass die Vergewaltigung in der Familie thematisiert wurde.

---

60 Balogh, »Törvényes« megszállás, S. 295-297.
61 Ebd., S. 355-356.

In Budapest konnte ich keine von diesen amtsärztlichen Aufzeichnungen auffinden, deshalb zitiere ich das Dokument eines Falls aus Lébény, der auch im Vergleich zu Fällen in Wien oder in deutschen Städten als typisch zu bezeichnen ist. Die 26-jährige M. L., wohnhaft in Lébény, machte im Sprechzimmer des Amtsarztes folgende Aussage: »Dieses Jahr, am 18. Juni, als ich in der Gemeinde Lébény abends gegen 10 Uhr von der Schneiderin unterwegs nach Hause war, hielten mich zwei Russen auf, bezwangen mich gewaltsam und vergewaltigten mich. Genau vier Wochen später, am 16. Juli, fuhr ich mit dem Fahrrad abends gegen 8 Uhr aus Moson nach Hause. Ein Russe wollte mir das Fahrrad wegnehmen, doch als ich zu weinen begann, ließ er das Fahrrad los, aber er übte Gewalt an mir aus. Meine letzte Blutung hatte ich am 7. Juni. Meine Periode dauert 3-4 Tage und meistens habe ich sie alle vier Wochen. Es kam allerdings schon mal vor, dass ich meine Tage erst nach sechs Wochen bekam. Zum erwarteten Zeitpunkt blieb meine Regelblutung aus, ich hatte das Gefühl, dass ich schwanger bin, und da ich gegen meinen Willen schwanger wurde, will ich die Schwangerschaft nicht austragen. Ich beantrage eine Einweisung ins Krankenhaus, damit ich sie loswerde. Ich möchte nichts weiter hinzufügen, meine Beschwerde wurde richtig aufgenommen, hiermit unterschreibe ich das Protokoll.«[62]

Auch hier lohnt der genaue Blick, um sich zu vergegenwärtigen, wie unsicher die Schätzungen zur Anzahl der Vergewaltigungsfälle sind. Die Frau aus Lébény, M. L., wurde insgesamt von drei Männern vergewaltigt, und in diesem Fall stellt sich in der Tat die Frage, was die Grundlage zur Einschätzung der Anzahl der Vergewaltigungen sein soll: die der Fälle oder die der Opfer?[63] Es kommt hinzu, dass es weiterhin viele Frauen gab (zum Beispiel Fanni Gyarmati, die Frau von Mikós Radnóti), die sich für den Schwangerschaftsabbruch nicht an eine medizinische Einrichtung wandten, die Statistiken können also diese Aborte nicht aufführen. Für eine Einschätzung der Anzahl von Vergewaltigungen können auch Protokolle der verpflichtenden Amtsarztuntersuchung vor der Eheschließung als wichtige Quelle dienen. Bei dieser kostenlosen Untersuchung baten die vergewaltigten Frauen darum, eine eventuell bestehende Schwangerschaft festzustellen, damit sie davon befreit würden, da dies als Hindernis für eine Ehe-

---

62 GYML Unterlagen des Amtsleiters der Gesundheitsbehörde des Komitats Győr 245/1845. tfo. sz.
63 Zur soziolinguistischen Analyse von Anträgen zum Schwangerschaftsabbruch siehe: Grossmann, A Questionof Silence, S. 37-39, S. 46-49.

schließung galt.[64] Aber nicht jede vergewaltigte Frau wollte kurz darauf heiraten, also kann auch diese Quelle kein umfassendes Bild über die Anzahl der Vergewaltigungsfälle liefern.

In Wien wurden die Betroffenen über Aushänge in Krankenhäusern darüber informiert, dass es zwar illegal, aber in besonderen Situationen möglich war, einen Antrag auf Schwangerschaftsabbruch zu stellen.[65] In der Übergangzeit zwischen dem Ende der Kriegsoperationen und einer Normalisierung des Alltags war es nicht klar geregelt, welche Anordnungen Anwendung finden sollten – die vor dem Anschluss oder die des »Dritten Reichs«. Infolge dieser Unsicherheit wandten sich Ärzte, die Aborte durchführten, oft schriftlich an den Bürgermeister mit der Frage »wie sie den Frauen helfen können, die in Schwierigkeiten gerieten«, um eine offizielle Genehmigung für den medizinischen Eingriff zu erlangen. Der berüchtigte § 144, der zum »Schutz der Rasse« auch eine Zwangssterilisierung ermöglichte, blieb weiterhin in Kraft.[66] Die Frauen, die von »Slawen« schwanger wurden, hätten nach der Gesetzeslage des »Dritten Reiches« theoretisch auch zum Abort verpflichtet werden können.[67] Auch in diesen Fällen ist es schwierig, den wahren Grund des Schwangerschaftsabbruchs zu eruieren. Dass es möglich war, unter Bezugnahme auf den Rassenreinheitsparagrafen kostenlos einen Abort durchführen zu lassen, bedeutet nicht, dass alle Frauen, die diese Gelegenheit nutzten, rassistisch gewesen wären. Sie nutzten lediglich die Möglichkeiten, die ihnen das Gesetz bot. Was sie in erster Linie vor Augen hatten, war, die Schande zu vermeiden, vielleicht Wohlstand oder eine bestehende Beziehung zu retten. Von den Hunderten Anträgen, die beim Gesundheitsamt in Neukölln eingereicht wurden, wurde jedoch nur in einem einzigen eine rassisch-ideologische Begründung angeführt. Neben den genehmigten Aborten, die in den Krankenhäusern durchgeführt wurden, war die Anzahl der illegalen Schwangerschaftsabbrüche überall erheblich. In Deutschland wird diese Zahl im Jahr 1946 auf 26.000 geschätzt.[68]

---

64 BFL IV.1479.c. Unterlagen des Amtsleiters der Gesundheitsbehörde des 10. Bezirks von Budapest, 1945. Wiedervermählungsgenehmigung für verw. Frau S. B., geboren 1908, vom 27. 8. 1945.

65 Bandhauer-Schöffmann, Hornung, Vom »Dritten Reich«, S. 232.

66 Gisela Bock: *Zwangssterilization im Nationalsozialismus. Studien zur Rassenpolitik und Frauenpolitik*. Opladen, Westdeutscher Verlag, 1986, S. 45.

67 Mesner, Maria: *Die Auseinandersetzung um den Schwangerschaftsabbruch in Österreich*. Magisterarbeit, Universität Wien, 1993, besonders S. 35-46.

68 Miriam Gebhardt: *Crimes Unspoken: The Rape of German Women at the End of the Second World War*. Cambridge, UK/Malden, MA, Polity, 2016, S. 135-136. Hier und im Folgenden werden die Textstellen anhand der englischen Ausgabe belegt.

In der amerikanischen Zone Wiens waren Aborte grundsätzlich möglich, allerdings brachten dort zum Beispiel die jungen Österreicherinnen die Kinder, die in freiwillig eingegangenen sexuellen Begegnungen gezeugt wurden, häufig zur Welt. War der Vater ein amerikanischer Soldat, konnte das finanzielle Sicherheit für Mutter und Kind bedeuten – sofern es gelang, die Vaterschaft offiziell anerkennen zu lassen, und das ging auch in der westlichen Besatzungszone nicht ohne Schwierigkeiten vonstatten.

Bezüglich des polnischen Territoriums machte das Bischofsamt im Oktober 1945 auf »die Verbreitung der Sünde des Schwangerschaftsabbruchs« aufmerksam. Obwohl keine genauen Angaben zur Verfügung stehen, scheint das Abortverbot die Folge gehabt zu haben, dass viele Frauen illegale Wege für einen Schwangerschaftsabbruch suchten, und oft kam es vor, dass sie die Säuglinge verließen oder töteten. Im Bericht des Instituts für Forensische Medizin in Krakau ist zu lesen, dass die Zahl der Leichname von Neugeborenen im Zeitraum von 1945 bis 1947 angestiegen war.[69]

Man sollte den juristischen, emotionalen und institutionellen Wandel nicht unterschätzen, der mit der Neuregelung des Schwangerschaftsabbruchs in Ungarn einherging. Infolge der Massenvergewaltigungen von sowjetischen Soldaten bürgerte sich die Praxis in den medizinischen Institutionen ein, dass Frauen über ihren Körper selbst verfügten. Das gesellschaftliche Stigma, mit dem der Schwangerschaftsabbruch vormals belastet war, verblasste, selbst in den kirchlichen Gemeinden. Nach der Konsolidierung der innenpolitischen Lage und dem Rückgang der massenhaften Vergewaltigungsfälle hielten die Parteien der Regierungskoalition die Unsicherheit um die Regelung des Schwangerschaftsabbruchs bewusst aufrecht, um innenpolitische Streitereien zu vermeiden, die bei der Diskussion um die Schwangerschaftsabbrüche sicher aufgeflammt wären. Das unter der Leitung der kommunistischen Partei stehende Ministerium für soziale Wohlfahrt wollte die Konflikte mit dem Koalitionspartner, die an der Tagesordnung waren, nicht zusätzlich belasten, deshalb regelte es das Problem nur mit indirekten ministerialen Anordnungen. Auf diese Weise gelang es während der Koalitionsperiode, die Auseinandersetzung zwischen den Sozialdemokraten, die den Schwangerschaftsabbruch ohne jede Einschränkung erlauben wollten, bzw. den Mitgliedern der Kleinwirtenpartei,[70] die aus religiösen und pronatalistischen Gründen für eine mög-

69 Zaremba, Wielka Trwoga.
70 Die Kleinwirtenpartei wurde 1930 ursprünglich als Agrarpartei gegründet. Nach 1945 gewann sie all jene Stimmen, die sich gegen eine radikale Umwälzung der Eigentumsverhältnisse aussprachen. (Anm. d. Übers.)

lichst restriktive Regelung waren, zu vermeiden. Diese Verordnung blieb so lange in Kraft, bis die strenge, im Sommer 1952 erlassene Anordnung des Ministeriums für Gesundheitswesen die bis dahin gültige weiche Regelung ablöste. Geändert wurde die Frist für den Eingriff, die auf die 28. Schwangerschaftswoche gesetzt wurde, und der Eingriff musste in erster bzw. zweiter Instanz von je einem Komitee genehmigt werden. Der Abort war an außerordentlich strenge Bedingungen gebunden, auch wenn er nicht komplett verboten wurde. Doch die medizinischen Indikationen für die Durchführung, die allesamt im Anhang aufgelistet waren, wurden von Komitees untersucht. »Soziale Gründe« fehlten auf dieser Liste, offensichtlich weil im Jahr 1952, als Ungarn sich in einer dynamischen Entwicklung befand, die Verfasser der Anordnung die Meinung vertraten, dass dies nicht in Betracht kam.

Nun begann eine neue Ära, die Ratkó-Ära, benannt nach der selbst nur kurzzeitig an der Spitze des Ministeriums für Gesundheitswesen stehenden Anna Ratkó, in der der Schwangerschaftsabbruch verboten war. Die Regierung unter Imre Nagy milderte schließlich im Sommer 1953 die strengen polizeilichen Maßnahmen gegen Frauen, die abtrieben.[71] Der Schwangerschaftsabbruch als Frauenrecht, das für die Ungarinnen zum ersten Mal als Resultat von massenhaften Vergewaltigungen durch sowjetische Soldaten erreichbar wurde, polarisiert in der ungarischen Öffentlichkeit bis heute.

Ausgetragene Kinder

Die Forschung zu den geborenen Kindern erfordert die höchste ethische und methodische Umsicht. Die Vergewaltigung zeichnet sich durch eine zyklische Beschaffenheit aus, das heißt, ihre Wirkung lebt durch die Überlebenden weiter, neben den Frauen betraf sie in erster Linie die Kinder, die aus einer Vergewaltigung gezeugt wurden. Das Ziel von Kriegsvergewaltigungen ist es, die weibliche »Qualität« zu zerstören, dass die Frau also entweder keine Kinder mehr bekommen kann oder dass sie dem Kind des Täters das Leben schenkt, das dann als ethnischer Fremdkörper in der Gemeinschaft der Frau lebt.

Im Sinne des Beschlusses des Alliierten Kontrollrats konnte ein Soldat der alliierten Kräfte 1945 weder zur Anerkennung der Vaterschaft noch zur

71 Andrea Pető: A bortőrökés »bajbajutottnők« 1952-ben, in: Mária Palasik, Balázs Sipos (Hg.): *Házastárs? Munkatárs? Vetélytárs? A nőiszerepekváltozása a 20. századi Magyarországon.* Budapest, Napvilág, 2005, S. 300-319.

Unterhaltszahlung verpflichtet werden.[72] Obwohl im sowjetischen Bürgerlichen Gesetzbuch verankert ist, dass der Vater für die Erziehung seines Kindes zuständig ist, betrachtete das sowjetische Verwaltungswesen dies nicht als richtungsweisend. Im Zeitraum von 1945 bis 1953 war es sowjetischen Soldaten verboten, im Ausland eine Ehe zu schließen, aus einer nahezu paranoiden Angst vor Spionage. Wenn ein sowjetischer Soldat (überwiegend betraf dies Offiziere) im Ausland eine intime Beziehung einging, setzte er seine Geliebte damit dem Risiko aus, inhaftiert oder ins Arbeitslager verschleppt zu werden. Er setzte sogar das eigene Leben aufs Spiel. Das thematisiert auch der Film von Márta Mészáros, AURORA BOREALIS (2017). Die Unterhaltsverpflichtung für Kinder aus Vergewaltigungen blieb auch in den nach 1955 abgeschlossenen bilateralen Abkommen ungeregelt.[73]

Je nach erzählender Perspektive kann ein Vergewaltigungsfall aus historischem, juristischem oder ökonomischem Blickwinkel analysiert werden. Aber das, was geschehen ist, kann und sollte auch aus der Perspektive der Mütter und der Kinder erzählt werden.[74] Die Frage ist, wer für die Opfer spricht, und wie das gelingen kann.[75] Die Mütter sprechen darüber selten und die Kinder, die bei einer Vergewaltigung gezeugt wurden, noch seltener. In Ungarn hatten die Frauen die Möglichkeit, die Schwangerschaft abzubrechen. Die Mütter, die ihr Kind, obwohl es aus einer Vergewaltigung stammte, willentlich zur Welt brachten, sind nicht nur Opfer, sondern auch Akteure. In diesem Fall muss der historische Kontext analysiert werden, in dem sie ihre Entscheidung trafen.[76] Wenn die Großeltern nicht in die Erziehung eingebunden werden konnten, kam das Kind oft ins Waisenhaus.

Da die Besatzungssoldaten sich an der Erziehung der Kinder nicht beteiligten, waren diese nicht nur psychisch belastet, sondern sahen sich auch

---

72 Elke Kleinau, Ingvill C. Mochmann (Hg.): *Kinder des Zweiten Weltkrieges. Stigmatisierung, Ausgrenzung, Bewältigungsstrategien.* Frankfurt a. M./New York, Campus, 2016.

73 Gebhardt, Crimes Unspoken, S. 145.

74 Kjersti Ericsson, Eva Simonsen (Hg.): *Children of World War II: The Hidden Enemy Legacy.* New York, Berg, 2005.

75 Barbara Stelz-Marx: Soviet Children of Occupation in Austria. The Historical, Political and Social Background and its Consequences, in: European Review of History 22.2 (2015), S. 277-291.

76 Joy Damousi: Mothers in War, »Responsible Mothering«, Children and the Prevention of Violence in 20th century, in: History And Theory: Studies In The Philosophy Of History 56.4 (2017), S. 119-134.

mit finanziell problematischen Situationen konfrontiert.[77] Wenn im Personenstandsbuch kein Vater angeführt wurde, beeinträchtigte das die soziale Lage des Kindes sein Leben lang. Sie waren oft ungeliebt, was mit Stigmatisierung, Gewalterfahrungen und Marginalisierung einherging.[78] Solche Kinder galten etwa in der Bundesrepublik Deutschland als illegitim, und sie waren nicht berechtigt, Waisengeld oder sonstige soziale Unterstützung zu erhalten.[79] Die Frauen verheimlichten die Identität des Vaters, solange es ging, es sei denn sie verfolgten das Ziel, die amerikanische oder englische Staatsbürgerschaft zu bekommen. In Ungarn ist die Forschung zur Wahrung der Persönlichkeitsrechte verboten, deshalb kann die Frage, bis die Schutzfrist abläuft, nur auf der Basis von freiwilligen Erklärungen untersucht werden. Die große Zahl der Schwangerschaftsabbrüche allerdings weist indirekt darauf hin, dass die Ungarinnen häufiger die Abtreibung wählten, als das Kind auszutragen.

Aufgrund der jüngsten Untersuchungen zum Thema wird unter den Kindern, die während der Besatzungszeit geboren wurden, die Anzahl der bei einer Vergewaltigung gezeugten Kinder auf fünf Prozent geschätzt, und jede zehnte Vergewaltigung führte zur Schwangerschaft.[80] Nach diesen Schätzungen kamen im Zeitraum von 1945 bis 1955 weltweit etwa 68.000 Kinder auf diese Weise auf die Welt, 55 Prozent von amerikanischen, 15 Prozent von französischen, 13 Prozent von englischen, fünf Prozent von sowjetischen und drei Prozent von belgischen Vätern. Das ist der Punkt, an dem der namhafte amerikanische Historiker Norman Naimark die Gesamtdarstellung von Miriam Gebhardt heftig kritisiert. Naimark hält es für einen Fehler, die Vergewaltigungen von sowjetischen Soldaten mit denen anderer Nationalitäten schlicht gleichzusetzen, weil die kontextuellen Unterschiede auf diese Weise nicht angemessen analysiert werden können.[81] Wobei eingeräumt werden muss, dass es zum Mythos über den

---

77   Zerach Gadi – Solomon Zahava: Gender Differences in Posttraumatic Stress Symptoms among Former Prisoners of Wars' Adult Offspring, in: Anxiety, Stress and Coping 31.1 (2017), S. 1-11.

78   Silke Satjukow: Kinder des Feindes – Kinder der Freunde. Die Nachkommen sowjetischer Besatzungssoldaten in Deutschland nach 1945, in: Kleinau, Mochmann, Kinder des Zweiten Weltkrieges, S. 31-47.

79   Gebhardt, Crimes Unspoken, S. 143.

80   Ebd.

81   Gebhardt, Miriam: *Als die Soldaten kamen. Die Vergewaltigung deutscher Frauen am Ende des zweiten Weltkriegs.* München, Deutsche Verlags-Anstalt, 2015; Die Rezension von Norman M. Naimark siehe: Francia -Recensio 3 (2015), 19./20. Jahrhundert – Histoire contemporaine. *h*ttp://www.perspectivia.net/publikationen/francia/francia-recensio/2015-3/zg/gebhardt_naimark

Zweiten Weltkrieg gehörte, die amerikanischen Soldaten hätten keine sexuellen Gewalttaten ausgeübt, vielmehr seien ihnen die armen und männerlos lebenden Frauen für Kaugummi und Schokolade »willig« in die Arme gefallen.

Die deutsche Forschung ging der Frage nach, unter welchen Bedingungen diese Kinder aufgewachsen sind und wie sie von der Gesellschaft aufgenommen wurden. Diese Untersuchungen erfolgten mithilfe von persönlichen Interviews und Familienforschung.[82] Um dem französischen »Blutverlust« etwas entgegenzusetzen, wurde in der französischen Besatzungszone über die von französischen Vätern geborenen Kinder minutiöse Register geführt. Diesem Verzeichnis zufolge wurden im gegebenen Zeitraum 17.000 Kinder geboren, und 15 Prozent der französischen Väter blieben bei der Familie. Bis 1952 kamen etwa 15.000 bis 20.000 Kinder von französischen Vätern aus Deutschland nach Frankreich. Schwarze und behinderte Kinder wurden in diesem Rahmen nicht aufgenommen.[83]

In Österreich wurde eine neue Methode bei der Erforschung der Besatzungskinder angewendet.[84] In der auflagenstarken *Kronen Zeitung* erschien ein Aufruf, in dem österreichische Frauen gesucht wurden, die mit sowjetischen Soldaten, die bis 1955 in Österreich stationiert waren, eine intime Beziehung gehabt und von ihnen ein Kind bekommen hatten. Eine russische Reality-Dokuserie, die nach dem Gedicht *Warte auf mich* (Жди меня) von Konstantin Simonow benannt war, ging auf die Suche nach den in Österreich verbliebenen Kindern.[85] Auf ähnliche Weise suchten auch Zivilorganisationen wie z. B. *GI-trace* nach den einst in Europa stationierten amerikanischen Vätern, um juristische und finanzielle Fragen zu klären. Die amerikanischen Besatzungssoldaten wurden informiert und schriftlich angewiesen, die Vaterschaft nicht anzuerkennen, die Kraft der deutschen Gesetzgebung erstrecke sich nicht auf amerikanische Militärbasen. Wenn es trotzdem gelang, eine Vaterschaft nachzuweisen, wurde der Betroffene

82 Silke Satjukow, Rainer Gries: *»Bankerte!« Besatzungskinder in Deutschland nach 1945*. Frankfurt a. M., Campus, 2017.

83 Yves Denéchère: Des adoptionsd'État: les enfants de l'occupationfrançaise en Allemagne, in: Revue d'Histoire Moderne et Contemporaine 57.2 (2010), S. 159-179.

84 Mehr dazu siehe Barbara Stelz-Marx, Silke Satjukow (Hg.): *Besatzungskinder. Die Nachkommen alliierter Soldaten in Österreich und Deutschland*. Wien/Köln/Weimar, Böhlau, 2015.

85 Myriam Denov: Children Born of Wartime Rape: The Intergenerational Realities of Sexual Violence and Abuse, in: Ethics, Medicineand Public Health 11.1 (2015), S. 61-68.

in die USA abgezogen, und im Fall einer gerichtlichen Anfrage leugnete das amerikanische Hauptquartier in Heidelberg seine Existenz.[86]

Mit ungarischen Kindern, deren Väter sowjetische oder Soldaten aus anderen Ländern sind, beschäftigt sich bis dato keine Untersuchung. Eine Ausnahme bildet Márta Mészáros, die einen Film über Kinder, die durch sexuelle Gewalt gezeugt wurden, drehte. In einem Interview behauptete sie, dass »300.000 halb englische, französische, amerikanische, russische, österreichische oder deutsche Kinder« im Zeitraum von 1944–1945 geboren wurden.[87] Andernorts erklärte sie, »während des Zweiten Weltkriegs wurden viele Millionen von Kindern aus Vergewaltigung geboren«.[88] Abgesehen davon, dass es wenig zielführend ist, die unterschiedlichen Gründe, die zu einer Schwangerschaft führten (Liebe oder Vergewaltigung), miteinander zu vermengen, sind diese Zahlen in der Fachliteratur nicht anerkannt.

Früher hörte man in Ungarn über von sowjetischen Soldaten bei einer Vergewaltigung gezeugte Kinder allenfalls in Zusammenhängen von Schulkindern »mit mongolischen Zügen«, deren Eltern aber Ungarn waren. Und da es nach wie vor keine systematische Forschung zum Thema gibt, bietet sich ein großer Spielraum auch für politische Manipulation. Daran änderte der Film von Fruzsina Skrabski, DIE VERSCHWIEGENE SCHANDE, etwas, der, da er online verfügbar ist, viele Zuschauer erreichte, darunter auch einen in Irland lebenden Ungarn. Dieser nahm Kontakt zur Regisseurin auf und schilderte ihr, dass seine Mutter, die auch die Mutter seiner Schwester war, ebenfalls aus einer von sowjetischen Soldaten verübten Vergewaltigung stammte. Was den Mann zur Kontaktaufnahme bewog, war der Eindruck, dass der Film die Folgen außer Acht gelassen hatte. Als wollten die Russen »vertuschen, welche Wirkung sie auf das Leben der Menschen« gehabt hatten – so erklärte er es mir später, nachdem die Regisseurin den Geschwistern empfohlen hatte, mich zu kontaktieren. Sie erzählten mir ihre Geschichte, ich danke ihnen auch an dieser Stelle dafür.

Ihre Mutter wurde am 3. Juli 1945 in einem kleinen Dorf in Ostungarn geboren.[89] Das Dorf bestand aus einer einzigen Straße. Als die Sowjets ins

---

86 Gebhardt, Crimes Unspoken, S. 148.

87 Károly Kelen: »Megint egy magyar alkotás változtatta meg a filmművészetet«, in: Népszabadság, 23.7.2015. http://nol.hu/kultura/ket-asszony-elete-1553225

88 Nőnek lenni a történelem színpadán. Ein Interview von Attila Benke mit Márta Mészáros, in: Jelenkor online, 3.3.2018. http://www.jelenkor.net/interju/983/nonek-lenni-a-tortenelem-szinpadan

89 Die Geschwister gaben ihre Zustimmung zur Mitteilung des Ortes und des Namens, aber ich verzichte darauf aus forschungsethischen Gründen.

Dorf einmarschierten, verlangten sie zuerst etwas zum Essen: Der Tisch sollte voll mit Speisen gepackt werden, dann hätten sie »gegessen als hätten sie drei Tage nichts zu sich genommen«. So hörten die Geschwister die Geschichte später von ihrer Großmutter mütterlicherseits. Anschließend trieben die Soldaten siebzehn Mädchen – unter ihnen besagte Großmutter – in den Stall. Aus dieser Gruppenvergewaltigung wurden zwei Kinder geboren: ein Junge, von dessen Schicksal sie keine weitere Kenntnis haben, und ihre Mutter. Die Entbindung erfolgte zu Hause, Mutter und Tochter blieben beisammen und im Dorf. »Ich habe sie mir im Krieg zugezogen«, sagte ihre Großmutter häufig über ihre Mutter. Details erwähnte sie keine, nur so viel, dass sie während dieser Gruppenvergewaltigung brutal geschlagen wurde und deshalb alle Soldaten hasse, sowjetische, deutsche, einerlei. Die Geschwister erinnerten, dass sie den Geburtstag ihrer Mutter als Kinder nicht kannten und entsprechend auch nicht feierten. Erst nach dem Tod der Mutter gingen sie, schon als Erwachsene, zum Standesamt, um sich zu erkundigen, wann sie geboren wurde.

Die Tochter wurde von ihrer Mutter auch noch als Erwachsene stets überallhin begleitet, die Mutter nahm sie an die Hand und war sehr besorgt um sie. Ihre Mutter, also die Großmutter der Kinder, vertraute niemandem, besonders Männern nicht und blieb ihr Leben lang alleinstehend. Auch die Tochter war einsam, galt als kauzig. Im Dorf wussten alle, dass sie aus einer Vergewaltigung geboren wurde. Sie ging nicht gern unter Leute. Sie war zwanzig Jahre alt, als sie heiratete, vielleicht um der überbeschützenden Mutter zu entfliehen. Die Großmutter, die alle Männer hasste und grundsätzlich misstrauisch war, rügte ihre Tochter dafür, einen schlechten Partner gewählt zu haben. Die Mutter der Geschwister war erst 33 Jahre alt, als sie an Krebs starb, anschließend wurden die Kinder, damals sieben bzw. elf Jahre alt, von der Großmutter großgezogen.

Als die Großmutter dachte, der Junge sei alt genug, erzählte sie ihm, dass ihre längst verstorbene Mutter bei einer Massenvergewaltigung gezeugt wurde. Mit ihrer Enkelin wollte sie nicht darüber sprechen, doch der Junge erzählte seiner Schwester davon. Soweit die Kinder wissen, verriet ihre Großmutter dem Schwiegersohn, dem Vater der Kinder nicht, dass die junge Frau, die er heiratete, aus einer Vergewaltigung geboren wurde. Die Mutter der Geschwister erwähnte diesen Umstand weder ihrem Mann gegenüber noch – verständlicherweise – gegenüber den damals noch sehr kleinen Kindern. Vielleicht trug dieses Schweigen dazu bei, dass der Vater immer stärker dem Alkohol verfiel, was die gesamte Familie finanziell – sie verloren ihr Haus – und die Mutter gesundheitlich ruinierte. Von der Mutter erinnern die Geschwister nur ein Bild: Darin steht sie im roten Mor-

genmantel und in Pantoffeln im Krankenhaus und wartet auf die chemo-
therapeutische Behandlung. Die Tochter erzählte mir im Interview, dass
sie sich russischen Frauen oft nah fühlt, sie forscht in ihren Gesichtern und
meint, verwandte Züge zu entdecken. »Ich habe auch russische Züge, mit
glatter Haut«, sagte sie über sich. Und: »Ich finde immer den richtigen
Ton mit russischen Menschen.« Bei ihrer Arbeit hat sie oft mit russischen
Staatsbürgern zu tun, obwohl sie die Sprache nicht spricht.

Die Geschichte der Geschwister ist die Geschichte vieler Menschen,
aber nicht immer ist sie auch erzählbar. Während des Interviews breitete
die Tochter die erhalten gebliebenen Fotos von ihrer Mutter auf dem Tisch
aus. Ein ganz gewöhnliches Porträt ist darunter: Eine junge Frau mit braunen Haaren blickt in die Kamera. Es ist gerade dieses Alltägliche, das ihre
Geschichte so tragisch macht, und um sie erzählen zu können, bedarf es
Mut und Gelegenheit.

Geschlechtskrankheiten

Eine Folge der Vergewaltigungen war die Verbreitung von Geschlechtskrankheiten. Aufgrund von zeitgenössischen Statistiken lässt sich die Größenordnung der Vergewaltigungsfälle einschätzen, wobei diese Zahlen
auch nicht vorbehaltlos herangezogen werden können, denn nicht jeder
Akt sexueller Gewalt ging mit einer Infektion einher. Außerdem sind die
Verzeichnisse lückenhaft, ein Teil der Unterlagen ging verloren. Unter »Geschlechtskrankheit« subsumierte man damals letztlich zwei durch Geschlechtsverkehr übertragbare Krankheiten: die Gonorrhoe (Tripper), die
einen relativ unkomplizierten Verlauf hat, und die Syphilis, eine schwere
Erkrankung, die, nach einer langen Inkubationszeit, nur langsam ausheilt.

In der sowjetischen Besatzungszone in Wien und in Ungarn ließ sich
zweifelsfrei ein sprunghafter Anstieg an Geschlechtskrankheiten, in erster
Linie Gonorrhoe-Infektionen, beobachten, und dieser Anstieg kann nur
mit der Präsenz der russischen Truppen erklärt werden, denn zu dieser Zeit
waren weder in Wien noch in Budapest die sexuell aktiven Männer aus der
Kriegsgefangenschaft zurückgekehrt. Zur selben Zeit gelang es in der westlichen Besatzungszone von Wien, die weitere Verbreitung der Geschlechtskrankheiten mit Penicillin und Kondomen einzudämmen. Aus diesem
Grund nahmen die sexuell übertragbaren Krankheiten dort keinen so dra-
matischen Einfluss auf den Gesundheitszustand der Bevölkerung. Die
Heeresleitungen der angelsächsischen Truppen mussten sich bereits in Friedenszeiten um das Problem der sich stürmisch verbreitenden Geschlechts-

krankheiten kümmern.[90] In der sowjetischen Armee jedoch wurden weder Penicillin verabreicht noch Kondome verwendet, hinzu kam, dass die Soldaten schon seit Jahren unter schlimmsten hygienischen Verhältnissen gekämpft hatten, und ohne Screeninguntersuchungen schleppten sie die Krankheit Zehntausende Kilometer mit sich.

Wie bereits erwähnt, ließe sich die exakte Anzahl der Vergewaltigungsfälle nur anhand einer lückenlosen Dokumentation der Geschlechtskrankheiten ermitteln, die aber kaum vorhanden ist. Was aber als Anhaltspunkt für ermittelte Werte herangezogen werden kann, sind Dokumentationen wie die der umfassenden Untersuchung, die im Bezirk Melk durchgeführt wurde, in deren Rahmen die zuständige Behörde sämtliche Frauen des Bezirks auf Geschlechtskrankheiten untersuchen ließ. Aus diesen Daten geht hervor, dass die registrierten Geschlechtskranken nach dem Durchmarsch der Roten Armee 30 Prozent der insgesamt vergewaltigten Frauen ausmachten. Die Untersuchungen in Melk ergaben, dass fünf bis sechs Prozent der Frauen in der Altersgruppe von 14 bis 16 Jahren von sowjetischen Soldaten vergewaltigt wurden.[91] Vor dem Hintergrund dieser Angaben scheint die weitverbreitete Einschätzung, in Budapest seien zehn Prozent aller Frauen vergewaltigt worden, übertrieben.

Ganz sicher jedoch wurde die sexuelle Gewalt zu einem Problem für die öffentliche Gesundheit, auch weil sich der prozentuale Anteil der beiden Krankheiten veränderte. Während des Krieges war in einem Verhältnis von 4:1 die Gonorrhoe deutlich weiter verbreitet, nach 1945 lag die Syphilis mit 1,4:1 vorn.[92] Obwohl es offiziell nicht thematisiert wurde, warum sich so viele Frauen plötzlich mit einer Geschlechtskrankheit infizierten, mussten die Institutionen des Gesundheitswesens auf die sich rasch verbreitenden Krankheiten reagieren.

Zur Bekämpfung der Geschlechtskrankheiten erließen bereits die Pfeilkreuzler Anordnungen, um sowohl die Verbreitung der Krankheit in der Armee als auch in der Zivilbevölkerung zu verhindern.[93] Da sich die Geschlechtskrankheiten infolge der sowjetischen Besatzung deutlich stärker verbreiteten, ordnete der Minister für Wohlfahrt mit der Änderung der

90 Tanaka, Hidden Horrors, S. 105.
91 Marianne Baumgartner: Zwischen Mythos und Realität. Die Nachkriegsvergewaltigungen im sowjetisch besetzten Mostviertel, in: Unsere Heimat: Zeitschrift für Landeskunde von Niederösterreich 64 (1993), S. 64, 80.
92 MNL (Ungarisches Nationalarchiv), Karton XIX-C-2-s 17. Ich danke Gábor Szegedi, dass er mich auf diesen Bericht aufmerksam machte.
93 GYML Győr, Der Brief des Vizegespans des Komitats Moson und Pozsony vom 20.1.1945. 108/1945.

Verordnung 888/1940 B. M. drakonische Maßnahmen an.[94] Melde- und Behandlungspflicht wurden detailliert geregelt, ebenso die Verteilung der Medikamente. Der Wiederaufbau des Netzwerkes von auf Geschlechtskrankheiten spezialisierten Praxen galt als prioritär.

Auf die Bekämpfung der Geschlechtskrankheiten wirkte sich sehr vorteilhaft aus, dass die drei Pharmahersteller, die Sulfonamid – das Medikament, das damals zur Behandlung von Geschlechtskrankheiten eingesetzt wurde – produzierten, den Krieg fast unversehrt überstanden hatten. Dieses Mittel war auf dem Medikamentenschwarzmarkt sehr teuer, aber durch das hohe Produktionspotenzial konnte es im Vergleich zu den Nachbarländern in Ungarn wesentlich günstiger beschafft werden.

1945*	Juli	Oktober	November	Dezember
Mann	2 210	3 648	3 726	2 007
Frau	2 998	5 011	5 022	2 819
Insgesamt	**5 208**	**8 669**	**8 748**	**4 826**

1946	Januar	Februar	April	Mai	Juni
Mann	3 678	2 996	5 194	7 849	6 870
Frau	4 818	3 715	6 365	9 780	8 670
Insgesamt	**8 496**	**6 711**	**11 559**	**17 629**	**15 540**

Tabelle 3: Anzahl der Geschlechtskranken in Budapest 1945–46, die im Netzwerk der Praxen für Geschlechtskrankheiten behandelt wurden

* Berichte des Amtsleiters des Gesundheitsamtesder Hauptstadt Budapest FL IV.1416. a.

Im Auftrag des Ministers für Wohlfahrt, Erik Molnár, wurde von der Hauptabteilung VII des Ministeriums für Wohlfahrt ein Bericht für das Jahr 1945 verfasst. Hier wird darauf hingewiesen, dass die Anzahl der Behandlungen in den 43 bereits bestehenden und den fünf neu eingerichteten Praxen für Geschlechtskrankheiten »im ganzen Land im Vergleich zu den vorangegangenen Jahren ein deutliches Wachstum zeigt«.[95] Aus den Berichten des Amtsleiters des Gesundheitsamtes von Budapest lässt sich schließen, dass die Geschlechtskrankheiten auf das Dreifache stiegen (siehe Tabelle 3). Im Bericht für Dezember 1945 steht: »Die Anzahl der Ge-

94 BFL VIII. 1102. Unterlagen des Rókus-Krankenhauses. Edikt des Bürgermeisters, 24. 4. 1945
95 MNOL NDO Unterlagen des Ministeriums für Wohlstand, Satz 6.

schlechtskranken ist erheblich gestiegen. Die Bekämpfung der Verbreitung der Krankheit wird dadurch erschwert, dass ein Teil der Kranken ihre Krankheit nicht regelmäßig oder gar nicht behandeln lässt, für die schweren Fälle stehen keine Krankenhausbetten zur Verfügung, die mit einer Geschlechtskrankheit infizierten registrierten und heimlichen Prostituierten können in den zuständigen Abteilungen nicht untergebracht werden. Die erforderliche Menge an Medizin steht nicht zur Verfügung, die abendlichen Sprechstunden wurden in den Polikliniken aus Sicherheitsgründen eingestellt, deshalb fiel ein Teil der Behandlungen aus.«[96]

Trägern und Trägerinnen von Geschlechtskrankheiten stand eine kostenlose Behandlung zu, nicht zuletzt schon deshalb, weil sich viele von ihnen – auch »anständige« Frauen – nur angesteckt hatten, weil sie vergewaltigt worden waren. Dadurch, dass diese durch Geschlechtsverkehr übertragbaren Krankheiten so weit verbreitet waren, wurde erstmals hinterfragt, inwieweit die früher gegen die Träger und Trägerinnen gehegte Ächtung gerechtfertigt war. Die Abteilungen für Geschlechtskrankheiten in den Krankenhäusern waren extrem überfüllt, zum Beispiel wurden in der Abteilung für Geschlechtskrankheiten mit ihren 160 Betten in der Kun utca (Budapest) 192 Kranke behandelt.[97]

Mit den Berichten des Gesundheitsamtes stehen uns für Wien ebenfalls Informationen über die Verbreitung der Geschlechtskrankheiten zur Verfügung. Die Anzahl der Erkrankten begann bereits nach dem Anschluss 1938 zu steigen, also im Zuge der erhöhten Präsenz der Soldaten. Aber zwischen Mai 1944 und 1945 verdoppelte sich die Anzahl der behandelten Erkrankten. Die strengen Therapiemaßnahmen halfen kaum, weil sie wegen fehlender Medikamente nur schwer umgesetzt werden konnten. Dennoch leugnete der für Gesundheit zuständige Offizier, Oberstleutnant Besrukow, dass Geschlechtskrankheiten in der Roten Armee irgendein Problem darstellen würden. Dieser Behauptung widerspricht allerdings die Aussage eines russischen Experten im Film DIE VERSCHWIEGENE SCHANDE, der die Ansicht vertrat, dass die mit nach Hause geschleppten Geschlechtskrankheiten eine große Bürde für das sowjetische Gesundheitssystem darstellten. Auch in Wien gab es Erkrankte, die keine Spuren in den Unterlagen der Behörden hinterließen, da sie sich, um den Vorfall zu verheimlichen, in Privatpraxen behandeln ließen.

---

96 BFL IV.1416. a. Berichte des Amtsleiters der Gesundheitsbehörde Budapest, 12.12.1945.
97 BFL VIII 1102. 7792/1945.

Laut des vom britischen Major General John Winterton vor den Verhandlungen über die Implementierung der Besatzungszonen und die Verwaltung der Stadt Wien verfassten Sondierungsberichts[98] »steht definitiv fest, dass eine sehr große Anzahl von Frauen infiziert ist und infolge dessen [sic!] auch Männer«. Allerdings, wie dies ein gewisser Dr. Lande vom Gesundheitsamt behauptete, könnten Vergewaltigungen nicht der Grund dafür sein. Lande weist die »Anschuldigungen, es sei zu extensiven und ungezügelten Vergewaltigungen an Österreicherinnen gekommen, [als] unwahr« zurück. Sollte jemand dies behaupten, läge es wohl daran, dass ein einfacher russischer Soldat, der von der weiblichen Bevölkerung herzlich willkommen geheißen wird, es so verstehe, dass die Frauen sich ihm anboten. Das jedoch könne man nicht als sexuelle Gewalt bezeichnen. Der Amtsarzt fügte noch hinzu, dass viele Vorfälle, die als Vergewaltigung angezeigt würden, »technisch« nicht darunter subsumiert werden könnten. Der Verfasser des Berichtes von Major General Winterton kommentierte diese Information wie folgt: »Diese und andere seiner Behauptungen zeugten von einer Befangenheit. Ich habe selbst mit zwei Frauen gesprochen, die behaupteten, vergewaltigt worden zu sein, und beide Geschichten schienen glaubwürdig. Eine von ihnen erwähnte, dass der behandelnde Arzt ihr erzählte, er habe es mit 143 ähnlichen Fällen zu tun gehabt. Deshalb leben höchstwahrscheinlich infizierte Frauen in großer Zahl in Wien.«

Laut Angaben des Statistischen Jahrbuchs der Stadt Wien wandten sich im Jahr 1945 31.419 Patientinnen und Patienten wegen des Verdachts auf eine Infektion mit einer Geschlechtskrankheit an einen Arzt. Viele ließen sich aus Angst, sich eventuell angesteckt zu haben, prophylaktisch untersuchen, aber die tatsächliche Anzahl der Erkrankungen bestätigte diese Ängste nicht (siehe Tabelle 4).

Dank massiver Aufklärungskampagnen und effektiver Bekämpfung der Geschlechtskrankheiten normalisierten sich die Verhältnisse langsam, und in der Folge setzte ein Demystifizierungsprozess der Sexualität ein. Zwar in einer kodierten Sprache, aber Geschlechtskrankheiten wurden nun auch in Kreisen Gesprächsthema, in denen das früher eher nicht der Fall war. Die infizierten Frauen distanzierten ihren Körper von ihrem Sebstverständnis als Frau, die moralische Beurteilung der eigenen Person löste sich von ihrem beschmutzten Körper. Ein Beleg für diese Entwicklung ist der

---

98 Siegfried Beer, Eduard G.Staudinger: Die »Vienna Mission« der Westalliierten im Juni 1945. Studien zur Wiener Geschichte, in: Ferdinand Oppl (Hg.): *Jahrbuch des Vereins für Geschichte der Stadt Wien*, Bd. 50. Wien, Karl Fischer Verlag, 1994, S. 390-391.

	1945*	1946	1947
Männer	323	311	164
Frauen	1769	1451	1089
Insgesamt	**2092**	**1762**	**1253**

Tabelle 4: Infektionszahlen zwischen 1945 und 1947 in Wien*

* Statistisches Jahrbuch der Stadt Wien 1946–1947. Wien, 1949, S. 119.

Fall von Sz. E., die sich an die Polizeidienststelle in Mezőtúr wandte. Sie forderte die Polizei am 7. Februar 1945 auf, etwas gegen die plündernden und in Gruppen Frauen vergewaltigenden sowjetischen Soldaten zu unternehmen, denn, so drückte sie es aus:»Ich bin schon durch und durch verseucht.«[99]

In Polen kam es in Pommern und Schlesien zu den meisten Vergewaltigungsfällen, folglich gab es hier auch die meisten Infektionen. In der pommerschen Grimna Tuchola wurden 1700 Frauen registriert. In Masuren, dort, wo Soldaten stationiert waren, wurde fast die Hälfte der Frauen, 40 Prozent, krank. Auf der Grundlage dieser Angaben infizierte sich schätzungsweise zehn Prozent der polnischen Bevölkerung mit Syphilis.[100]

In den Berichten über Geschlechtskrankheiten erschien die von den Soldaten verübte Vergewaltigung als vom Individuum losgelöst, fokussiert wurde die Krankheit, eine Folge der »Sache«, die der Frau »widerfahren war«. In den Krankenhäusern wurde die Vergewaltigung nicht als eine moralische Angelegenheit, sondern als ein schwer heilbares körperliches Leiden betrachtet.

Prostitution

Die Auflösung der Prostitution nach 1945 durch den Staat begann in Ungarn im Rahmen der Bekämpfung der Geschlechtskrankheiten. Die Prostitution selbst wurde anfangs als eine Gefährdung der öffentlichen Gesundheit betrachtet, denn 1947, nach der Rückkehr der Kriegsgefangenen, wurden etwa 200.000 mit einer Geschlechtskrankheit infizierte Menschen registriert.[101]

Nach dem Ausbruch des Kriegs stieg die Anzahl der nicht registrierten Prostituierten, und der Sexmarkt veränderte sich. Infolge von kriegs-

99 Balogh, »Törvényes« megszállás, S. 293.
100 Zaremba, Wielka Trwoga.
101 György Gortvay, dr.: Egészségvédelem, in: *A szociális titkárok első továbbképzési tanfolyamának tananyaga.* Összeáll. dr. Rostás Ilona. Budapest, 1947, S. 179.

bedingter Zerstörung, allgemeiner Not und vielen verstorbenen und verwundeten Männern, die sozial und ökonomisch für die Frauen Sorge trugen, war die Prostitution für viele die einzigmögliche Einnahmequelle. Während die Anzahl der eingetragenen »Freudenmädchen« zwar von 620 auf 29 zurückging, sprach der Polizeipräsident von Budapest von »mehreren Zehntausend« heimlichen Sexarbeiterinnen: »Nach der Belagerung stieg die Anzahl der heimlichen Freudenmädchen – die hinsichtlich der öffentlichen Ordnung, der Sicherheit von Hab und Gut und in erster Linie der öffentlichen Gesundheit eine sehr schädliche Wirkung auf das Leben der Hauptstadt haben – auf erschreckende Weise an.«[102] Die heimlichen, behördlicherseits nicht kontrollierten Prostituierten bereiteten dem Amtsleiter des Gesundheitsamtes von Budapest auch noch Anfang 1946 großes Kopfzerbrechen.[103]

In Wien waren 1946 265 Prostituierte registriert.[104] Ihre Zahl stieg nicht bedeutend an, doch aus den Lebensinterviews wird deutlich, dass die Wienerinnen, die große Not leiden mussten, eine auf der emotionalen Ebene lockere, aber mitunter engere körperliche Verbindung als Teil ihrer Überlebensstrategie betrachteten. Die Frauen in Wien entschieden jede für sich ganz unterschiedlich, welche emotionale Nähe sie in ihren Beziehungen mit den Angehörigen der Besatzungstruppen eingingen. Diejenigen, die sich mit amerikanischen Soldaten anfreundeten, standen bewusst zu dieser Entscheidung, um zu überleben und auch um Zugang zu heiß begehrten Konsumgütern zu erlangen, die inzwischen Luxusgüter waren. Dazu nutzten sie ihre persönlichen und intimen Beziehungen. Anders diejenigen, die sexuellen Kontakt mit Rotarmisten hatten; sie betrachteten sich in ihren Erinnerungen mehrheitlich als Opfer sexueller Gewalt.

Doch gab es auch Wienerinnen, die emotionale Beziehungen mit sowjetischen Soldaten eingingen, allerdings waren diese Beziehungen komplizierter als die zu amerikanischen Soldaten. Vor allem in der ersten Phase der Besatzung konnte ein sowjetischer Soldat Schutz bedeuten – gegen Sex. In diesem Fall lässt sich die Dichotomie zwischen Täter und Opfer nicht sauber aufrechterhalten: Die Gruppenvergewaltigungen stellten eine permanente Drohung dar, und um dieser zu entgehen, hatten die Frauen die Möglichkeit, wie es auch in den Memoiren von Alaine Polcz,

---

102 BFL IV.1416.a. Verwaltungsprotokoll der Hauptstad Budapest, 1945–1946. Bericht des Polizeipräsidenten von Budapest der ungarischen Polizei. 14.8.1945
103 BFL IV.1416.a. Protokolle des Verwaltungskomitees, 6.1.1946
104 *Statistisches Jahrbuch der Stadt Wien 1946–1947*. Wien, 1949, S. 119.

Frau an der Front, zu lesen ist, »die instrumentalisierte sexuelle Gewalt«[105] zu wählen. Das heißt, sie gingen eine sexuelle Beziehung mit einem Soldaten ein, damit dieser sie dann vor den anderen schützte. Eine selten zitierte und analysierte Passage des Buches von Polcz ist jene, in der die Autorin darüber berichtet, dass sie sich auf sexuelle Handlungen einlässt, um sich überlebenswichtige Güter zu verschaffen. Im Text nennt sie sich »eine Hure« und hält sich für beschmutzt, obwohl diese Art von »Bartergeschäft«, also sexuelle Leistung gegen bestimmte Güter, in der Kriegszeit gängig war.[106] Die polnische Schriftstellerin Brigitte Wehmeyer-Janca zitiert in ihrer Autobiografie eine Dienstmagd namens Olga, die berichtet, sie habe sich einen russischen Offizier zum Liebhaber gewählt, damit er sie vor den anderen Soldaten schütze. Es ist kein Zufall, dass die Autorin hier von einer Frau mit niedrigem gesellschaftlichem Status erzählt, eine solche Beziehung wäre für »eine echte Polin«[107] nicht infrage gekommen.

Über solche der Not gehorchenden, jedoch lukrativen Beziehungen berichten die Frauen als emotionale, auf Gegenseitigkeit beruhende Beziehungen, die in der Fachliteratur »traumatische emotionale Beziehungen«[108] genannt werden. Ein weiteres Resultat der Befreiung des Landes war, dass bis dahin verdrängte Emotionen frei ausgelebt werden konnten. In Budapest, in der Vörösmarty utca lebte untergetaucht ein jüdisches Mädchen, das sich auf den ersten Blick in einen jungen sowjetischen Soldaten verliebte, als dieser den Keller betrat. Im Video-Interview schildert sie, dass, wenn ihr Geliebter bei ihr übernachtete, ihr Vater auf der anderen Seite schlief, weil er es für wichtig hielt, dass sie ihre Jungfräulichkeit bewahrte. Aber sie erinnerte sich an wilde Küsse im frisch gefallenen Schnee. »Ich habe mich in den Soldaten unsterblich verliebt. Nach dem Krieg fuhr ich nach Harkow, um ihn zu finden. Er war 18 Jahre alt, als er von zu Hause fort musste« und er kämpfte auch um Stalingrad. Eine kleine Zeitung mit seinem Gedicht habe ich aufbewahrt. Ich habe ihn nie wiedergefunden. Er starb im Kampf gegen den Nazismus. Ich kann mich an seinen Namen nicht erinnern.« Deutlich wird hier auch, dass es der intimen Beziehung zu dem Soldaten aus Harkow zu verdanken ist, den sie »meinen kleinen Soldaten«

105 Nóra Séllei: A női est mint áldozat. *Polcz Alaine: Asszony a fronton,* in: Korall 16. 5 (2015), S. 108-132.

106 Anna Hájková: Sexual Barter in Times of Genocide: Negotiating the Sexual Economy of the Theresienstadt Ghetto, in: Signs: Journal of Women in Culture and Society 38.3 (2013), S. 503-533.

107 Der Titel des Originaltextes lautet *Heimat des Herzens liegt in Danzig.* Zitiert nach Karwowska, Gwałty a kultura, S. 163-171.

108 Nóra Séllei, A nőitest mint áldozat, S. 108-132.

nennt, dass sie andere sowjetische Soldaten, die in das Haus einbrachen und Frauen verlangten, erfolgreich fortschicken konnte.[109]

Eine auf Mitgefühl und Beistand basierende romantisierende Darstellung ist mitunter auch in solchen Fällen möglich, in denen es zu einer Vergewaltigung kam. Mit einem sowjetischen Soldaten zu »gehen« war nämlich überhaupt nicht »angesagt«. Die Liebe zwischen dem sowjetischen Soldaten und der jungen Österreicherin aus wohlhabender bürgerlicher Familie im bereits erwähnten Film von Márta Mészáros stellte eher eine Ausnahme dar. Aber sowjetische Offiziere fanden wegen der prekären Lebensmittelknappheit sowohl in Wien als auch in Berlin leicht eine Partnerin. In der Hoffnung auf ein gutes Mittagessen gingen die Frauen, vor allem die jüngeren, gern zum Tanzen mit.[110] Dabei könnte auch eine Rolle gespielt haben, dass die sowjetische Armee, von der man den Eindruck haben konnte, dass sie vergleichsweise demokratisch strukturiert war, eigentlich eine außerordentlich steife Hierarchie hatte: Die hochrangigen sowjetischen Soldaten hatten nicht nur wesentlich bessere finanzielle Möglichkeiten, auch in ihrem kulturellen Hintergrund waren sie den einfachen Rekruten weit überlegen. In der amerikanischen Armee hingegen (wo es den Offizieren verboten war, mit der lokalen Bevölkerung engere Kontakte zu knüpfen) verliehen Geld und die »heimliche Währung« (Kaugummi und Schokolade) den Rekruten der amerikanischen Armee eine sexuelle Anziehungskraft, über die wiederum die einfachen sowjetischen Soldaten nicht verfügten. Eine Holocaust-Überlebende erzählte, dass in ihrem Lager, das unter amerikanischer militärischer Kontrolle stand, eine Lagerbewohnerin über Schokolade verfügt habe. Auf die Frage, woher sie diese habe, brachte die Frau die Überlebende ins Quartier der amerikanischen Soldaten und ließ sie dort zurück. »Hier drückte mir ein amerikanischer Soldat sein Bajonett an die Flanke. Ich wurde plötzlich von einer gewaltigen Kraft ergriffen, ich dachte, ich krepiere lieber, als mich von diesem Schweinehund vergewaltigen zu lassen.« Der jungen Frau gelang es tatsächlich, heil davonzukommen – freilich ohne Schokolade.[111] Dieser besonderen »weiblichen« Überlebensstrategie (Sex gegen Konsumartikel) begegnete die Gesellschaft missbilligend, und in den Leserbriefen der ungarischen Frauenmagazine tadelten die Leserinnen die »unanständigen« Österreicherinnen.

109   Interview 50208, Abschnitt 83. – Visual History Archive der USC Shoah Foundation.
110   Brandhauer-Schöffmann, Hornung, Vom »Dritten Reich«, S. 241.
111   Interview 51131, Abschnitt 140. – Visual History Archive der USC Shoah Foundation.

In der ungarischen Presse gab es diesen diffamierenden Diskurs des im Interesse des eigenen Überlebens eingesetzten fraternisierenden Verhaltens in Bezug auf Ungarinnen nicht, doch zeigte sie sich in der Verunglimpfung des Verhaltens junger Berlinerinnen sehr lebhaft. Damit konnte die Tatsache verdeckt werden, dass auch Ungarinnen, die allein auf sich gestellt waren, kaum eine andere Wahl hatten. Allerdings war hier die zahlungsfähige Nachfrage kleiner als in Berlin.[112] Was in Ungarn eine größere Bedeutung hatte, war das bewegte Intimleben von Funktionsträgern des Alliierten Kontrollrats, aber diese Zwischenfälle wurden in der Presse nicht thematisiert. Verschiedene Geheimdienste machten die in Budapest stationierten Soldaten, Diplomaten und Funktionsträger des Alliierten Kontrollrats mit Frauen bekannt, die über Fremdsprachenkenntnisse und eine passende äußere Erscheinung verfügten. Mithilfe dieser »Honigfalle« wurden über die Ausländer, die Mitarbeiter verschiedener Botschaften und Kulturinstitute, die in Ungarn lebten und tätig waren, regelmäßig Informationen gesammelt. Die Zielpersonen waren Männer. Eine Ausnahme bildete die Mitarbeiterin der Kulturabteilung der amerikanischen Botschaft, Ruth Tyron: Sie kam mit dem Auftrag nach Budapest, den sowjetischen Offizieren mithilfe der »Honigfalle« Informationen zu entlocken, aber es wurde berichtet, dass sie sich in einen von ihnen verliebte, woraufhin sie zurückgezogen wurde.[113]

Ein erstaunliches Phänomen im Zusammenhang mit intimen Beziehungen zwischen sowjetischen Soldaten und einheimischen Frauen war die Institution der Zwangsehe. Sie wird wohl in vielen Fällen die Folge von Alkohol und großer emotionaler Verzweiflung gewesen sein. Es handelt sich um ein schwer erforschbares Kapitel in der Beziehung zwischen den sowjetischen Soldaten und den Ungarinnen: jene Ehen, die unmittelbar nach dem Ende der Kampfhandlungen geschlossen wurden. Im Prinzip war es den Sowjets nicht gestattet, eine Beziehung mit einheimischen Frauen einzugehen, trotzdem sind Geschichten darüber überliefert, dass die Rotarmisten Frauen zwangen, sie zu heiraten, bzw. die Vertreter der lokalen Verwaltung diese Trauungen durchzuführen. Darüber, was sie außer der großen Menge des verzehrten Alkohols dazu bewog, Beziehungen zu legalisieren – oft gegen den Willen der Frauen –, obwohl sie wussten, dass ihre Einheit womöglich abkommandiert werden wird, lassen sich

---

112 Siehe zum Beispiel »Csak néger udvarló jut a Fräulein-nek«, in: Világ, 26. 4. 1947, S. 3.
113 Resümee über die imperialistischen Spionageorganisationen. ÁBTL 1.5. II/41. Afj7 353/7. 3. Karton 18. Siehe dazu mehr: Andrea Pető: »Mézcsapda«? Az információmegszerzés énekneme, in: Sándor Horváth (Hg.): Az ügynökarcai. Budapest, Libri, 2014, S. 355-376.

nur Vermutungen aufstellen. Vielleicht bedeutete für sie eine Beziehung ein Stück Normalität, oder sie könnten geglaubt haben, dass zumindest jemand an sie denken wird, besonders dann, wenn keine weiteren Familienmitglieder mehr am Leben waren. Fest steht, dass diese legalisierten Beziehungen – von denen wir nicht wissen, wie verbreitet sie waren – im Laufe der Zeit zu vielen Problemen führten.

Der Verwaltungsleiter von Vásárosnamény berichtete zum Beispiel am 12. Dezember 1945 dem Justizminister István Ries, dass in mehreren Fällen eine Waffe auf ihn (und auch auf die Bräute) gerichtet wurde, damit er den dort erschienenen sowjetischen Soldaten und die einheimische Frau vermählte. Im Weiteren schreibt er, dass die Soldaten anschließend weiterzogen, während die Ungarinnen zurückblieben und nun ihren selbst gewählten Verlobten heiraten wollten.[114] Die Randnotiz sei erlaubt: Ich finde es durchaus bemerkenswert, dass die sowjetische Macht, trotz enormer Bemühungen, die Institution der Ehe zu marginalisieren, es in nahezu dreißig Jahren nicht schaffte, sie weniger attraktiv zu machen.

Das »notgedrungene Matriarchat«, also die Überzahl der Frauen in der Nachkriegszeit, fand seine Abbildung in der Politik nicht.[115] Forschungen aus den Geschichtswissenschaften belegen für Österreich, dass die männlich dominierte öffentliche Sphäre bereits in den 1950er-Jahren wiederhergestellt war. Die größere Rolle, die Frauen im öffentlichen Leben übernahmen (zum Beispiel was die Berufstätigkeit betrifft), spiegelte sich im politischen Leben nicht wider, und sie begrüßten selbst die Wiederherstellung der Herrschaft der Familie und der bürgerlichen Normen. Für Ungarn lässt sich konstatieren, dass die Devise von der Befreiung der Frau kurzlebig war, schon bald wurden die kleinbürgerliche Familienstruktur und die entsprechenden Normen wiederhergestellt.[116]

---

114   Balogh, »Törvényes« megszállás, S. 374-735.

115   Zu Österreich vgl. Siegfried Mattl: »Aufbau« – eine männliche Chiffre der Nachkriegszeit, in: Irene Bandhauer-Schöffmann, Ela Hornung (Hg.): *Wiederaufbau weiblich*. Wien/Salzburg, Geyer Edition, 1992, S. 15-24. Zu Ungarn: Andrea Pető: Hungarian Women in Politics, in: Joan W. Scott, Cora Kaplan, Debra Keates (Hg.): *Transitions, Environments, Translations: The Meanings of Feminism in Contemporary Politics*. London/New York, Routledge, 1997, S. 153-161; Andrea Pető: *Nőhistóriák. A politizáló Magyar nők történetéből (1945–1951)*. Budapest, Seneca, 1998, S. 187.

116   Andrea Pető: »As He Saw Her«: Gender Politics in Secret Party Reports in Hungary During 1950s, in: Andrea Pető, Mark Pittaway (Hg.): *Women in History – Women's History: Central and Eastern European Perspectives* (Working Paper Series 1). Budapest, CEU History Department, 1994, S. 107-117.

Der Preis für die Kollaboration: Kahlscheren und andere Demütigungen

Die Fachliteratur ist sich einig, dass die »besondere« Situation der Frau, die durch den Krieg entstanden war, also das höhere Maß an Selbstständigkeit, in der Nachkriegszeit wieder auf das »gehörige« Niveau zurückgefahren werden sollte. Ein Mittel dazu war die Züchtigung des weiblichen Körpers, was sich nicht nur in sexueller Gewalt ausdrücken konnte, sondern etwa auch im Scheren der Haare.[117] Wo es lokalen antifaschistischen Widerstand gab, nahmen die Widerstandskämpfer gemeinsam mit dem sich neu formierenden Verwaltungswesen die Säuberung unter den Kollaborateuren und Kollaborateurinnen in die eigene Hand. In Dänemark, Frankreich, Polen, Italien, in den Niederlanden, in Belgien und Norwegen schoren die einheimischen Widerstandskämpfer die Kollaborateurinnen kahl und trieben sie in der Öffentlichkeit mit Besen durch die Straßen. In Frankreich nannte man das »wilde Säuberung« (*l'épuration sauvage*).[118] Die Idee des Kahlscherens stammt aus einer Radioansprache eines Ministers der Exilregierung. An der Westfront wurden die Kollaborateurinnen kahl geschoren, in zerfetzten Kleidern durch die Straßen getrieben, oder es wurde ihnen ein Hakenkreuz auf den Körper tätowiert. In Frankreich kam es zu etwa 20.000 Fällen dieser Art. Von den Frauen, die man für Kollaborateurinnen hielt, wurden 42 Prozent wegen sexueller Kollaboration, der Rest aus anderen kollaborativen Gründen kahl geschoren.[119] Auch in Tschechien kam es zu ähnlichen öffentlichen Akten der Demütigung.[120] Wurden sie vor Gericht zur Rechenschaft gezogen, erfolgte das überall erst anschließend an die öffentliche Anprangerung; zu einer Verhandlung vor Gericht kam es nicht in allen Fällen.

Die Rotarmisten, die die ungarische Grenze überschritten, waren der Bevölkerung gegenüber feindlich gesinnt. Infolge der aufheizenden Kampfreden der politischen Offiziere stempelten sie die gesamte Bevölke-

---

117 Benita Blessing: *The Antifascist Classroom. Denazification in Soviet-occupied Germany 1945–1949.* New York, Palgrave Macmillan, 2006.

118 Hanna Diamond: *Women and the Second World War in France, 1939–1948. Choices and Constraints.* Harlow, Longman, 1999.

119 Alison M. Moore: History, Memory and Trauma in Photography of the Tondues. Visuality of the Vichy Past through the Silent Images of Women, in: Gender and History 17.3 (2005), S. 667; Karen H. Adler: *Jews and Gender in Liberation France.* Cambridge, Cambridge University Press, 2003, S. 153.

120 Zu den Vorfällen in Chrudim vgl. http://retrofotr.cz/archiv/ostrihane-kolaborantky-v-chrudimi_1183/#prettyphoto[]/3/.

rung als »Faschisten« ab. Ungarn hatte an der Seite von Nazideutschland gekämpft, und die Rote Armee war nur um den Preis eines hohen Blutzolls siegreich gewesen. Ungarische Männer, die in Uniform gefangen genommen wurden, erwartete lange Jahre der Kriegsgefangenschaft oder im Arbeitslager. Bezüglich der weiblichen Bevölkerung kam es in Ungarn nicht zu den oben geschilderten öffentlichen Gewaltausbrüchen wie dem öffentlichen Kahlscheren, da die Wehrmacht nur kurz in Ungarn Station machte, ihre Präsenz gehörte nicht zum Alltag, und so hatten die Ungarinnen weder Gelegenheit noch die unbedingte Notwendigkeit zu kollaborieren. In den sowjetischen Gebieten hingegen, wo die Bevölkerung unter den Grausamkeiten der deutschen Besatzung litt, waren die Überlebensstrategien der Frauen auch ungleich extremer. Entsprechend wurde hier die »horizontale Kollaboration« bestraft.[121] Die sowjetischen Soldaten und die Partisanen rechneten mit den Frauen ab, die während der deutschen oder der ungarischen Besatzung mit den Soldaten kollaboriert hatten. Die Palette der verhängten »Maßnahmen« reichte von der Vergewaltigung bis zum Mord. Obwohl die Bordelle in den von den Deutschen besetzten Gebieten für den sowjetischen Nachrichtendienst enorm wichtig waren, wurden die hier arbeitenden Frauen, statt Dankbarkeit zu erhalten, zu Kollaborateurinnen bzw. »gefährlichen Elementen« erklärt und in Arbeitslager gesperrt.[122] Das hätte auch die Ukrainerin in der folgenden Geschichte erwartet, die in eine intime Beziehung mit einem ungarischen Soldaten geraten sein soll. Mit dem Vormarsch der Roten Armee blieb ihr keine andere Wahl, als mit den ungarischen Truppen mitzuziehen, denn sie konnte darüber keine Illusionen haben, was sie vom NKWD, der hinter der Armee bereits auf dem Weg war, zu erwarten gehabt hätte. Zunächst wollten die ungarischen Behörden sie nicht mit den sich zurückziehenden Truppen ins Land lassen, aber »sie war einem ungarischen Soldaten so sehr hingetan«, dass es den Entscheidungsträgern das Herz erweichte.[123] Was genau den ungarischen Offizieren das Herz erweichte, darüber ist nichts überliefert. Sicher jedoch wäre es ein grober ethischer und moralischer Fehler, diese Geschichte für ein Beispiel der »wahren Liebe« zu halten und

121   Vanessa Voisin: The Soviet Punishment of an All-European Crime, »Horizontal Collaboration«, in: Gelinada Grinchenko, Eleonora Narvselius (Hg.): *Traitors, Collaborators and Deserters in Comtemporary European Politic of Memory*. Basingstoke, Palgrave Macmillan, 2018, S. 241-264.

122   Voisin, The Soviet Punishment, S. 246.

123   Ákos Fóris: Menyasszony-szöktetés a hátországba – magyarkatonák és nők a keleti fronton. *Napi Történelmi Forrás*, 24.1.2018. http://ntf.hu/index.php/2018/01/24/menyasszony-szoktetes-a-hatorszagba-magyar-katonak-es-nok-a-keleti-fronton/

zur Darstellung von Humanität der ungarischen Soldaten heranzuziehen.[124]

Bezüglich der Verhaftung, Internierung und Verurteilung der ungarischen Kriegsverbrecherinnen lassen sich im Vergleich zu den französischen Vorfällen wesentliche Unterschiede beobachten. In Frankreich wurden die Frauen während der ersten Periode, das heißt bei den spontanen Vergeltungsaktionen, kahl geschoren.[125] In mehreren Fällen wurden sie von den Vertretern der französischen Behörden verhaftet und in überfüllte Internierungslager gesperrt, um sie vor dem Volkszorn zu schützen, bis der formale Rahmen der Rechtsprechung wiederhergestellt wurde. In Ungarn wurden Frauen nicht kahl geschoren, und auch die Internierungen kamen nur zögerlich voran. Das lag nicht nur daran, dass die Bevölkerung diese Frauen weniger stark verurteilte, sondern auch daran, dass all diese Maßnahmen von einer Polizei durchgesetzt werden sollten, die sich im vorigen System kompromittiert hatte und zudem überlastet war.[126] Die Polizei hatte noch nicht einmal für die Bewachung der Internierungslager Kapazitäten, und so entflohen Internierte häufig aus den Lagern.[127] Ferencné Kassai, die Frau des Pfeilkreuzler-Ministers für Propaganda, sagte in ihrer Zeugenaussage aus, dass sie nach ihrer Rückkehr nach Ungarn sogar zweimal versucht habe, sich bei der Polizei zu melden, aber sie erhielt die Antwort, sie bekäme von der Polizei eine Benachrichtigung, wenn diese sie brauche.[128] Das kann ihrerseits natürlich eine leicht durchschaubare Ausrede gewesen sein, doch geht aus den überlieferten Dokumenten klar hervor, dass die Polizei, die sich gerade inmitten einer Umstrukturierung befand, im Chaos der Nachkriegszeit mit der Situation tatsächlich nicht professionell umgehen konnte.[129] Außerdem funktionierte die ungarische

---

124 Fóris, Menyasszony-szöktetés a hátorszägba.
125 Diamond, Women and the Second World War, S. 131-154.
126 Zur Umstrukturierung der Polizei siehe György Gyarmati (Hg.): Államvédelem a Rákosi-korszakban. Tanulmányok és dokumentumok a politikai rendőrség második világháború utáni tevékenységéről. Budapest, Történeti Hivatal, 2000.
127 ÁBTL V 47 431: der Fall der Spitzelin Anna Cserba und V 46 506: der Fall der Hausmeisterin Sándorné Holló.
128 ÁBTL V 92 849. 25: der Fall von Ferencné Kassai. Dazu siehe Andrea Pető: Who is Afraid of the »Ugly Women«? Problems of Writing Biographies of Nazi and Fascist Women in Countries of the Former Soviet Block, in: Journal of Women's History 21.4 (2009), S. 147-151.
129 Das ist auch am Beispiel eines Falles ersichtlich, in dem die Verdächtigte bereits 1947 in die Niederlande zog, aber die Fahndung, die in Ungarn eingeleitet wurde, noch 1964 in Kraft war (ÁBTL V 88 627: der Fall von Lajosné Hoffmann).

Polizei immer noch nach den Wertvorstellungen des Horthy-Systems, und danach konnten Belange von Frauen nicht wirklich wichtig sein.

Im Zusammenhang mit den Prozessen zeichnet sich sowohl anhand der französischen als auch der ungarischen Dokumente die gleiche Tendenz ab: In beiden Ländern lief es darauf hinaus, die in Kriegszeiten erlangte Selbstständigkeit der Frau wieder rückgängig zu machen.[130] In Frankreich war die häufigste Anklage die der sexuellen Kollaboration mit den Deutschen und in Ungarn die der Plünderung und der Denunziation.[131] In Frankreich waren es die Nachbarinnen und Nachbarn, die die Frauen anzeigten, wenn sie einen Verdacht hegten; in Ungarn hingegen waren es die Überlebenden, die aus den Konzentrationslagern oder aus dem Arbeitsdienst zurückkehrten, mitunter auch Verwandte der Opfer. Frauen waren massenhaft an diesen Aktionen beteiligt, und dies veränderte die Praxis der Rechtsprechung in der Nachkriegszeit, da fortan die Denunziation als eine typisch weibliche Straftat galt.[132]

Die von den sowjetischen Soldaten verübten Vergewaltigungen stellen eine Trennlinie dar: Sie können zum einen als eine kollektive Strafe der Ungarinnen betrachtet werden und auch erklären, warum der weibliche Körper während der Besatzungszone der Roten Armee nicht zur Zielscheibe weiterer sichtbarer Spuren von Strafe wurde – wie zum Beispiel ein kahl geschorenes Haupt. Im Zusammenhang mit sexueller Gewalt wurden die Opfer nicht nach dem Grad ihrer Schuldigkeit ausgesucht. Ob Jüdinnen, die untergetaucht waren, Nonnen oder Kinder, sie konnten alle zu Opfern dieser Gewalttaten werden. Im Gegensatz zum Kahlscheren, das sich bei konkreten Personen für konkrete Sünden je nach Kräfteverhältnis in einer konkreten Gemeinschaft ereignete, gingen die Massenvergewalti-

---

130 Dazu mehr siehe Andrea Pető: *Láthatatlanelkövetők*.MTA doktoridisszertáció, Budapest, 2012.

131 Die Analyse des deutschen Falls und der Anzeigen bei der Düsseldorfer Polizei mit Blick auf Gender siehe Joshi Vandana: *Gender and Power in the Third Reich. Female Denouncers and the Gestapo (1933–45)*. Basingstoke, Palgrave Macmillan, 2003. Sie weist nach, dass im NS-Deutschland nicht nur der Staat die Frauen für seine Zwecke mobilisierte, die Frauen nutzten durchaus bestimmte Funktionen des Staates (wie zum Beispiel die Anzeigen bei der Polizei) für ihre eigenen Zwecke, etwa wenn sie ihren Ehemann oder einen unangenehmen Nachbarn loswerden wollten.

132 Die Frauen wurden zum größten Teil wegen Denunziation und Spitzelei verurteilt, aber das bedeutet nicht, dass es unter den Männern keine Denunzianten und Spitzel gegeben hätte. Vielmehr bedeutet es, dass unter den Frauen, die sich vor dem Volksgericht für ihre Taten verantworten sollten, diese Straftat öfter vorkam.

gungen von sowjetischen Soldaten in das Gedächtnis als kollektive Strafe ein, das heißt entindividualisiert und unabhängig von der örtlichen Gemeinschaft.

Widerstand und Vergeltung

Durch die Tätigkeit des Alliierten Kontrollrats gewann der sowjetische Einfluss im innenpolitischen Leben Ungarns immer mehr Raum. Die spürbare Präsenz der Roten Armee und diverse Exzesse ließen in der Bevölkerung das Gefühl der Unsicherheit anwachsen. Das eigentlich emotionale und politische Problem bestand jedoch darin, dass in der Rechtsprechung mit zweierlei Maß gemessen wurde: Wenn die Täter sowjetische Soldaten und die Opfer Ungarinnen waren, konnten die Opfer keine faire Rechtsprechung erwarten.

In Ungarn kam es in der ersten Phase der Besatzung bedeutend häufiger zu Raubüberfällen, Plünderungen und erzwungener Entkleidung. Wie der Bezirksleiter aus Kecskemét in seinem Bericht vom 1. Dezember 1944 schreibt: »Die Bevölkerung wird von den sowjetischen Soldaten weiterhin belästigt, und die Mobilien werden aus ihren Wohnungen weggetragen.«[133] Die sowjetische Kommandantur vor Ort stellte stets eine Liste mit ihren Forderungen zusammen, die sie dem Leiter der Verwaltung übermittelte. Wurden die Ansprüche nicht erfüllt, kamen die sowjetischen Soldaten und nahmen alles mit, was sie vorfanden.[134] Auch manche Betriebe gingen als Kriegsentschädigung in sowjetischen Besitz über.

Manche Gemeinden hatten irgendwann das Bedürfnis, sich gegen den ständigen Raub zu wehren. Sie hatten dann zwei Möglichkeiten: Entweder schrieben sie einen Beschwerdebrief oder sie leisteten gewaltsamen Widerstand. Der Gemeindevorstand von Üllő sprach in seiner Anfrage vom 19. Januar 1945 an die sowjetische Kommandantur in Monor das Problem an: Es käme »mehrmals täglich vor, dass einzelne russische Soldaten oder auch kleinere Gruppen in unserem Dorf auftauchen und bestimmte Häuser besetzen, die Bewohner oft mit Morddrohungen hinauswerfen. Dann nehmen sie auch eigenmächtig Lebensmittel mit. Nachts dringen sie in Häuser ein, wo sich jüngere Frauen aufhalten, und belästigen sie sexuell.

---

133 MNL, Archiv des Komitats Magyar Bács-Kiskun (BKML)IV. 1910/u die Unterlagen der Kreisleiter der Stadt Kecskemét 1944–1947. Karton 1. Dank an Róbert Rigó.

134 BKML IV. 1910/u Unterlagen der Kreisleiter der Stadt Kecskemét 1944–1947. Karton 1.

Mehrmals kam es vor, dass Zivilisten blutig geschlagen wurden. Mit Autos transportieren sie große Mengen Kartoffeln und Getreide ab und setzen die Bevölkerung damit der Hungersnot aus.«[135] Sie baten die Leiter der Kommandantur, diesem Verhalten ein Ende zu setzen und um Begleichung des erlittenen Schadens. Letzteres allerdings hatte kaum Aussicht auf Erfolg, denn die Konfiszierung, die für den Unterhalt der Roten Armee erforderlich war, stellte nur einen Bruchteil der Zahlungen dar, zu denen Ungarn verpflichtet war, um für die in der Sowjetunion verursachten Schäden aufzukommen. Kriegsbeute gehörte ebenso dazu wie die vereinbarten Reparationen, die Übergabe deutscher Güter, die Übernahme der Kosten für Stationierung und Versorgung der Roten Armee sowie die Kosten des Alliierten Kontrollrates.[136]

Eine andere Möglichkeit, wie man seinem Protest Ausdruck verleihen konnte, war der aktive, gewaltsame Widerstand. Am 10. Dezember 1945 fiel ein betrunkener sowjetischer Soldat, von seinen Kameraden unbemerkt, von einer Kutsche. Er wurde daraufhin von Anwohnern erschlagen. Vergeltungsmaßnahmen blieben nicht aus, die Sowjets erschienen am nächsten Tag mit 60 bis 70 Soldaten in der Gemeinde und nahmen neun Männer mit.[137] Am 18. März 1946 starb in Tószeg ein sowjetischer Soldat unter ungeklärten Umständen, zur Vergeltung wurden daraufhin elf Bewohner des Dorfes an Ort und Stelle hingerichtet.[138]

Nachdem die erste Welle der Front vorbeigezogen war, konsolidierte sich die Lage nur vorübergehend. Die in Győr stationierten sowjetischen Soldaten verwickelten sich noch am 28. Oktober 1947 in einen Konflikt mit den Einheimischen. Als sie von einer Militärübung zurückkehrten, gingen sie auf Beutezug, nahmen Zivilisten die Kleidung ab und konfiszierten ihre Güter. Als sie einen Kommunisten zwingen wollten, sich auszuziehen, wehrte sich der Mann und wurde daraufhin erschossen. Dafür gab es sogar fünf Augenzeugen, doch »der Kommandant sprach den Soldaten aus Mangel an Beweisen frei. Mit höhnischem Lächeln fügte er noch hinzu, man solle nachschauen, vielleicht waren die Täter andere russische Soldaten.«[139] Dieser Fall veranschaulicht die imperiale Arroganz sowie die

135   Balogh, »Törvényes« megszállás, S. 269.
136   Zu den Reparationsverhandlungen vgl. István G. Vass: Dokumentumok a magyar-szovjetjóvátételiegyezménylétrejöttéhez, in: Archívnet: XX. századitörténetiforrások. 11. 2. (2011). http://www.archivnet.hu/diplomacia/dokumentumok_a_magyarszovjet_jovateteli_egyezmeny_letrejottehez.html?oldal=1&page=2
137   Balogh, »Törvényes« megszállás, S. 371-372.
138   Ebd., S. 382-383.
139   BOSA HU OSA S. 408-1-3/9.

geringen Möglichkeiten der Ungarn, ihre Interessen durchzusetzen, selbst wenn sie Kommunisten waren.

Die sowjetische Heeresführung witterte überall im Land Widerstandskämpfer. Am Abend des 25. März 1946 explodierte in Feldebrő ein Munitionsdepot. Der Obergespan János Gyöngyössi beteuerte vergeblich in seinem Brief an den Außenminister, es gebe im Komitat keine Partisanen, auch sei es zu keinerlei Angriffsversuchen gekommen. Dennoch kam es zu massenhaften Verhaftungen. Da der Außenminister immerhin erreichen konnte, dass zur Rechtsprechung ein sowjetisch-ungarisches Komitee aufgestellt wurde, wurden später 34 Personen wieder freigelassen, nur ein Polizist wurde vor das sowjetische Kriegsgericht gestellt.[140]

Janina Godycka-Cwirko schreibt in ihren Erinnerungen, dass die Polinnen mehr Stolz und Selbstsicherheit gezeigt hätten als die schuldbewussten deutschen Frauen. Ihrer Meinung nach bildete das die Grundlage, nach der die sowjetischen Soldaten entschieden, wen sie vergewaltigen, und ließen die Polinnen in Ruhe.[141] Allerdings habe ich im vorigen Kapitel gezeigt, dass die ethnische Zugehörigkeit die Opfer vor Gewalt nicht unbedingt retten konnte. Der Polizeirat im westpommerschen Trzebiatów empfahl den Frauen, noch nicht einmal in Begleitung eines bewaffneten Mannes auf die Straße zu gehen, weil dieser, falls er sie verteidigen wollte, von den Sowjets erschossen werden könnte.[142] Vor diesem Hintergrund überrascht es nicht, dass es in manchen Regionen zu Widerstand seitens der ungarischen Bevölkerung gegen die sowjetischen Soldaten kam.

Ob diese Tötungen bewusste Provokationen oder durch Patriotismus motivierte Taten waren, wird man wohl nicht mehr in Erfahrung bringen können. Fest steht, dass das von der kommunistischen Partei geleitete Innenministerium aus diesen Vorfällen mit gnadenloser Effizienz (vielleicht mithilfe von sowjetischen Beratern) politischen Vorteil schlug. Ein Beispiel für den Widerstand gegen die Rote Armee ist der Angriff gegen sowjetische Soldaten im Herbst und Winter 1945 in Gyöngyös. Die Budapester Volksanwaltschaft überstellte die Angeklagten dem sowjetischen Militärgericht, woraufhin der Franziskanermönch Szaléz Kiss und seine drei Kameraden zum Tode und die anderen zum Arbeitslager in Sibirien verurteilt wurden, unter ihnen mehrere Minderjährige.[143] Am 17. Juli 1946 wurden zwei sowjetische Soldaten am Oktogon-Platz in Budapest erschos-

140 Balogh, »Törvényes« megszállás, S. 384-386.
141 Zaremba, Wielka Trwoga.
142 Ostrowska, Zaremba, »Kobieca gehenna«.
143 Dazu mehr in Margit Balogh: A KALOT és a katolikus társadalompolitika 1935–1946. Budapest, MTA Történettudományi Intézet, 1998, S. 184-185.

sen. Bei den mutmaßlichen Mördern wurden Ausweise der katholischen Burschenschaft KALOT gefunden, was Gelegenheit bot, die rechten Elemente in der Kleinwirtenpartei auf die Forderung des Alliierten Kontrollrats hin zu liquidieren.[144] Eine Konsequenz aus diesem Vorfall war auch, dass das von László Rajk geleitete Innenministerium Hunderte von traditionellen Frauenvereinen als rechte Organisationen diffamierte und verbot.[145]

144 Gergő Bendegúz Cseh: Amerikai és brit részvétel az olaszországi, romániai, bulgáriai és magyarországi Szövetséges Ellenőrző Bizottságok tevékenységében (1943-1947). PhD-disszertáció, Budapest, ELTE, 2009, S. 138. Der Autor zitiert hier die Berichte MNOL XIX-A-1-j 1946-4298, bzw. NARA, Record Group 84, Budapest Legation Files, 711.9 ACC vom 7. 6. 1946.
145 Mehr dazu bei Pető, Nőhistóriák.

Das Gedächtnis

Das Gedächtnis an die von sowjetischen Soldaten verübten Vergewaltigungen wird durch die überlieferten historischen Quellen bestimmt. Im Folgenden möchte ich zeigen, wie die Erlebnisse aus dieser allgegenwärtig von Chaos geprägten Zeit in den verschiedenen, gewaltsaturierten Interviews und Erinnerungen dargestellt werden. Ich vertrete die These, dass die sich permanent ändernden politischen Rahmen des Erinnerns die Deutung der Erfahrungen mitbestimmen.

Geschichte, wie sie erzählt und wie sie verschwiegen wird

Heterosexuelle Beziehungen werden innerhalb einer Familie herkömmlicherweise mit drei Attributen beschrieben: Loyalität, Treue und romantische Liebe.[1] Welche von den oben erläuterten Grundlagen für die Analyse von Kriegsvergewaltigungen durch Rotarmisten man auch heranziehen mag, das Schweigen der Frauen ist immer ein fester Bestandteil des Systems. Die Frauen können ihren Partnern nicht erzählen, was ihnen widerfahren ist, da es sie nur noch mehr beschämen würde – und das ist vom Gewalttäter beabsichtigt. Um eine von Männern dominierte Gesellschaft aufrechtzuerhalten, ist das loyale Verhalten des Individuums wichtiger als eine psychologisch erfolgreiche Bewältigung der Ereignisse. Die Österreicherinnen oder Ungarinnen, die über ihre Vergewaltigung erzählen, geben nicht ihren Landsmännern (oder den Männern in ihrer Familie) die Schuld für das, was ihnen passiert war.[2] Nie erwähnen sie in ihren Erinnerungen die fatalen, in die Tragödie des Krieges führenden Entscheidungen der Politiker und Soldaten, die dazu beitrugen, dass die sowjetischen Soldaten letztlich die Macht hatten, über ihren Körper zu verfügen. Was die Bevölkerung gegenüber den sowjetischen Soldaten einzig und allein mobilisieren konnte, waren die Reflexe, die historisch im kollektiven Gedächtnis überliefert wurden.

1   Hoerning, The Myth of Female Loyalty, S. 19-45.
2   Rachel Hall: »It Can Happen to You«. Rape Prevention in the Age of Risk Management, in: Hypatia 19.3 (2004), S. 1-19.

Wie Geschichte erzählt wird

1945 gab es kein wünschenswerteres Ziel, als sozialen Status und Ruhe zu-
rückzugewinnen. Die Frauen, die ihre körperliche Anziehungskraft nutzten,
um sich die Gesellschaft von ranghohen sowjetischen Offizieren zu erobern
und somit gegen eine sexuelle Beziehung Lebensmittel und Schutz zu erhalten, wurden zwar von der Gemeinschaft dafür verurteilt, aber zugleich auch
als emanzipierte und autonome Personen betrachtet. Männer akzeptieren
sexuelle Gewalt gegen Frauen nur, wenn sie sie in die archaisch-patriarchale
oder ideologisch-nationale Wertordnung bzw. Erzählweise einordnen können. Wollte die Frau die Ereignisse anhand der eigenen Erlebnisse aufarbeiten, würde sie rasch mit der männlichen Deutung konfrontiert, und die
lautet, dass die im Krieg verübte sexuelle Gewalt naturgegeben und unver-
meidlich ist. Während die Männer von ihren Frauen und Töchtern unbedingte Loyalität erwarten, sind sie selbst nur der Nation und der Heimat
verpflichtet.

Aus den – nicht repräsentativen – Interviews, die ich 1997 durchführte,
gingen die gleichen Erkenntnisse hervor, wie zuvor aus den in Österreich
entstandenen.[3] Bei der Verarbeitung einer Vergewaltigung auf der individuellen Ebene galt es für die Frauen in Wien wie in Budapest, dass sie sehr
unterschiedlich damit umgingen, je nachdem welchen politischen Hintergrund sie hatten, ob sie aus linksgesinnten (sozialdemokratischen) Familien
mit Gewerkschaftstraditionen kamen oder eben nicht. Die politisch nicht
links stehenden Frauen hatten in der Regel mit dem Schlimmsten gerechnet und sahen sich in ihren Erwartungen bestätigt.[4] Wie in Ungarn, so löste
es auch in Österreich allgemeine Erschütterung aus, wenn sowjetische Soldaten eine Frau vergewaltigten, die wegen ihrer linken Überzeugung unter
der NS-Herrschaft viel gelitten hatte.[5] In diesen Fällen schien es allein
schon aus politischen Gründen ratsam, den Vorfall zu verschweigen. Jede
Art von negativer Bemerkung gegenüber der sowjetischen Armee galt während des Kalten Krieges als politische Positionierung. Diejenigen, die der
kommunistischen Partei nahestanden, trugen die negativ konnotierten Geschichten im Allgemeinen in dritter Person Plural vor, bemüht um einen
neutralen Ton, während sie jene mit positivem Ausgang in erster Person

3   Irene Bandhauer-Schöffmann, Ela Hornung: Der Topos des sowjetischen Soldaten,
    in: *Jahrbuch 1995*. Dokumentationsarchiv des österreichischen Widerstandes, Wien,
    1995, S. 40–41.
4   Ungarisches Nationalarchiv – Archiv des Instituts für Politikgeschichte (im Weite-
    ren: PIL) Sammlung von Erinnerungen 867. f. l/k-91.
5   Bandhauer-Schöffmann, Hornung: Der Topos des Sowjetischen Soldaten, S. 41–43.

Singular erzählten. In Österreich suchten in erster Linie solche Frauen die Gesellschaft der sowjetischen Offiziere, die auf die Konsumgüter der Amerikaner abschätzig blickten, und sie zeigten sich stolz in der Öffentlichkeit mit den Sowjets.[6]

Es gab einen enormen Unterschied zwischen dem subjektiv-psychischen Erleben der Frau und dessen juristischer Formulierung. Die Rechtsprechung ist auf der Suche nach Beweisen: Hier steht das Zeugnis der Frau der mit Waffen unterstützten rohen Gewalt gegenüber. Die Frau, die vor Gericht eine Aussage macht, muss den Vorfall als ihr persönliches Erlebnis erzählen, sich noch einmal erinnern an das, was geschehen war. Sie muss das Ereignis noch einmal erleben und für die Außenwelt aus ihren Erinnerungen eine verständliche Geschichte erschaffen, den Vorfall in einem für das Gericht begreifbaren Vokabular vorbringen.[7] Gegen die Soldaten der siegreichen sowjetischen Armee gab es für die vergewaltigten Frauen weder in Wien noch in Budapest die Möglichkeit, auch offiziell zu Kriegsopfern erklärt zu werden. Nach dem Krieg wurde Österreich infolge der Friedensabkommen als Opfer des Dritten Reichs anerkannt, Ungarn hingegen galt nur als Opfer des »Horthy-Faschismus« und stand zudem auf der Seite der Kriegsverlierer. Für die Frauen war keine gerichtliche Rechtsprechung vorgesehen, und gleichzeitig wurde die sexuelle Gewalt durch sowjetische Soldaten infolge des Voranschreitens des Kalten Krieges zu einem politischen Faktor: Linksgesinnte Frauen leugneten fortan, dass es Vergewaltigungen gab, und fielen in ein tiefes Schweigen. Möglicherweise wurden auf der anderen Seite, bei Konservativen und »Westfreundlichen«, die Vorfälle auch überdimensioniert, sie waren ja zu Propagandazwecken sehr nützlich, um den Nimbus der siegreichen Roten Armee anzukratzen.

Erfuhren andere von der Vergewaltigung, hatte das Einfluss auf die familiäre Situation der Frau und auf ihr Umfeld. Die erlittene Gewalt auf individueller Ebene zu verarbeiten war (bzw. wäre) allein in der Familie möglich gewesen, aber stattdessen blieb es in Schweigen gehüllt. Die uneingeschränkte Loyalität der Frauen den Männern gegenüber verhinderte, dass sie das Erlebnis innerlich verarbeiteten. Sie sprachen nur zögerlich und widerwillig über die Vergewaltigung, um nicht an Wert zu verlieren. Die vergewaltigten Frauen hatten Angst, dass man ihnen die Schuld für das, was passiert ist, geben würde, schließlich gab es ja »andere Frauen, die nicht vergewaltigt wurden«. Die Frauen, die darüber erzählten, was ihnen

---

6 Ebd., S. 43.
7 John Forrester: *The Seductions of Psychoanalysis: Freud, Lacan, and Derrida.* Cambridge/New York, Cambridge University Press, 1990, S. 72.

Plakate der sowjetischen Propaganda, Budapest 1945

passiert war, trugen ihren Fall immer als persönliches Erlebnis vor, stellten es nie in einen größeren Rahmen. Sie berichteten von Schmerz und erlittener Demütigung, aber nie davon, inwieweit das schockierende Erlebnis ihr Vertrauen in alle Männer nachhaltig beeinträchtigte. Die erzählten Vergewaltigungsgeschichten sind schematisch, die immergleichen Elemente und Wendungen wiederholen sich. Über die technischen Einzelheiten des Geschlechtsakts erzählen sie kaum etwas. »Ich hatte Glück«, so formulierte es ein ungarisches Vergewaltigungsopfer, »denn ich wurde weder krank noch schwanger«. Das Erlebte, das den Gegenstand der heutigen Geschichtsforschung bildet, blieb also im weiblichen Körper, der bei der Begegnung mit den sowjetischen Soldaten scheinbar »unberührt« und heil davonkam, eingesperrt. Schriftliche Spuren haben die Vorfälle nicht hinterlassen.

Gyula Háy, der aus dem Moskauer Exil zurückgekehrte Schriftsteller, schreibt über die Exzesse der sowjetischen Soldaten in Budapest Folgendes: »Es war nicht möglich, Tage, ja Stunden in Budapest zu verbringen, ohne von Soldatenbrutalitäten zu hören.«[8] Auch der charismatische Politiker der Kleinwirtenpartei, Imre Kovács, schreibt in seinen Memoiren von »Hilfe-

8   Tagebucheintrag von Gyula Háy, Februar 1945. Zitiert nach Naimark, The Russians in Germany, S. 70. Siehe Hay, Geboren, S. 287.

rufen und Schreien«, aber keiner der beiden Männer (wahrscheinlich nahezu niemand) war in der Lage, dagegen etwas auszurichten.[9] »Die Zeit ist erfüllt«, Widerstand war zwecklos. Die sowjetischen Soldaten brachten ihre eigene, von den ungarischen Institutionen unabhängige Rechtsordnung mit. So wie die sowjetische Armee Notwehrhandlungen gegenüber sowjetischen Soldaten nicht als rechtmäßig anerkannte, so wurden auch, wegen der Fahnenfluchtgefahr, keine sowjetischen Soldaten in den Einrichtungen des ungarischen Gesundheitswesens behandelt.[10]

In der deutschen Fachliteratur wurden die Verarbeitungsstrategien der Frauen, mit denen diese versuchten, die erlittene Vergewaltigung zu verarbeiten, anhand von veröffentlichten Tagebüchern und Erinnerungen analysiert.[11] Nach den psychischen Belastungen des Krieges führte sexuelle Gewalt bei den Opfern oft – mittelbar oder unmittelbar – zu Selbstmord, manchmal auch zu schweren psychischen Störungen.[12] Psychologen der Universität Greifswald erarbeiteten unlängst ein Programm,[13] um den vergewaltigten Frauen auch etwa siebzig Jahre nach der Tat noch auf sie zugeschnittene seelische Hilfe anzubieten, indem sie sie ermuntern, das Erlebte zu erzählen. Damit schlagen sie den Weg der Medikalisierung ein, das heißt, sie betrachten die Folgen der sexuellen soldatischen Gewalt nicht als ein juristisches oder psychologisches Problem, sondern als ein medizinisches. In Wien waren diejenigen besonders suizidgefährdet, die Aktivistinnen in der NSDAP gewesen waren. Sie hatten die größte Angst vor den sowjetischen Soldaten.[14]

Der berühmteste Fall in Ungarn ist der Selbstmord von Zoltán Magyary und seiner Ehefrau Margit Techert. Das Paar versteckte sich vor der vor-

9   Kovács, Magyarország megszállása S. 246.

10 BFL VIII. 1102. Rókus Kórház iratai 800/1945. Abschrift des Amtsarztes vom 16. 2. 1945.

11 Z. B. Hildegard Knef: *Der geschenkte Gaul*. Frankfurt, Büchergilde Gutenberg 1970; Barbara Noack: *Ein Stück vom Leben*. München/Wien, Langen-Müller, 1984; Anonyma [Marta Hillers]: *Eine Frau in Berlin. Tagebuchaufzeichnungen vom 20. April bis 22. Juni 1945*. Genf/Frankfurt, Verlag Helmut Kossodo, 1959; *A Woman in Berlin*. New York, Harcourt, Brace, Jovanovich, 1954. Die letzten beiden Bücher werden analysiert in Tröger, Between Rape and Prostitution.

12 Tröger, Between Rape and Prostitution. Über die im Krankenhaus von Pápa gepflegten infizierten Frauen, die später psychische Störungen entwickelten und Selbstmord begingen siehe *A magyar katolikusok szenvedései 1944–1989*. Unterlagensammlung von Gyula Havasy. Budapest, 1990, S. 34.

13 Philipp Kuwert, Christine Knaevelsrud, Maria Böttche: Lebensrückblickstherapie bei Traumafolgestörungen, in: A. Maercker (Hrsg.): Der Lebensrückblick in Therapie und Beratung, S. 121-137.

14 Bandhauer-Schöffmann, Hornung, Vom »Dritten Reich«, S. 232.

rückenden Front in einer Jagdhütte in Héreg, etwa 60 km von Budapest entfernt. Hier begingen sie Selbstmord. In ihrem Abschiedsbrief schreiben sie, sie wählten den Freitod, weil sie die permanenten Gewaltexzesse der sowjetischen Soldaten nicht länger ertrügen. Sie sprachen gut Russisch, doch auch das half ihnen nichts.[15] In Mátyásföld,[16] in der Nähe der sowjetischen Kaserne, hatten die Frauen noch im Juni 1946 Angst, nach Sonnenuntergang auf die Straße zu gehen, denn, so sagten sie: »Es gibt zu viele Russen.«[17] Der Raub von Kleidung, Fahrrädern, Uhren und Lebensmitteln war seit Sommer 1945 an der Tagesordnung unter sowjetischen Soldaten, und wenn jemand versuchte, Widerstand zu leisten, mündete dies in der Regel in Gewalt. All das zwang den Apparat des Ministeriums für innere Angelegenheiten und die Mitglieder der militärischen Leitung dazu, Druck auszuüben, damit die sowjetischen Soldaten möglichst schnell in Kasernen stationiert wurden.

Wenn man sich ein präzises Bild darüber verschaffen möchte, wie die Situation in Budapest damals war, sollte das durch eine möglichst große Anzahl von systematisch aufgenommenen Tiefeninterviews geschehen, wie es die deutschen Autorinnen Helke Sander und Barbara Johr für ihren dreistündigen Dokumentarfilm bzw. ihr Buch zum Thema unternahmen.[18] Im Rahmen der in Wien durchgeführten Oral-History-Interviews kamen sie zu dem Schluss, dass die vergewaltigten Frauen ihre Erinnerungen in der Regel in sich einschlossen und ihre Erlebnisse mit den Bildern von Hollywood-Filmen (z. B. DOKTOR SCHIWAGO, VOM WINDE VERWEHT) wiedergaben. Das bedeutet, dass die interviewten Frauen, während sie sich die Erlebnisse wieder in Erinnerung rufen, sich gleichzeitig von ihnen distanzieren. Aus dieser Distanz erzählen sie.[19] In den Interviews, die ich mit Zeuginnen durchführte, waren die Frauen in der Regel der Ansicht, dass ihnen nichts Ungewöhnliches widerfahren war. Sexuelle Freiheit und damit verbundene Rechte – wie auch der freiere Diskurs über Sex und den Körper der Frau – entstanden erst im Zusammenhang mit der 1968er-Bewegung. 1944/45 konnte davon in den ungarischen Dörfern noch nicht einmal ansatzweise die Rede sein.

---

15   Barbara Papp, Balázs Sipos: *Modern, diplomás nők a Horthy-korban.* Budapest, Napvilág, 2017, S. 295-296.
16   Heute ein Randbezirk von Budapest. (Anm. d. Übers.)
17   PIL 283. f. 20. cs. 28. ő. e. p. 80. Bericht vom 9. 6. 1946.
18   Sander, Johr, Befreier und Befreite.
19   Bandhauer-Schöffmann, Hornung, Vom »Dritten Reich«, S. 233.

Die Schematisierung des Erzählens

Im Visual History Archive der USC Shoah Foundation werden die Aussagen von nahezu 52.000 Überlebenden bewahrt, auf die man von bestimmten Institutionen aus zugreifen kann.[20] Es handelt sich um chronologische, lebensgeschichtliche Interviews. Bevor die Mitarbeiter und Mitarbeiterinnen des Archivs mit der Durchführung der Interviews begannen, wurden sie geschult, damit sie entlang der angegebenen Richtlinien bei der Aufzeichnung des Erlebten mehr oder weniger vergleichbar vorgingen. Die Interviews sind nach Inhalt, Ort, Geschlecht sowie nach Sprache indexiert, anhand von diesen Kategorien können sie aufgerufen werden. Sexuelle Gewalt ist ein häufig angesprochenes Thema.[21]

Was die Sammlung im Allgemeinen betrifft, stimme ich der Kritik von Anette Wieviorka zu, die beklagt, man könne ihr eine »Amerikanisierung«[22] des Holocaust vorwerfen: Aus der riesigen Interviewsammlung ergebe sich lediglich ein gigantischer Korpus von authentischen Lebensgeschichten, der die Möglichkeit der Erkennbarkeit grundsätzlich prägt und entsprechende Grenzen absteckt.[23] Und dennoch: Es zeichnet sich hier ein Bild ab, typische Muster werden erkennbar, wie Frauen, je nach persönlicher Situation, die Befreiung erlebten. Die erste Gruppe sind jene Überlebenden, die aus den Konzentrationslagern befreit wurden. Nachdem die Sowjets ihre physischen Bedingungen zum Überleben gesichert hatten, belästigten sie sie des Nachts. Eine von ihnen erzählt: »Nachts kamen sie, schlugen die Bettdecken zurück und suchten nach jungen Frauen. Wer abgeholt wurde, tauchte nie wieder auf. Einen Monat ging das so. Am 7. Mai verließen dann alle das Lager, wir wurden nach Hause gebracht.«[24] Eigentlich brauchte es keine Extramotivation, das Lager zu verlassen und den gefahrvollen Weg nach Hause zu wagen, aber die Sicherheitssituation innerhalb der Lager gab einen weiteren Anstoß. Die zweite Gruppe der Überlebenden erlebte

---

20 Andrea Pető: A holokauszt digitalizált emlékezete Magyarországon a VHA gyűjteményében, in: Randolph L. Braham – András Kovács (Hg.): *A holokauszt Magyarországon hetven év múltán. Történelem és emlékezet*. Budapest, Múlt és Jövő, 2015, S. 220-229.

21 In den folgenden ungarischsprachigen Interviews wird über solche Fälle berichtet: 2809, 18408, 27212, 7041, 23403, 26942, 28491, 43781, 50176, 50210, 37262, 50208, 48431, 51550, 51554, 50807, 54131, 50731, 54140, 51131, 54409.

22 Winfried Fluck: »The Americanization of Literary Studies«, in: American Studies International 2, 28 (1990), S. 9-22.

23 Annette Wieviorka: *The Era of the Witness*. Ithaca, NY, Cornell University Press, 2006, S. 95-145.

24 Interview 26942, Abschnitt 83. Visual History Archive der USC Shoah Foundation.

die Befreiung in einem der Arbeitslager in Deutschland und Österreich. Eine Frau erinnert sich: »Zwei russische Soldaten kamen rein. Sie schossen auf das Hitlerbild an der Wand. Ein Mädchen nahmen sie mit. Spät in der Nacht ließen sie sie zurück. Zwei Dutzend Soldaten vergingen sich an ihr. So ging es jeden Tag. Sie waren sturzbetrunken. Wir konnten nicht weg, wir waren dort zu dritt. Éva nahmen sie jeden Tag mit ... Sie holten Éva auch vom Zug runter ... Zu viert hielten sie sie fest.«[25] Eine dritte Gruppe waren diejenigen, die untergetaucht waren: »Die Russen kamen herein, ich klopfte vom benachbarten Keller, sie durchbrachen die Wand und nahmen das 14-jährige Mädchen vor den Augen ihrer Mutter mit. Mich nahmen sie auch mit, ich sollte beim Kartoffelschälen helfen. Fünf Soldaten vergingen sich an mir.«[26] Zu einer vierten Gruppe zählen jene Frauen, die den Soldaten der Roten Armee auf dem Weg nach Hause begegneten. »Im Wartesaal schnappte mich der Russe von hinten. In der Nacht war ich in eine Decke gewickelt. Er hätte mich mitgenommen, niemand hätte es je bemerkt.«[27] »Ich hatte ein schreckliches Erlebnis. Man wollte mich vergewaltigen. Ein russischer Soldat kam zu uns, er wollte bei uns schlafen. Ich sagte, das kommt nicht infrage. Ich rannte die Treppe runter. Er holte sein Maschinengewehr hervor und drohte, dass er mich erschießt. Oder er wollte mich erschießen, aber die Waffe hat nicht funktioniert. Ich riss es ihm aus der Hand und rannte dorthin, wo wir früher zu sechst gewohnt hatten. Ich stieg durch das Fenster hinein und zitterte. Ausgerechnet jetzt, wo wir frei waren, hätte ich erschossen werden können.«[28] Die Frauen einer fünften Gruppe begegneten den Rotarmisten bei der Rückkehr in ihre besetzten Dörfer. Eine Überlebende, die aus Auschwitz zurückkehrte, traf am Bahnhof auf einen sowjetischen Soldaten: »Er sagte mir, er nehme mich mit auf die Kommandantur.« Als sie um Hilfe rief, »kam ein Mann heraus, und sagte, dass er mir nicht helfen könne, weil der Soldat ihn erschießen würde. Der Soldat legte seine Waffe ab und begann mich zu vergewaltigen ..., ich hatte von älteren Frauen gehört, wo man hintreten muss. Ich habe ihn zusammengetreten, die Waffe warf ich ins Maisfeld. Plötzlich tauchten zwei russische Soldaten und ein jüdischer Junge aus Galánta (heute in der Slowakei) auf dem Weg auf und erschossen den Russen an Ort und Stelle. So hat man uns willkommen geheißen. Wir haben Auschwitz überlebt. Und hier werden wir sterben. So sah es aus.«[29]

25 Interview 51550, Abschnitt 74, ebd.
26 Interview 54150, Abschnitt 88, ebd.
27 Interview 48431, Abschnitt 119, ebd.
28 Interview 50807, Abschnitt 88, ebd.
29 Interview 27212, Abschnitt 66, ebd.

Die Zeitzeuginnen der Interviews des Schoah-Instituts waren während des Kriegs noch sehr jung, die Gefahr, vergewaltigt zu werden, war also sehr groß. Obwohl die Interviews nicht repräsentativ sind, sind die Geschichten trotzdem als typisch zu bezeichnen. Die sich fortwährend ändernden Rahmen des kollektiven Gedächtnisses beeinflussen dabei auch den Ablauf der Erzählstruktur. Die »Erinnerungslücke« (*memory gap*) ist ein wohl bekanntes Problem in der Fachliteratur des Holocaust. Die Interviews wurden nach 1989 aufgenommen, als die Rahmen der vormals dominanten antifaschistischen Geschichtsschreibung massiv infrage gestellt wurden. Einige Frauen berichten zwar davon, dass sie beim Anblick der Befreier, der sowjetischen Soldaten, Freude verspürten, aber nur noch wenige sind der Meinung, dass die darauffolgenden Gräueltaten verzeihlich seien. Wie eine der Überlebenden formuliert: »Sie sind für uns gestorben. Jetzt ist es schon egal, was danach kam. Dann haben sie uns gerettet. Sie haben uns gerettet. Ich kniete nieder und bekreuzigte mich.«[30] Oder: »Wie auch immer, wir waren frei, und *sie* haben uns befreit.«[31] An einer anderen Stelle: »Wir erblickten den ersten russischen Soldaten, was war das für eine Freude! Aber als der Abend kam, sammelten die betrunkenen Soldaten alle Frauen ein, die sie finden konnten, und vergewaltigten sie. Wer nicht aus dem Fenster hinausspringen konnte, erlitt dieses Schicksal, viele vergingen sich an ihnen.«[32]

Die Interviewenden waren anfangs nicht auf diese Erlebnisse vorbereitet. Sie ermutigten die Interviewten nicht mit Nachfragen, mehr über die Vergewaltigungen zu erzählen, oder darüber, welche neuen Gefahren nach der Befreiung auf die Jüdinnen, die aus den Lagern befreit wurden oder sich in Budapest versteckt gehalten hatten, lauerten. Eine Überlebende erzählt: »Sie waren wild. Sie gingen in jedes Haus hinein, und vergewaltigten die Frauen. Dort, vor den Augen aller Leute [ihre Stimme stockt] vergewaltigten sie mich.«[33] Die Geschichten sind löchrig, brechen oft ab, und die Interviewer gingen den Details nicht hinterher, da sie angehalten waren, die vorgegebenen Fragen der Reihe nach abzuarbeiten. Das Thema der Vergewaltigung – besonders das der Vergewaltigung von sowjetischen Soldaten – gilt auch im Vergleich zu anderen Zeitzeugenberichten (*witnessing*) als schwierig. Paul Frosh konnte zeigen, dass »die Bedeutung des Zeugnisses von Zeitzeugen und Zeitzeuginnen in der Schnittmenge von persön-

---

30 Interview 50208, Abschnitt 83, ebd.
31 Interview 50210, Abschnitt 40, ebd.
32 Interview 51554, Abschnitt 91, ebd.
33 Interview 2809, Abschnitt 85, ebd.

licher Erfahrung, des teilbaren Wissens und der öffentlichen Repräsentation besteht«.[34] Doch führen persönliche Erfahrungen zu nichts, wenn sie
nicht zu einem Wissen werden, das mit anderen geteilt werden kann, und
dazu fehlt es sowohl am Wortschatz zur öffentlichen Repräsentation als
auch am Ort zum Erzählen. Das Trauma bildet sich erst im Nachhinein
aus. Es nimmt nicht während des Erlebens selbst Gestalt an, sondern im
Prozess des Bewusstwerdens, des Verstehens und des Erzählens.[35] Diejenigen, denen die Gewalt widerfahren war, schildern die Geschehnisse distanziert und knapp: »Wir saßen an der Landstraße und warteten, was auf uns
zukommt. Erst kamen die Amerikaner, dann kamen die Russen. Einer von
denen schnappte sich Edit, der andere mich, und sie vergewaltigten uns.
Wir halten [Präsens im Originaltext, Anm. d. Übers.] das nicht noch einmal aus, und gingen deshalb zurück ins Haus.«[36] Diejenigen, die Fremdsprachen beherrschten, versuchten herauszufinden, warum sich die Soldaten, an die sie so viele Hoffnungen knüpften, so benahmen. Eine von
ihnen, die sich an die Kommandantur wandte, um eine Beschwerde einzu-
reichen, bekam vom Kommandanten folgende Erklärung: »Wundern Sie
sich nicht, denn die Ungarn und die Deutschen haben mit ihren Frauen
und Müttern dasselbe gemacht. Sie geben nur zurück, was sie bekommen
haben. Sie schauen nicht, mit wem sie es zu tun haben, sie sehen nur, dass
sie da sind und Ungarinnen sind.«[37] In einem anderen Interview heißt es:
»Sie gingen an die Kommandantur und erklärten, dass wir [sic!] aus
Auschwitz zurückgekehrt waren. Der russische Offizier erwiderte: Die
Männer kämpfen schon seit Jahren als Rekruten, ich kann ihnen den Unterschied [zwischen Jüdinnen und Ungarinnen – A. P.] nicht erklären,
wenn sie betrunken sind.«[38]

34 Paul Frosh: Telling Presences. Witnessing, Mass Media, and the Imagined Lives of
    Strangers, in: Paul Frosh, Amit Pinchevski (Hg.): *Media Witnessing: Testimony in
    the Age of Mass Communication*. Basingstoke, Palgrave Macmillan, 2009, S. 51.
35 Cathy Caruth: *Trauma. Explorations in Memory*. Baltimore, Johns Hopkins Univer-
    sity Press, 1995, S. 4.
36 Interview 50731, Abschnitt 102. Visual History Archive der USC Shoah Foundation.
37 Interview 54150. Abschnitt 88, ebd.
38 Interview18408. Abschnitt 67, ebd.

Verschwiegene Erfahrungen

Die Mennoniten (deutschstämmige Anabaptisten), die aus der Ukraine vor der Roten Armee flüchteten und mit der Wehrmacht kollaborierten, verwenden im Interpretationsrahmen des Kalten Kriegs folgende Ausdrücke, um ihren Eindruck von der sowjetischen Armee in Worte zu fassen:»Unrasiert, schmutzig und schlecht riechend [...] viele brutale Asiaten, gelbhäutig, mit breitem Gesicht, hervorstehendem Jochbein.«[39] Da die Mennoniten sowjetische Staatsbürger waren, befürchteten sie, zurück in die Ukraine abgeschoben zu werden. Einer der bedeutendsten Nachkriegsdiskurse in Deutschland war die Vergewaltigung der deutschen Frauen, und daran wollten sich auch die Mennonitinnen beteiligen – in diesem Fall, um an der Konstruktion einer nationalen Identität mitzuwirken. Das ähnelt dem Verhalten der Frauen in Ungarn, die ihre Geschichten ebenfalls in einem engen Bezug auf den neuen Erzählrahmen erzählten. Die typischen Merkmale dieser Erzählweise, die starre Chronologie, die Distanziertheit, das Verschweigen und das Meiden des Themas sind den Erzählungen in beiden Fällen eigen.

Die Erinnerungen der Mennonitinnen (bzw. das, woran sie sich nicht erinnern) weisen Ähnlichkeiten mit ungarischen Erzählungen auf. In beiden Fällen fehlt es an zuverlässigen Archivquellen, ganz überwiegend stehen nur persönliche Schriftstücke und aufgezeichnete Erinnerungen zur Verfügung. Das mitteilbare Gedächtnis jedoch, das die Grundlage jeder kollektiven Identität bildet, muss auf mitteilbaren Geschichten basieren. Eine solche Mitteilung ist allerdings nur mit einem Wortschatz möglich, der von den Rezipierenden auch erfasst werden kann. Die ukrainischen Mennonitinnen und die Ungarinnen erzählen ihre Vergewaltigungsgeschichten ähnlich. Für beide ist die Verallgemeinerung und die unpersönliche Erzählweise typisch. In der Regel sprechen die Frauen über die Folgen der sexuellen Gewalt (etwa Krankheiten und Schwangerschaften) und nicht über den Akt der Vergewaltigung selbst. Mitunter gibt die Erzählerin das Erlebte aus einer solch distanzierten Perspektive wieder, dass es scheint, als wäre es jemand anderem passiert. Diese Erzählperspektive, der »sekundäre Augenzeuge«, ist ein weiteres typisches Merkmal bei der Erzählung von Traumata, die durch Kriegskonflikte verursacht wurden, und sie spielt eine kaum zu überschätzende Rolle bei der Manifestierung der *Kontinuität*

---

39 Marlene Epp: The Memory of Violence: Soviet and East European Mennonite Refugees and Rape in the Second World War, in: Journal of Women's History 9.1 (1997), S. 60.

der Vergewaltigung. Ganz selten, am ehesten noch in zeitnahen Erinnerungen, ist so etwas zu lesen wie das, was Lotte Heinritz, eine preußische Mennonitin, über ihre Flucht 1947 schreibt: »Plötzlich ging die Tür auf und vier russische Soldaten befohlen mich ins Nachbarzimmer und vergewaltigten mich.«[40] Die Mennonitinnen betonten immer wieder, dass sie »von Gott verlassen wurden« und, genauso wie die Ungarinnen und insbesondere die Polinnen, betrachteten auch sie sich als Märtyrerinnen.[41] Für die Mennonitinnen stellte die größte Gefahr die Zwangsrückführung in die Sowjetunion dar. Um das zu vermeiden, duldeten zahlreiche Frauen sexuelle Dienstleistungen an sowjetische Offizieren. Eine ähnliche Gefahr mochte für die ungarische Zivilbevölkerung der sogenannte *Malenki Robot*, die Deportation zur Zwangsarbeit in die Sowjetunion, bedeutet haben. Aber es ist nicht überliefert, dass Ungarinnen, um das zu vermeiden, die Überlebensstrategie der Mennonitinnen angewandt hätten, was wohl damit zusammenhängen könnte, dass die Listen der zu Deportierenden von den ungarischen Behörden zusammengestellt wurden. Während die deutschen Frauen, die Opfer von sexueller Gewalt durch sowjetische Soldaten geworden waren, in Deutschland in die kollektive nationale Identität aufgenommen wurden,[42] wäre die traditionell auf Männerherrschaft basierende religiöse Gemeinschaft der Mennoniten dadurch untergraben worden, wenn eine Vergewaltigung ans Tageslicht gelangt wäre. Das ist der Grund, warum die vergewaltigten Frauen von der erlebten sexuellen Gewalt stets unkonkret und vage sprachen. Für die gläubigen Frauen war Selbstmord keine Option, und ihre Religion verbot ihnen auch die Abtreibung. Die einzige Möglichkeit, die ihnen blieb, war die Flucht ins Märtyrertum. In diesem Narrativ war die Vergewaltigung nur eine von vielen Drangsalen (Hunger, Not, Heimatlosigkeit).

Auch die Polinnen sprechen über die Vergewaltigung in erster Linie im Interpretationsrahmen des Märtyrertums. Der Ausdruck kommt in den von der Zensur abgefangenen privaten Briefen häufig vor. Hier ein Beispiel einer Polin in ihrem Brief vom 24. April 1945 aus Gdynia: »Viele

---

40 Ebd.
41 Ebd.
42 Ein wichtiger Bestandteil der deutschen Identität der Nachkriegszeit ist die Übernahme des Opfertums in das kollektive Gedächtnis: die Opfer der alliierten Bombardierungen sowie der Massenvergewaltigungen, die von sowjetischen Soldaten gegenüber deutschen Frauen verübt worden waren. Hier wurde also Gewalt an Frauen nicht verschwiegen, so wie im Fall von Ungarn und Korea, sondern dieser historische Fakt wurde Teil der im öffentlichen Raum erzählten Geschichte. Vgl. Gebhardt, Als die Soldaten kamen.

Frauen wurden getötet, sie wurden zu Märtyrerinnen.«[43] Dieses Vokabular ist typisch im polnischen religiösen Narrativ. In Ungarn war die von den sowjetischen Soldaten verübte sexuelle Gewalt für die Holocaust-Überlebenden ein besonders schmerzhaftes Erlebnis. Um zu erzählen, was sie während der Shoah und später durch die sowjetischen Soldaten erlitten, verfügten sie über keinen geeigneten Wortschatz.

Tagebücher als Dokumentarromane

Die von sowjetischen Soldaten verübten Vergewaltigungen wurden in erster Linie literarisch verarbeitet und gelangten auf diese Weise in das kollektive Gedächtnis. Diese Werke stellten der damaligen offiziellen Geschichtsschreibung, die ideologisch motiviert leugnete, dass es sexuelle soldatische Gewalt überhaupt gab, die Glaubwürdigkeit des persönlichen Erlebnisses gegenüber. Der international wohl am häufigsten zitierte, geradezu ikonische Text über von sowjetischen Soldaten verübte Vergewaltigungen schildert einen Fall aus Deutschland.[44] Der Roman erschien unter dem Titel *Eine Frau in Berlin*, zuerst 1954 auf Englisch, dann 1959 auch auf Deutsch. Die unter dem Pseudonym »Anonyma« publizierende Autorin, so stellte sich später heraus, war Marta Hillers (1911–2001), eine vielsprachige Journalistin, die für die NS-Propagandamaschinerie gearbeitet hatte. Die alleinstehende Journalistin erfuhr sexuelle Gewalt von sowjetischen Soldaten, und um diese künftig zu vermeiden, suchte sie sich einen Offizier als Partner. Sie griff mit kühlem Kopf und ganz bewusst zu der Lösung, einem russischen Offizier sexuelle Dienste zu gewähren, und erhielt im Gegenzug Schutz vor weiteren Gewalttaten. Die Geschichte ist in einer knapp gehaltenen Sprache verfasst, wirkt wie eine Zeugenaussage. Das Buch erzählt, über die Gegenüberstellung von Opfer und Täter hinausweisend, von der Endphase des Kriegs. Die sowjetischen Soldaten erhalten hier individuelle Gesichter, was sich von der üblichen Darstellung der gesichtslosen, betrunkenen und gewaltbereiten Massen in der Roten Armee abhebt. Im Gespräch mit einer anderen Berlinerin äußern sich die beiden herablassend über die erotischen

---

43 Zaremba, Wielka Trwoga.
44 Gabi Köpp: *Warum war ich bloß ein Mächen? Das Trauma einer Flucht 1945.* München, Knaur, 2010. Atina Grossmann: The »Big Rape«: Sex and Sexual Violence, War, and Occupation in Post-World War II Memory and Imagination, in: Elizabeth Heineman (Hg.): *Sexual Violence in Conflict Zones: From the Ancient World to the Era of Human Rights.* Philadelphia, University of Pennsylvania Press, 2011, S. 136-151; Gebhardt, Als die Soldaten kamen.

Fähigkeiten der sowjetischen Soldaten, die jedoch uneingeschränkte Macht über sie hatten. Die Autorin stellt dar, dass die kontrollierende Instanz der deutschen Männlichkeit durch die von sowjetischen Soldaten verübten Massenvergewaltigungen beeinträchtigt wurde, was wiederum neue gesellschaftliche und individuelle Möglichkeiten für Frauen bedeutete. Sie hatten das Gefühl, ihr Leben sei besser geworden, obwohl doch sexuelle Gewalt als permanente Gefahr ihren Alltag bestimmte.[45] In diesem Interpretationsrahmen sind die Soldaten der Roten Armee die Übermänner. Dieses Bild hielt sich während der gesamten Periode des Kalten Krieges, und erst später, mit Einsetzen einer zweiten Welle des Feminismus, wurde es möglich, über sexuelle Gewalt als Praxis der Machtausübung zu sprechen.

Das autobiografische Werk *Eine Frau in Berlin* geriet vorerst in Vergessenheit und fand nur in Form von Fotokopien Verbreitung. Das Buch wurde auf Deutsch erst 2003, mit einem Vorwort von Hans Magnus Enzensberger, neu aufgelegt, und entwickelte sich innerhalb von wenigen Tagen zu einem Bestseller, wohl nicht zuletzt deshalb, weil darin endlich auch die Leiden der Deutschen während des Zweiten Weltkriegs thematisiert wurden. Es wurde in viele Sprachen übersetzt,[46] obwohl die Experten die Echtheit der im Text geschilderten Ereignisse infrage stellten.[47] Das Buch wurde 2008 auch verfilmt, und der Film wurde für seine ausgewogene und nicht voyeuristische Darstellung hoch gelobt.[48] Jody Raphael schaute sich die Kritiken zum Film genauer an und fand heraus, dass mehrere männliche Historiker die Glaubwürdigkeit des Tagebuchs anzweifelten, weil das Vergewaltigungsgeschehen ihrer Meinung nach viel zu emotionslos verhandelt würde, auch ließen die männlichen Rezensenten, wenn sie aus dem Text zitierten, die Stellen mit Vergewaltigungen zumeist weg.[49]

---

45 Agatha Schwartz: Narrating Wartime Rapes and Trauma in A Woman in Berlin, in: CLC Web: Comparative Literature and Culture 17.3 (2015). https://docs.lib.purdue.edu/clcweb/vol17/iss3/11/

46 Auch ins Ungarische: Anonyma: *Egy nő Berlinben*. Budapest, Magvető, 2005.

47 Neueste Forschung zur Autorin des Tagebuchs: Yuliya von Saal, Anonyma: ›Eine Frau in Berlin‹. Geschichte eines Bestsellers«, in: Vierteljahrshefte für Zeitgeschichte 3/2019, S. 343-376.

48 Holger Pötzsch: Rearticulating the Experience in War in Anonyma: Eine Frau in Berlin, in: Nordlit 30 (2012), S. 15-32; Schaumann, Caroline: »A Different Family Story«: German Wartime Suffering in Women's Writing by Wibke Bruhns, Ute Scheub, and Christina von Braun, in: Stuart Taberner – Karina Berger Rochester (Hg.): *Germans as Victims in the Literary Fiction of the Berlin Republic*. Rochester, NY, Camden House, 2009, S. 102-117.

49 Siehe Jody Raphael: Silencing Report of Sexual Assault. The Controversy over A Women in Berlin, in: Violence Against Women 12.7 (2006), S. 693-699.

Louise O. Vasvári, eine in Ungarn geborene amerikanische Forscherin, die sich mit Tagebüchern von Frauen in der Nachkriegszeit beschäftigt, weist darauf hin, dass letztlich gar nicht wenige Frauen ihre Erlebnisse über die Gewalttaten der sowjetischen Soldaten niederschrieben, aber diese Texte erreichten die breitere Öffentlichkeit nicht, unter anderem weil es an einer Sprache fehlte, die zur Thematisierung von sexueller soldatischer Gewalt geeignet gewesen wäre.[50]

Die Berliner Vergewaltigungsfälle fanden ihren Platz im Mainstream der Geschichtsschreibung früher als die ungarischen, wobei sich die weibliche Perspektive in der Geschichtsschreibung auch in anderen Ländern nicht durchsetze.[51] In Ungarn galten die Erzählungen über sexuelle Gewalttaten von sowjetischen Soldaten zumindest offiziell als Tabu und wurden bestenfalls in den familiären Bereich verbannt. Aus der belletristischen Literatur soll hier der Roman von György Konrád, *Der Komplitze* (im ungarischen Original 1982 erschienen), in der die Hauptfigur, ein Arbeitsdienstler[52] in Uniform der Roten Armee, zurück nach Ungarn flieht und dabei Zeuge von Vergewaltigungen wird.[53] Die jüngsten Arbeiten zeugen davon, dass im Bereich der Fiktion neben dem Tagebuch der Dokumentarroman die Gattung ist, in der dieser historische Fakt erzählbar wird. Für diese neuere Gattung dienen mündlich mitgeteilte Erinnerungen, also Interviews, oder moderne künstlerische Verarbeitungen in Film, literarischen Texten und Tagebüchern als Quelle. Es ist wichtig, sich klarzumachen, dass hier nicht die Menschen sprechen, die die Geschehnisse selbst erlitten, gefühlt und erlebt haben, sondern die, die sie beobachteten. Zeitgenossen erzählen über historische Ereignisse, wenn man sie nach ihren Erinnerungen fragt, in diesem Fall also nach ihren Erinnerungen an den Zweiten Weltkrieg. Aber sie erinnern sich nicht nur an Ereignisse, die sie selbst erlitten. Wenn es um die Erinnerungen an den Zweiten Weltkrieg geht, füh-

50 Louise O. Vasvári: A töredezett (kulturális) test írása Polcz Alaine Asszony a fronton című művében, in: Hungarian Cultural Studies 3 (2011). http://ahea.pitt.edu/ojs/ index.php/ahea/article/view/20; Susan Varga: *Heddy and Me*. Harmondsworth, Penguin, 1994; Katin, Miriam: *We Are on Our Own*. Montréal, Drawn & Quarterly, 2006.

51 Antony Beevor: *Berlin. The Downfall 1945*. London, Viking, 2002; Naimark, The Russians in Germany.

52 Die militärdienstpflichtigen Männer jüdischer Abstammung wurden zur Zeit des Zweiten Weltkriegs in Ungarn zum »Arbeitsdienst« verpflichtet, einem Militärdienst, den sie ausschließlich ohne Waffe als eine nicht kämpfende Einheit der ungarischen Armee leisten sollten. Die Bedingungen waren unmenschlich, besonders an der Ostfront, aber sie hatten bessere Überlebenschancen als die Deportierten.

53 György Konrád: *Der Komplize*. Frankfurt a. M., Suhrkamp, 1980.

len sich die Erzählenden oft gezwungen, den Topos des vergewaltigenden sowjetischen Soldaten zu erwähnen, auch wenn sie nicht selbst vergewaltigt wurden, sondern nur von solchen Vorfällen gehört hatten oder allenfalls dabei anwesend gewesen waren. Jene Opfer wiederum, die tatsächlich vergewaltigt wurden, erzählen das, was sie erlitten, häufig nicht als ihr eigenes Erlebnis, sondern als wäre es jemand anderem passiert. Im Laufe der Zeit wird die Chance freilich ohnehin immer kleiner, diejenigen zu Wort kommen zu lassen, die die Vergewaltigung am eigenen Körper erlebt und ausgestanden hatten. Aber es wird mehr Menschen geben, die den Anschein von faktischer Authentizität erwecken und darüber sprechen werden, was ihrer Meinung nach aufgrund dessen, was sie sahen und hörten, passierte. Das Aufschreiben von Erinnerungen ist immer das Resultat von einer kontinuierlichen Interaktion zwischen Vergangenheit, Gegenwart und Zukunft, das unter anderem auch von den jeweils geltenden Machtverhältnissen definiert ist.

Die Autorin, deren Tagebücher zu den sehr früh veröffentlichten zählen und große Beliebtheit erlangten, ist die aus einer reichen Stockholmer Familie stammende Stella Kuylenstierna, die in sehr jungem Alter den Grafen Imre von Andrássy, den Rat der ungarischen Botschaft in Stockholm, Sohn einer alten Aristokratenfamilie, heiratete. Sie erhoffte sich, das immerwährende sorglose Leben des Hochadels, einem Feenmärchen gleich, zu führen, über das sie in der ersten Hälfte des Tagebuchs berichtet.[54] In diesem Teil des Tagebuchs lässt die Schwedin keinerlei Aufmerksamkeit oder Sensibilität für die ungarische Wirklichkeit erkennen, ihr Leben ist eine Aneinanderreihung von Bällen und Jagden. Als die sowjetischen Soldaten auftauchen, hat Stella keine Ahnung, warum und woher, und die Familie flüchtet in den Westen. Der am häufigsten zitierte Teil des Bandes ist aus dem November 1944, als Székesfehérvár von den Sowjets eingenommen wird. Stella macht sich mit dem Auto auf den Weg in den Westen, während der Fahrt erzählen ihr Menschen davon, dass »gelbhäutige Asiaten« ältere Frauen vergewaltigten, weil sie meinten, dass sie dadurch vor gegnerischen Kugeln geschützt wären, so als hätten sie Drachenblut getrunken. Es bleibt unklar, in welcher Sprache dieses mythisch anmutende Gespräch stattgefunden haben soll. Im Tagebuch wird erwähnt, dass in Székesfehérvár eine »Schwarze Messe« abgehalten wurde, in deren Verlauf Frauen und Mädchen in die Basilika der Stadt getrieben wurden, wo es zu rituellen Massenvergewaltigungen kam. Diese werden im Tage-

---

54 Stella Kuylenstierna-Andrássy: Ég a puszta. Gróf Andrássy Imréné memoárja. Budapest, Corvina, 2015.

buch anhand von Erzählungen von Überlebenden auch detailliert beschrieben. Die Autorin berichtet ebenfalls darüber, dass die Russen, als sie
zurückkehrten – Székesfehérvár wurde heftig umkämpft und wechselte
mehrfach den Besitzer –, jene Frauen vergewaltigt hätten, die sich mutmaßlich mit den Deutschen eingelassen hatten. Ihnen seien die Brüste ab-
geschnitten worden.[55] Das Buch, das in einer verschärften geopolitischen
Situation entstand, wurde erstmals 1948 in Stockholm verlegt.

Sexorgien, die die Sowjets veranstaltet haben sollen, werden auch in polnischen Erinnerungen erwähnt, besonders in jenen aus Pommern. Solche
angeblichen Orgien dokumentierte auch der Vertreter der Londoner Exilregierung in aller Detailliertheit in seinem Bericht vom Mai 1945, auch hier
wird der Interpretationsrahmen des Kalten Krieges erkennbar.[56]

Ein anderes Tagebuch aus Ungarn, das bereits erwähnte Werk von
Alaine Polcz, das unter dem Titel *Frau an der Front* (1991) erschien, leistete
einen vielfachen Beitrag dazu, dass das Schweigen über soldatische sexuelle
Gewalt in Ungarn gebrochen wurde. Das Buch erhielt 1991 einen der renommiertesten Buchpreise in Ungarn, verliehen vom Verein Artisjus, und
wurde in mehrere Sprachen übersetzt.[57] Da Polcz eine der wenigen Frauen
war, die sich vor die Öffentlichkeit stellten und ihre persönlichen Erlebnisse erzählten, wird das Buch im öffentlichen Diskurs als eine Art Beweis
herangezogen, dass es Massenvergewaltigungen tatsächlich gegeben hatte.
Gleichzeitig gab es Literaturkritiker, ausnahmslos Männer, die das Niveau
des Textes nicht für angemessen hielten.[58] Ihre Geschichte, all das, was sie
während der Jahre des Zweiten Weltkriegs erlebte, erzählt Polcz aus der
alltagsgeschichtlichen Perspektive ihrer christlichen Mittelschichtsfamilie.
Die Demütigungen, die sie während ihrer unglücklichen, emotional kalten
Ehe erlebt, finden gewissermaßen eine Fortsetzung in der Massenvergewaltigung durch die sowjetischen Soldaten. Gleiches gilt für die Unfähig-
keit ihrer Familie, sich die Geschichte ihrer Vergewaltigung anzuhören.
Aus dem Briefwechsel mit ihrem zweiten Ehemann, dem Schriftsteller
Miklós Mészöly, wird deutlich, dass Alaine Polcz nicht nur einen außerordentlich schweren Kampf führen musste, um als Frau in ihrer Intellek-
tualität anerkannt zu werden. Auch die im Laufe ihres Lebens geduldeten,

55 Polcz, Frau an der Front, S. 70.
56 Zaremba, Wielka Trwoga.
57 Zwei englischsprachige Ausgaben: *Wartime Memoire*. Budapest, Corvina, 1998;
    bzw. *One women in the war*. Budapest, CEU Press, 2002. Auf Deutsch: *Frau an der
    Front: Ein Bericht*. Suhrkamp, Berlin, 2011.
58 Zsófia Lóránd: Exhibiting Rape, Silencing Women. Alaine Polcz in the House of
    Terror in Budapest, in: East Central Europe 42 (2015), S. 337-338.

ununterbrochenen emotionalen Demütigungen lassen darauf schließen, dass sich das Erlebnis der Vergewaltigung sehr destruktiv auf ihre Persönlichkeit ausgewirkt hatte.[59]

Der Band lässt sich vielen Gattungen zuordnen, man kann ihn als Memoire, Roman, autobiografischen Roman, Dokumentarroman oder auch autobiografisch lesen. Entsprechend haben verschiedene Wissenschaftler den Text auf sehr unterschiedliche Art und Weise interpretiert. Das fängt schon beim Titel[60] an. Vasvári zufolge steht das Wort »asszony« für den gesellschaftlichen Status; die Literaturwissenschaftlerin Nóra Séllei hingegen vertritt die Meinung, dass das nicht der Fall ist. Das vorangestellte Motto des Buchs »Einmal muss ich das erzählen« signalisiert, dass die Erzählung eigentlich einen Versuch zur Wiederherstellung des »weiblichen Subjekts« darstellt.[61]

Vasvári analysiert das Buch von Polcz als eine herkömmliche heterosexuelle weibliche Leidensgeschichte.[62] Im Gegensatz dazu wendet Nóra Séllei die Opfer-Theorie von Bernhard Giesen an und zeigt, dass der weibliche Körper im Roman zum Opfer und dadurch an den Rand der Gesellschaft gedrängt wird.[63] Séllei betont: »Bei der Vergewaltigung von Frauen geht es also nicht nur – oder sogar am wenigsten – um die physiologischen Bedürfnisse der Soldaten, die fern von ihren Frauen sind: Die Frau ist in diesem Zusammenhang der symbolische Einsatzbereich des Kampfes der einander gegenüberstehenden Heere, sie zu besitzen ist an sich schon ein Sieg, macht den Täter zum ›Helden‹, entscheidend ist die symbolische Verunreinigung der besiegten Kultur.«[64] Laut dieser Interpretation ist der Desakralisierungsprozess gleichzeitig auch ein Opferritus. Séllei argumentiert mit der doppelten Bedeutung des Wortes Opfer: Einerseits bedeutet es eine sakrale Absolution, andererseits bezeichnet es im kriminologischen Sinne das Opfer eines Verbrechens. Das Buch von Polcz stellt diese Ambivalenz infrage und setzt ein Zeichen, zeigt, dass eine bestimmte Art der

---

59 *A bilincs a szabadság legyen. Mészöly Miklós és Polcz Alaine levelezése 1948–1997.* Budapest, Jelenkor, 2018.

60 Im Ungarischen gibt es zwei Wörter für Frau: Zum einen das Wort *nő*, das ganz allgemein und sachlich für ein weibliches menschliches Wesen steht. Zum anderen gibt es ein Wort, das auch Polcz im Titel ihres Buches verwendet: *asszony*. Dieses bezeichnet den gesellschaftlichen Status einer verheirateten Frau. (Anm. d. Übers.)

61 Nóra Séllei: A női test mint áldozat. Alaine Polcz: *Asszony a fronton*, in: Korall 59 (2015), S. 108-132.

62 Vasvári, A töredezett (kulturális) test írása.

63 Séllei, A női test mint áldozat.

64 Ebd.

Kriegsvergewaltigung auch in Friedenszeiten präsent ist.[65] Dieser Gedanke weist Ähnlichkeiten mit der Theorie von Cynthia Enloe über die *Kontinuität der Gewalt* auf. Enloe ist der Auffassung, dass es bei der sexuellen Gewalt in erster Linie um Macht geht. Die daraus folgende psychische Verletzung und der Verlust des Selbstbewusstseins unterminieren die Unversehrtheit des Subjekts. Alaine Polcz schreibt: »Das körperliche Empfindungsvermögen war mit dem Bewußtsein nicht zurückgekehrt, es war, als wäre ich erstarrt oder ausgekühlt. Vielleicht fror auch mein Unterleib in dem fensterlosen, unbeheizten Zimmer. Ich weiß nicht, wie viele Russen danach noch über mich drübergingen, auch nicht, wie viele davor. Als es dämmerte, ließen sie mich allein. Ich erhob mich, konnte mich nur sehr schwer bewegen. Ich hatte Kopfschmerzen, mein ganzer Körper tat weh. Ich blutete stark. Mein Gedanke war nicht, daß ich vergewaltigt, sondern daß mein Körper geschändet worden war. Mit Beischlaf oder Sexualität hatte das nichts zu tun. Es hatte mit nichts etwas zu tun. Es war einfach – jetzt, wo ich es niederschreibe, begreife ich, wie genau das Wort ist –, es war Gewalt.«[66]

Nach einem solchen Gewaltakt weiterzuleben, ist nur möglich, indem sich das Subjekt vom Erlebten distanziert. Es kann vorkommen, dass dies nicht gelingt. Dann schließt das Subjekt das traumatische Erlebnis in seinem Inneren ein und kann es nicht verarbeiten, obwohl es davon lebenslang begleitet ist. Séllei verwendet für diese erfolglose Trauerarbeit Freuds Begriff der Inkorporation.[67] Der Zusammenhang zwischen dieser physischen und psychischen Erfahrung hilft, zu verstehen, warum die ungarischen Opfernarrative so häufig dem narrativen Modell von Polcz folgen, wenn sie die Vergewaltigung aus einer unpersönlichen Distanziertheit heraus beschreiben, als wäre sie jemand anderem widerfahren. Sobald das Opfer das von ihm erwartete Schweigen bricht, wird ihm der Opferstatus abgesprochen und es wird von der Gemeinschaft abgelehnt. Dann wird das Opfer in der moralischen Gemeinschaft marginalisiert. All das mag als Erklärung dafür dienen, wie Kriegsvergewaltigungen in Ungarn erzählt werden: »Die Gewalt gegen die Frau, gegen den weiblichen Körper, wird struktureller Bestandteil der Funktionsweise der Kulturen.«[68] Solch ein verletztes, verstummtes und mundtot gemachtes Subjekt entsteht auch in einer unglücklichen Ehe, wenn der Mann seiner Ehefrau etwa das Tanzen verbietet, ihr die Weiterbildung

---

65 Ebd.
66 Polcz, Frau an der Front, S. 128-129.
67 Séllei, A női test mint áldozat, S. 119.
68 Ebd., S. 122.

oder auch nur Gesellschaft versagt oder sie hässlich nennt. Bei einer Gewalttat aber, das betont Séllei in ihrer Kritik an Vasvári, erhält das Opfer ausgerechnet vom Gewalttäter seine Identität, und »das macht die Zusammenhänge zwischen einer Kriegsvergewaltigung und der physischen und
psychischen Gewalt in der Ehe unübersehbar, verdeutlicht die Ähnlichkeiten, bezüglich ihrer Struktur und ihres Ursprungs«.[69]

Zsófia Lóránd analysiert das Zitat aus dem Buch, das auch in der
ständigen Ausstellung des Museums Haus des Terrors[70] zu lesen ist. Sie
weist darauf hin, dass die Ausstellung die Komplexität des Buches nicht
reflektiert. Die Verwendung des Zitats habe lediglich den Zweck erfüllt
aufzuzeigen, dass Gewalttaten ausschließlich von sowjetischen Soldaten
begangen wurden, es sollte als Beleg dienen, dass es Massenvergewaltigungen tatsächlich gegeben habe. Mit diesem Ansatz habe man auch zur Begründung der Opferkultur beigetragen. Lóránd hebt die Passage von Polcz
hervor, in dem die Autorin über die Entstehung, die Kraft der Frauen-
solidarität und über deren Rolle im Verschweigen schreibt:[71] »Nach dem
Abendessen nahm mich meine Mutter beiseite und sagte: ›Meine Tochter,
du sollst nicht so gräßliche Witze machen, am Ende glauben sie es noch!‹
Ich sah sie an: ›Mutter, das ist alles wahr!‹ Sie brach in Tränen aus und um-
armte mich. ›Ich hab dir gesagt, Mutter, alle wurden drangenommen, sie
haben sämtliche Frauen vergewaltigt! Auch hier wurden alle Frauen geholt‹, habt ihr gesagt. ›Ja, aber doch nur die Nutten. Du bist aber keine‹,
sagte sie. Dann nahm sie mich in den Arm und flehte: ›Sag mir, Kind, daß
es nicht wahr ist!‹ – ›Gut‹, sagte ich, ›es ist nicht wahr. Man hat mich nur
mitgenommen, damit ich die Kranken pflege.‹«[72]

Ebenfalls aus dieser Zeit sind die 2014 veröffentlichten Tagebücher von
Fanni Gyarmati bekannt. Sie durchlitt während des Zweiten Weltkriegs
viele Schicksalsschläge: Als Jüdin hatte sie ihre Arbeit verloren, ihr Ehemann, der Dichter Miklós Radnóti, wurde zum Arbeitsdienst eingezogen
und starb 1944, sie musste den gelben Stern tragen und teilte sich mit vielen anderen Personen eine winzige Notunterkunft, um der Deportation zu
entkommen. Bis zum Einmarsch der Roten Armee lebte sie untergetaucht
und unter einem Tarnnamen. Über die sowjetischen Soldaten schreibt sie

---

69 Séllei, A női test mint áldozat, S. 128.
70 Das 2002 von der ersten FIDESZ-Regierung gegründete Museum zur Thematisie-
    rung staatlichen Terrors im Rahmen der revisionistischen Geschichtsschreibung.
    Kommunismus und Nationalsozialismus sind hier konzeptionell gleichgestellt.
    (A. P.)
71 Lóránd, Exhibiting Rape, S. 335.
72 Polcz, Frau an der Front, S. 181.

in ihrem Tagebuch in orientalisierender Weise. Mal beschreibt sie einen Soldaten als »riesigen, eskimoähnlichen Typ mit wildem Gesicht«,[73] mal als »einen kleinen Mongolen, ein Stück echter Orient«.[74] Die Vergewaltigung, die sie erlitt, erzählt sie wie folgt: »Er wollte, dass ich ihn ganz umarme, er knetete und quetschte an mir herum, und dabei platzierte er heftige Schläge in mein Gesicht, auf den Kopf, an die Leiste und die Arme. Ich gab keinen Mucks von mir, obwohl ich jetzt wirklich weiß, dass man bei einem Faustschlag auf die Schläfe tatsächlich Sternchen sieht. Ich musste meine Hände vor die Augen halten, damit er sie mir nicht ausschlägt, so kam er immer näher, und wenn ich nicht wollte, dass er mich totschlägt, musste ich nach langem Ringen – das teils kleine Küsse begleiteten, teils leises Geschimpfe durch die Zähne – schließlich doch nachgeben. [...] Das war der Schrecken aller Schrecken [...]. Furchtbar zerschlagen blieb ich da zurück.«[75]

Wenn man die ungarische Literatur mit den Erinnerungen von polnischen Frauen vergleicht, lässt sich daraus ein interessanter Schluss ziehen. Die Autorinnen der polnischen Erinnerungen waren in der Regel Frauen, die im Widerstand eine aktive Rolle spielten, die aber auch bereit waren, ihre Ehre und ihren Körper gegen die sowjetischen Soldaten auch mit Gewalt zu verteidigen. Janina Surynowa-Wyczółkowska beschreibt in ihrem Buch *Theresia, das missratene Kind*, das 1961 in London erschien, die sexuelle Gewalt, die drei Soldaten an ihr verübten. Aus der plastischen Erzählung geht hervor, dass sie brutal verprügelt wurde, weil sie Widerstand leistete. Sie wollte damit erreichen, dass die Soldaten sie töten, damit sie mit diesem Erlebnis nicht würde weiterleben müssen.[76] Zofia Posmysz (1923) nahm am polnischen Widerstand teil, sie war in Auschwitz und Ravensbrück inhaftiert, und später schrieb sie zahlreiche autobiografisch inspirierte Bücher. In ihrem 1996 veröffentlichten Buch *Dowolności, dośmierci, dożycia* (dt.: Zur Freiheit, zum Tode, zum Leben) schreibt sie über die sowjetische Befreiungsarmee, deren Soldaten der Ansicht waren, dass sie den Polinnen mit Alkohol und Sex ihre Dankbarkeit ausdrücken müssten. In ihrem Werk schreibt sie über eine deutschstämmige Frau namens Strauss und darüber, wie diese sich fühlte, während sie von den Sowjets vergewaltigt wurde: »Es war für sie egal, ob sie am Leben bleibt oder stirbt, sie hörte

73 Radnóti Miklósné: Napló II, S. 370.
74 Ebd., Napló II, S. 371.
75 Ebd., Napló II, S. 384-385.
76 Janina Surynowa-Wyczółkowska: *Teresa, dzieckonieudane*. London, B. Świderski 1961. Zitiert bei Karwowska, Gwałty a kultúra, S. 163-171.

auf zu zählen, wie viele sie vergewaltigten.«[77] Die Schriftstellerin Budzimira Wojtalewicz-Winke (1924–2015), die im polnischen Widerstand kämpfte und später inhaftiert wurde, schreibt in ihrer Autobiografie im Kapitel »Der Krieg war zu Ende, aber die Freiheit hatten wir uns nicht so vorgestellt« über die sexuelle Gewalttaten, die Nonnen erleiden mussten.[78] Sie zitiert den Bericht einer 24-jährigen Frau aus Gdansk, die aus dem Fenster springen wollte, um ihrem Leben ein Ende zu setzen, weil die Sowjets sie für eine Deutsche hielten und mit Waffen bedrohten.[79]

In Ungarn wurden die von sowjetischen Soldaten verübten Vergewaltigungen als geschichtswissenschaftlicher Fakt durch den Dokumentarroman von Judit Kováts *Megtagadva* (2012) (dt.: Verleugnet) in den öffentlichen Diskurs eingebracht, was wichtige Debatten im öffentlichen Leben auslöste. Der auf Archivrecherchen und 23 Interviews basierende Roman von Kováts erhielt infolge der erinnerungspolitischen Wende eine große Bekanntheit und erntete viel Erfolg.[80] Der Roman ist eigentlich ein fiktives Tagebuch der 17-jährigen fiktiven Figur Anna Somlyói, und er umfasst den Zeitraum von 1942 bis zum Einmarsch der Sowjets. Der Text spiegelt den Einfluss von Alaine Polcz deutlich. Als die sowjetische Armee auftaucht, schreibt sie: »Was dann passierte, das war nicht ich. Das war eine andere Anna Somlyói.«[81] Auch hier werden die Soldaten orientalisiert dargestellt, im Roman stehen die Leiden der Frauen allerdings nur stellvertretend, nicht wie bei Polcz, die sie selbst erlebte. Kováts fiktionalisiert die Erfahrungen und Leiden der Frauen und spricht an ihrer Stelle. Der Dokumentarroman ist ein Produkt der Gewaltkultur, und er gibt diese in pornografischem Stil wieder, genauso, wie dies der veränderte geopolitische Rahmen erfordert. »Die Momente gingen ineinander über, das, was mir passiert ist, hatte keinen Anfang und kein Ende. Ich weiß nicht, wie lange es dauerte, ich weiß nicht, wie viele es waren.«[82] An anderer Stelle: »Plötzlich und auf einmal passierte alles; ich weiß nicht, wie viele Hände nach mir fassten. Meine Arme pressten sie zu Boden, meinen Kopf hielten sie fest und meine Beine spreizten sie mit einer Kraft auseinander, dass ich das Gefühl hatte, ich zerreiße. Und dann – als hätte man ein Messer zwischen meinen Beinen in mein lebendiges Fleisch gestoßen –, in dem Moment verstand ich, dass ich hier nicht entkommen werde. Ich schrie, woraufhin sich eine große Hand auf meinen Mund presste. Eine Hand so groß wie

---

77 Ebd., S. 168-169.
78 Ebd.
79 Ebd.
80 Kováts Judit: *Megtagadva*. Budapest, Magvető, 2012.
81 Kováts, Megtagadva, S. 90.
82 Ebd., S. 151.

ein Teller, sodass sie auch meine Nase bedeckte, und ich deshalb nicht Luft holen konnte. Ich wäre beinahe erstickt. Während ich nach Luft rang, vergaß ich die Schmerzen, die ich zwischen den Beinen fühlte, aber als ich meinen Kopf wieder frei hatte und atmen konnte, schoss ein so heftiger Schmerz in mich, dass ich aufschrie. Sie ohrfeigten mich, hoben meine Beine noch höher, ganz bis zum Himmel, auf jeden Stoß des Russen hin, der über mir kniete, wurde ich über meine Wirbel gerollt. Die Qual, die mir meine Knochen bereiteten, war so schrecklich, dass ich dachte, ich würde sterben. Aber ich starb nicht, und ich starb auch beim nächsten Russen nicht, der mir ins Gesicht keuchte und bei dem ich das Gefühl hatte, er hätte mit einem Hammer einen Keil in mich geschlagen. Der Keil zerriss, zerfleischte mein Fleisch, aber er drang immer tiefer und immer höher in mich hinein, als würde er in mir ganz bis ins Gehirn drängen, ich hatte das Gefühl, er zersprengt meinen Schädel.«[83] Kováts' fiktive Hauptfigur infiziert sich mit einer Geschlechtskrankheit und wird infolge dessen unfruchtbar, genauso wie es Polcz[84] passierte, aber im Gegensatz zu ihr heiratet Kováts' Figur einen wesentlich älteren Mann, um die gesellschaftliche Ausgrenzung zu vermeiden.[85]

Bezüglich der Repräsentation von Kriegsvergewaltigungen in der ungarischen Literatur ist es einerseits charakteristisch, dass es Autorinnen gibt, die bemüht sind, den Wahrheits- und Wirklichkeitsinhalt in Tagebüchern festzuhalten, wie Alaine Polcz und Fanni Gyarmati, andererseits lässt sich in der Folge des erinnerungspolitischen Paradigmenwechsels eine Fiktionalisierung der Erlebnisse, die Frauen während des Zweiten Weltkriegs machten, beobachten, wie etwa bei Kováts. Das ist eine unvermeidbare Folge davon, dass die Geschehnisse so lange aufgrund der »Verschwörung der Stille« unerzählt blieben. Ein Roman, der diese Erlebnisse ethisch aufrichtig und in all ihrer Komplexität erzählen würde, ist noch nicht geschrieben. Laut Penny Summerfield hat die Erzählweise (*composure*) eine doppelte Funktion: Einerseits geht es um das Erzählen der Geschichte des Individuums, andererseits um seine Suche nach Selbstidentität.[86] Wir alle

83 Ebd., S. 150-151.
84 Polcz war während der Besatzung 22 Jahre alt und verheiratet, aber ihre Ehe scheiterte. Nach der Scheidung heiratete sie 1949 den Schriftsteller Miklós Mészöly (1921–2001), der in der ungarischen Literatur einen besonderen Platz innehat, weil er als Vorreiter der international bekannten Schriftstellergeneration von Péter Nádas, Péter Esterházy und László Krasznahorkai galt. (Anm. d. Übers.)
85 Agatha Schwartz: Creating a »Vocabulary of Rupture« Following WWII Sexual Violence in Hungarian Women Writers' Narratives, in: Hungarian Cultural Studies 10 (2017). https://ahea.pitt.edu/ojs/index.php/ahea/article/viewFile/281
86 Penny Summerfield: Culture and Composure: Creating Narratives of the Gendered Self in Oral History Interviews, in: Cultural and Social History 1.1 (2004), S. 65-93.

kennen das: Eine gute Geschichte wird erzählt, am Ende jedoch mit eisigem Schweigen quittiert. Das ist ein Zeichen dafür, dass es nicht gelungen ist, die zwei Funktionen der Erzählweise beim Erzählen miteinander in Einklang zu bringen. So ist es auch bei den Geschichten über Kriegsvergewaltigungen, die nur »richtig« erzählt werden können, wenn sie beiden Funktionen der Erzählweise gerecht werden.

Fotos und Plakate

Wohl bekannte Instrumente der antikommunistischen Nazipropaganda waren die gestellten Wochenschau-Szenen, die den an der Heimatfront verbliebenen Frauen und Kindern mit dem Einmarsch der sowjetischen Soldaten, grob gekleideter, »asiatischer Barbaren«, drohten. Auch die Kriegsplakate auf den Straßen riefen zum Durchhalten auf und mobilisierten unter dem Motto, die friedliche Familie zu Hause befinde sich in Gefahr.

Fotos von Kriegsvergewaltigungen wurden von Tätern oder ermittelnden Institutionen gemacht, selten auch von Privatpersonen, die Dokumentationsabsichten verfolgten. Solche konkreten Darstellungen der weiblichen Opfer sind aus Kriegsschauplätzen des Fernen Ostens bekannt, allerdings ist die Wirkung für die Mobilmachung gegen die Gewaltexzesse der Japaner umstritten. Die plastische Darstellung der verstümmelten bzw. vergewaltigten Frauen, die, um ihre Würde zu wahren, den Tod gewählt hatten, trug nicht dazu bei, den Kampfgeist zu heben – was wuchs, war der Hass.[87] Im Gegensatz dazu hatte die sowjetische Kriegspropaganda Fotos von den Gewalttaten der deutschen Besatzertruppen mit Erfolg eingesetzt. Die sowjetischen Geheimdienste, die hinter der siegreich vorrückenden Armee die Kriegsschäden zusammentrugen und Interviews führten – eine Auswahl dieses Archivs wurde in Ungarn von Tamás Krausz und Éva Mária Varga herausgegeben –, erzeugten jenen narrativen Rahmen, den auch die kämpfenden Truppen über das entsprechende Propagandamaterial vermittelt bekamen. Das visuelle und narrative Alphabet ermöglichte nicht nur, die eigenen Erfahrungen einzubetten, sondern legitimierte gewissermaßen auch, gewalttätig gegenüber der Zivilbevölkerung aufzutreten.[88]

87 Louise Edwards: Drawing Sexual Violence in Wartime China. Anti-Japanese Propaganda Cartoons, in: The Journal of Asian Studies 72.3 (2013), S. 563-586.
88 Andrea Pető: Death and the Picture. Representation of War Criminals and Construction of Divided Memory about WWII in Hungary, in: Andrea Pető, Klaaertje Schrijvers (Hg.): *Faces of Death. Visualising History.* Pisa, Edizioni Plus/Pisa University Press, 2009, S. 39-57. http://www.cliohres.net/books4/books.php?book=4

Die wenigen Fotos von Kriegsvergewaltigungen zeigen bereits verstorbene Frauen, vom Geschlechtsakt selbst gibt es naturgemäß keine Bilder. Erst spätere Ermittlungen kamen im Nachhinein zu dem Schluss, dass die toten Frauen auch vergewaltigt wurden. Nur jene Fälle, die in Friedenszeit passierten, wurden (manchmal) auch offiziell dokumentiert.

Im Folgenden analysiere ich zwei Fotos, um meine These zu stärken, dass es einen Zusammenhang zwischen der visuellen Verfügbarkeit sexueller Gewalt bzw. der Art ihrer Darstellung sowie der Möglichkeit gibt, eine historische Wahrheit zu konstruieren, die vorherrschend und normativ ist. Warum diese Fotos im vorliegenden Band nicht abgedruckt werden, soll die folgende Analyse zeigen.

Beim ersten handelt es sich um das bereits erwähnte Polizeifoto aus Wien, das heute im Stadtarchiv aufbewahrt wird.[89] Es entstand 1945 im Prater, wo nach dem Einmarsch der Sowjets eines Morgens eine weibliche Leiche gefunden wurde. Die Polizei rückte aus, fotografierte das Opfer, dem Bericht zufolge wurde auch ein medizinisches Gutachten beigefügt, das attestiert, dass die Frau vergewaltigt und getötet wurde. Der Täter war unbekannt, vermutlich handelte es sich um einen sowjetischen Soldaten. Da sich die Kasernen der sowjetischen Armee nicht im Einflussbereich der österreichischen Justiz befanden, war eine Ermittlung ausgeschlossen.

Auf das zweite Foto machte mich Árpád Rácz aufmerksam, an dieser Stelle bedanke ich mich herzlichst dafür. Er stieß bei einer Recherche nach Illustrationen zu einer meiner früheren Studien über sexuelle Gewalttaten der Rotarmisten darauf. Das Bild wurde von dem bekannten sowjetischen Fotografen Jewgeni Chaldei (1917–1997) in Budapest gemacht. Zahlreiche ikonische Bilder sind mit seinem Namen verbunden, unter anderem das Foto mit dem Soldaten der Roten Armee, der auf dem Dach des Berliner Reichstagsgebäudes die Flagge der Sowjetunion hisst. Das Foto, um das es hier geht, entstand vermutlich im März oder April 1945. Árpád Rácz rief mich an, um mich zu fragen, ob die Frauen auf dem Foto vergewaltigt wurden und, wenn ja, ob es veröffentlicht werden dürfte. Ohne zu zögern antwortete ich, das dürfe man auf keinen Fall, weil dadurch Frauenkörper zu einem reinen Illustrationsobjekt degradiert würden.[90] Damals hatte ich das Gefühl, dass es aus ethischen Gründen inakzeptabel war, das Foto zu verwenden, um meinen Text damit zu illustrieren. Mein Artikel erschien dann

89 Historisches Museum der Stadt Wien (Hg.) *Frauenleben 1945. Kriegsende in Wien.* Wien. Eigenverlag der Museen der Stadt Wien, 1995.
90 Das Bild wird hier zur Illustration des Beitrags über die Massenvergewaltigungen verwendet. http://www.revisionist.net/human-loot.html.

Sowjetische Soldaten werden vor einem Fotostudio fotografiert, Budapest 1945

tatsächlich ohne das Foto, aber in einem populärwissenschaftlichen Buch über die Geschichte Ungarns während des Zweiten Weltkriegs, herausgegeben von *Rubicon*, einer Fachzeitschrift für Geschichte, wurde es schließlich veröffentlicht, wofür die Verantwortlichen viel Kritik einstecken mussten.[91]

Beide fotografischen Darstellungen der Vergewaltigung sind auf ihre Art klischeehaft, denn die Qualen, die die Frauen erlitten, können nur im bestehenden, historisch konstruierten und ikonografischen Rahmen dargestellt werden. Das Foto der Frau, die im Prater getötet wurde, verweist eindeutig auf die Ikonografie des christlichen Märtyrertums, auf dem Budapester Foto hingegen wird der Mann zum Opfer, der (vermutlich) um seine weiblichen Angehörigen trauert, die (vermutlich) von sowjetischen Soldaten vergewaltigt wurden. In dieser Repräsentation wird die Frau zwangsläufig verdinglicht.

Es kommt häufig vor, dass sich Soldaten nach einer Gewalttat fotografieren lassen. Der Grund dafür ist in der Regel, dass sie dadurch der Situation eine persönliche Markierung verleihen und ihre überlegene

91 Deborah Cornelius: Hungary in World War II. Caught in the Cauldron. New York, Fordham University Press, 2011.

Machtposition dokumentieren wollen. Allerdings ist das unter den rasch wechselnden und lebensgefährlichen Kampfsituationen nicht immer möglich. Die Teilnehmer des Massakers von Nanking, aber auch die deutschen Soldaten posierten neben verstümmelten Leichen oder Körperteilen.[92] Eine solche bewusst inszenierte Selbstrepräsentation erzeugt als Dokument des gemeinsam Erlebten eine Basis für die Konstruktion militärischer Männlichkeit. Von sowjetischen Soldaten sind solche Bilder jedoch nicht bekannt. Das kann mehrere Gründe haben. Einerseits ist es möglich, dass die Fotos in den Uniformtaschen der verstorbenen Soldaten nicht so vollständig überdauerten wie zum Beispiel in der englischen oder japanischen Armee. Die Sowjets eilten in einer Abfolge durchgehender Kämpfe in einem einzigen Sturmlauf und aufreibendem Tempo durch Osteuropa, aber um diese Art von Fotos machen zu können, bedarf es eines Minimums an Ruhe und Alltag. Außerdem gehörte eine Kamera bei den Rotarmisten nicht unbedingt zu den alltäglichen Gegenständen, die man bei sich trug, wenn man irgendwo einrückte, wie es bei deutschen Soldaten durchaus vorkam.[93] Man sollte auch nicht außer Acht lassen, dass der schon Jahrzehnte andauernde stalinsche Terror die Soldaten von einer Dokumentation abgehalten haben könnte, denn in der Sowjetunion konnte man selbst für eine aus dem Ausland erhaltene Ansichtskarte zu jahrzehntelanger Zwangsarbeit in Sibirien verurteilt werden. Dass Vergewaltigung in Friedenszeiten als schwere Straftat gilt, war in den Köpfen womöglich präsenter als die entsprechende militärische Anordnung. Wenn manche Soldaten gegen die Regeln verstießen, war es nicht unbedingt ratsam, dies zu dokumentieren. Der Wunsch nach »Trophäenfotos«, also die Darstellung des Soldaten als bewusster, individueller Akteur, lässt sich in der Roten Armee, in der die Sterblichkeitsrate sehr hoch war, nicht nachweisen. Die überlieferten Fotos wurden fast alle in einem Atelier aufgenommen, sind inszeniert und folgen den Mustern der Genrebilder des sowjetischen Alltags in den Kleinstädten. In die Familienalben gelangten Soldatenfotos, die Normalität vermitteln. Der Staat kontrollierte auch die visuelle Erinnerung des Krieges: Hochwertige Bilder, die Heldenhaftigkeit, Selbstaufopferung und Vergeltung darstellten, wurden von den offiziellen Kriegsberichterstattern gemacht, die für ein gutes Foto nicht selten ihr Leben aufs Spiel setzten.

92 Elissa Mailander: Making Sense of a Rape Photograph. Sexual Violence as Social Performance on the Eastern Front, S. 1939–1944, in: Journal of the History of Sexuality 28.3 (2017), S. 489–520.
93 Über die Zusammenhänge von Hobbyfotografie und Gewalt während des Zweiten Weltkriegs siehe Pető: Death and the Picture.

Filme und Dokumentarfilme

Bei der Analyse der visuellen Darstellung von Kriegsvergewaltigungen kann der Begriff von Alison Landsberg hilfreich sein: das sogenannte prosthetische Gedächtnis (*prosthetic memory*). Dabei handelt es sich um ein Gedächtnis, das nicht aus Erinnerungen von selbst erlebten Erfahrungen konstruiert wird.[94]

Die Zwangsaussiedlung der Ungarndeutschen und die Gräueltaten, die sie durch die Sowjets erleiden mussten, wurden zwar in den 1950er-Jahren dokumentiert, aber erst nach dem Niedergang des Kommunismus und der partiellen Öffnung der sowjetischen Archive wurde es ihnen möglich, über die Geschehnisse zu sprechen. Helke Sanders und Barbara Johrs Dokumentarfilm aus dem Jahr 1992,[95] in dem bis dahin verschwiegene Geschichten erzählt wurden, stieß auf massive Kritik – mit dem Argument, dass sie die deutsche Verantwortung am Zweiten Weltkrieg relativierten und eine neue Opfergemeinschaft erschufen.[96]

In Ungarn wurden die Erlebnisse der Angehörigen der ungarischen Armee, die an der Besatzung der Sowjetunion beteiligt waren, dokumentiert. Sándor Sára produzierte ab 1979 ein gut 100-stündiges Filmmaterial mit 80 bis 100 ungarischen Soldaten, die in der Ukraine gedient hatten. Die ersten 17 Folgen der Serie wurden 1982 im ungarischen Fernsehen gesendet, anschließend entstand aus dem Filmmaterial auch ein Kinofilm mit dem Titel PERGŐTŰZ (dt.: Dauerfeuer). Die Interviews wurden aus ideologischen Motiven stark bearbeitet: Alles, was zu dem – mittlerweile schon etwas angeschlagenen – Mythos der Roten Armee nicht passte, wurde herausgeschnitten. Den vollständigen Film bekam das Kinopublikum erst nach 1991 zu sehen. Die individuellen Erinnerungen der Soldaten waren aber schon 1982 viel komplexer als das eindimensionale Bild, das die damalige Ideologie einforderte. Die Soldaten sprachen auch Themen (Gräueltaten der Partisanen oder der ungarischen Truppen, intime Beziehungen mit Ukrainerinnen usw.) an, die als Tabu galten.

Fekete Doboz[97] dokumentierte 1991 den Abzug der sowjetischen Truppen und führte zu diesem Anlass auch Interviews über die Verbrechen der

---

94 Alison Landsberg: *Prosthetic Memory. The Transformation of American Remembrance in the Age of Mass Culture.* New York, Columbia University Press, 2004.

95 Sander, Johr, Befreier und Befreite.

96 Grossmann, A Question of Silence.

97 Fekete Doboz wurde 1988 gegründet und war die erste Gruppe, die unabhängig und regelmäßig anhand von Videomaterial im Kommunistischen Ungarn doku-

sowjetischen Soldaten gegenüber der ungarischen Zivilbevölkerung.[98] Eine junge Frau erzählte, dass sie in ihrer Wohnung von zwei Ungarisch sprechenden Soldaten[99] angegriffen, von diesen entkleidet wurde und, um zu entkommen, von ihrem Balkon hinuntersprang, wobei sie sich die Wirbelsäule brach. Die Interviewte schilderte, es habe sie am meisten geschmerzt, dass die ungarischen Behörden bei dem sowjetischen Schauverfahren, das losgelöst von der ungarischen Rechtsprechung abgewickelt wurde, assistierten. Andere Frauen berichteten Ähnliches. Im Interview zoomte der Kameramann auf das Gesicht der Frau, zeigte in Nahaufnahme, wie sie vor sich hin flüstert, dass sie keine Kinder mehr bekommen kann. So wie im Film dargestellt, stehen die Leiden der Frau eindeutig für die zum Opfer stilisierte Nation. Im Gegensatz zu anderen im Film erwähnten Vorkommnissen (Raubüberfall, Verkehrsunfälle mit Todesfolge usw.) bleibt unklar, ob sich die Täter überhaupt für ihre Taten vor Gericht verantworten mussten. Deutlich wird nur, dass die Sowjets der Frau über Jahre drohten und sie zwingen wollten, ihre Anzeige zurückzuziehen.

Im Film von Péter Erdélyi DONI TÜKÖR (2003) (dt.: Spiegel des Dons) erinnern sich ukrainische Zeitzeugen an die ungarische Besatzung. Obwohl diese Erinnerungen 60 Jahre zurücklagen und offensichtlich den Stempel des vergangenen halben Jahrhunderts trugen – und es wenig Sinn ergab, ihnen Glaubwürdigkeit abzuverlangen –, löste der Film heftige Debatten aus, denn die Zivilbevölkerung erzählte ihre Erinnerungen an die ungarische Besatzung, wie es ihr durch die kollektive Erinnerung vorgegeben und von ihr erwartet wurde.

Als der Film VERSCHWIEGENE SCHANDE (2013) von Fruzsina Skrabski herauskam, gab es ebenfalls heftige Debatten.[100] Die ungarische Historikerin Zsófia Lóránd fasst in ihrem Artikel die Diskussion zusammen, die ich mit der Regisseurin führte und in die wir im Rahmen einer Filmvorführung auch unseren Studierenden an der Central European University Einblick gewährten. Der erste strittige Punkt war die Darstellung der Vergewaltigung. In Schwarz-Weiß-Passagen wird die Vergewaltigung anhand der von der Erinnernden erzählten Geschichte rekonstruiert und mit

---

mentierte und berichtete. Sie gab Menschen und Ereignissen eine Öffentlichkeit, die in den staatlich kontrollierten Medien verschwiegen wurden. (Anm. d. Übers.)

98 BOSA HU OSA 305-0-3.1991-051_91-55.

99 Die Sowjetunion war ein Vielvölkerstaat, in dem auch ungarische Minderheiten lebten, so zum Beispiel in der Ukraine. Vielleicht ist hier aber auch gemeint, dass die Soldaten nur ein paar Brocken Ungarisch sprachen. (Anm. d. Übers.)

100 Lóránd Zsófia: Megszólaltatott félhangok, in: Kettős Mérce, 2014. jan. 24. http://kettosmerce.blog.hu/2014/01/27/megszolaltatott_felhangok

Schauspielern nachgestellt. Das wirft einige theoretische und methodische
Fragen auf. Die Regisseurin sagte in einem Interview: »Am wichtigsten war
für mich, dass ich sie nicht bedränge. Ich hatte nur ein einziges Argument,
um sie zu überzeugen: Wenn sie nicht darüber sprechen, was geschehen ist,
dann wird es niemand mehr tun. Es war für mich wichtig, dass, wenn jemand im Fernsehen in die Sendung schaltete, er dann dabeiblieb. Dazu
brauchte es fiktive Szenen, die den Film eindrücklicher machten. Wir
mussten natürlich aufpassen, dass wir dabei innerhalb der Grenzen des guten Geschmacks bleiben.«[101] Die zweite strittige Frage war, warum Tages-
politik in die Erinnerungen untermengt wurde. Ich fand es bedenklich,
dass ein Abgeordneter des Europäischen Parlaments der MSZP[102] und be-
tagte (männliche) Kommunisten zu Wort kamen. Die Regisseurin jedoch
vertrat die Meinung, es sei wichtig zu zeigen, dass es auch heute noch Menschen gibt, die versuchen, die Geschehnisse zu leugnen. Wir wurden uns
auch in der Frage der im Film genannten Zahlen nicht einig. Daraus ergeben sich nicht nur methodologische, sondern auch ethische Probleme, die
ich weiter oben bereits diskutiert habe.

Einer der ersten Spielfilme zum Thema war das Werk von Vittorio de
Sica, UND DENNOCH LEBEN SIE (1960), in dem die Verbrechen der Kolonial-
truppen in Italien dargestellt werden – nicht frei von Rassismus. Dieser
Film galt lange als Referenzpunkt, denn hier wurde sichtbar gemacht und
belegt, dass sexuelle soldatische Gewalt auch von den Alliierten an der
Westfront verübt worden war. Der Film von Sándor Sára, A VÁD (1996)
(dt.: Die Anklage) wurde bereits zu Beginn, in der Einleitung, erwähnt.
Die Massaker von Nanking wurden in mehreren Filmen thematisiert, da
dies für China im Erinnerungs- und geopolitischen Kampf gegen Japan
von Nutzen ist. Der Film CITY OF LIFE AND DEATH – DAS NANJING MAS-
SAKER (2009) war ein gigantischer Kassenschlager. Die Massaker werden in
Schwarzweiß, wie in einem Dokumentarfilm, dargestellt. Das Thema inspirierte auch den international bekannten Regisseur Yimou Zhang. In
seinem Film, THE FLOWERS OF WAR, in dem er auch Hollywoodklischees
einsetzt, zeigt er die Selbstaufopferung der Nankinger Prostituierten.
Dank der erinnerungspolitischen Wende wurde das bereits erwähnte Tagebuch von Anonyma verfilmt (ANONYMA – EINE FRAU IN BERLIN), der Film
wurde mit großem Erfolg in deutschen und internationalen Kinos ge-

---

101 Elhallgatott gyalázat: Nem merülhet feledésbe! Skrabski Fruzsina bűnről,
     büntetlenségről, megszálló hatalomról és tabukról, in: Magyar Nemzet, 24. 9. 2013.
     https://mno.hu/grund/nem-merulhet-feledesbe-1185943
102 Der Ungarischen Sozialistischen Partei und Nachfolgepartei der Ungarischen
     Kommunistischen Partei. (Anm. d. Übers.)

zeigt.[103] Ein Ergebnis der polnischen erinnerungspolitischen Wende ist der Film Róża (2011) von Wojciech Smarzowski. Im Film wird eine Frau aus Ostpolen dargestellt, deren deutscher Mann im Krieg fiel, und die von einem Überlebenden des Warschauer Aufstands vor der Vergewaltigung gerettet wird, der selbst vor den Sowjets untergetaucht ist. Agnus Dei – Die Unschuldigen (2016), ein Film von Anne Fontaine, zeigt polnische Nonnen als Geburtshelferinnen, die bei Vergewaltigungen gezeugte Kinder zur Welt bringen. Auch der bereits erwähnte Film Aurora Borealis (2017) von Márta Mészáros gehört in diese Aufzählung.

Das durch den Film, eine Form des künstlerischen Ausdrucks, geschaffene prosthetische Gedächtnis nimmt wesentlichen Einfluss auf das Entstehen des kollektiven Gedächtnisses der Kriegsvergewaltigungen, denn um das Schweigen zu brechen, werden in ihm nach der erinnerungspolitischen Wende die Geschichten der Frauen in einem neuen Rahmen erzählt. Die nach Schilderungen der Augenzeuginnen erfolgte visuelle Rekonstruktion der Ereignisse normalisiert die Sprache der Gewalt und macht die Geschichte erzählbar.

Die digitale Wende

Der freie, digitale Zugang zu selektierten Informationen führte zu einem Umdenken über die Vergangenheit. Aber inwiefern ändert sich dadurch die Beurteilung eines historischen Ereignisses, das in vielerlei Hinsicht als tabuisiert galt? Wie sprechen Internetnutzer über die Vergewaltigungen, die sowjetische Soldaten in Ungarn verübten?[104]

Die erste Folge davon, dass bestimmte Quellen im Internet frei zugänglich wurden, ist das Phänomen der kulturellen Aneignung. Das auf diese Weise erlangte Wissen über Kriegsvergewaltigungen wird zitiert und verwendet und generiert somit wiederum selbst Wissen. Die zweite Folge ist, dass sich der Kreis der Interessenten an der Geschichtswissenschaft erweitert, das heißt, jeder wird sein eigener Historiker, was in der Erinnerungspolitik zum bereits erwähnten Paradigmenwechsel führte. Und drittens: Die ursprünglich mündlich weitergegebenen Lebensgeschichten und Erinnerungen, die nun gepostet werden, finden dadurch Eingang in den Ka-

103 Max Färberböck: *Eine Frau in Berlin,* 2008.
104 Zum russisch-ukrainischen Gedächtniskrieg siehe Vera Zvereva: Historical Events and the Social Network »V Kontakte«, in: East European Memory Studies 7 (2011), S. 1-6; Ellen Rutten, Julie Fedor, Vera Zvereva (Hg.): *Memory, Conflict and New Media Web Wars in Post-Socialist States.* New York/London, Routledge, 2013.

non der Geschichte, das heißt, sie werden zu Aussagen von Zeitzeuginnen und Zeitzeugen und zu Agenten authentischer Wahrheit.

Im Internet teilen die User ihre eigenen Erlebnisse – oder solche, von denen sie behaupten, dass sie ihre eigenen sind – im öffentlichen Raum, und in diesem Rahmen formulieren sie Haltungen zu originär fachspezifischen Fragen der Geschichtswissenschaft, deren Beantwortung bis dahin als Privileg von Historikerinnen und Historikern galt. Der Unterschied zwischen Kriegsvergewaltigungen und anderen historischen Ereignissen liegt jedoch darin, dass sexuelle Gewalt zuvor in der Öffentlichkeit nicht thematisiert wurde. Die Diskussion bzw. die bloße Möglichkeit dazu wurde erst durch das Internet überhaupt geschaffen. Ein Artikel von mir, der 1999 in *Történelmi Szemle*[105] erschien, war unter den ersten, die digitalisiert und im Internet zugänglich waren. Aus diesem Grund wurde er häufig in Internetforen und in Postings, die im Zusammenhang mit dem Thema standen, zitiert: Entweder verlinkten die Nutzer meinen Artikel in ihrem Text oder verwendeten Behauptungen daraus, um ihren Standpunkt zu belegen (oder sie machten diffamierende Bemerkungen über mich). Die Postings- und Kommentargewohnheiten wurden auf ihre Zusammenhänge mit Offline-Aktivismus breit untersucht. Das Individuum, das virtuell aktiv ist, am Computer sitzt und postet, glaubt, wirklich zu handeln. Dieser Eindruck wird noch durch den Schutz verstärkt, den die Anonymität des Internets bietet. Die Wirkung des Postings bleibt jedoch auf die eigene Bubble beschränkt.

Ursprünglich analysierten professionelle Historikerinnen und Historiker ihre Quellen in einem Interpretationsrahmen von »wahr« oder »falsch«. Wie ich es bereits im Zusammenhang mit dem Gedächtnis von 1956 zeigte, trugen die postmoderne Wende, die Relativierung des Wahrheitsparadigmas sowie das Auftauchen der »Ego-Dokumente« allesamt zum Geschichtsrevisionismus bei.[106] Eine der wichtigsten Eigenschaften der Onlineaktivität ist das »gewählte Trauma«, das heißt, die User greifen einen bestimmten Teil der Vergangenheit auf, und diesen erklären sie in der Öffentlichkeit des Internets zu ihrem eigenen Thema.[107] Es ist aufschlussreich, zwei Facebook-Gruppen miteinander zu vergleichen, die sich von einem gegensätzlichen ideologischen Standpunkt aus gegen eins der zwei Denkmäler am Szabadság-tér – gegen das zum Gedenken der gefallenen sowjetischen Soldaten

---

105 Die Fachzeitschrift des Instituts für Geschichte der Ungarischen Akademie der Wissenschaften. (Anm. d. Übers.)

106 Pető, Revisionist histories, »Future Memories«, S. 41-51; Pető, Roots of Illiberal Memory Politics, S. 42-58.

107 Volkan, Vamik D.: Transgenerational Transmissions and Chosen Traumas: An Aspect of Large-Group Identity, in: Group Analysis 34.1 (2001), S. 79-97.

1945 gestellte bzw. gegen das bereits erwähnte Denkmal der deutschen Besatzung, das die Rolle von Ungarn im Zweiten Weltkrieg zu relativieren bestrebt ist – eine Aktion starteten.[108] Während die eine geschlossene Face-
book-Gruppe »Der Holocaust und meine Familie« mehr als 7000 Mitglieder
zählt, umfasst die andere, die über den Film ELHALLGATOTT GYALÁZAT (dt.:
Verschwiegene Schande) informiert und die Entfernung des sowjetischen
Denkmals verlangte, 1000 Follower.[109] In den jüngsten Posts dieser Gruppe
geht es vor allem um das Echo des Films und darum, wo er gezeigt wird:
Auffällig wenige Kommentare beschäftigen sich dabei mit der Entfernung
des sowjetischen Denkmals. Noch seltener kommen persönliche Geschichten vor. Das Interesse ließ mit der Zeit offensichtlich nach.

Die Identität der Postenden basiert in der Regel auf einer Sowjetfeindlichkeit, für sie ist die sowjetische Armee eine Frauen vergewaltigende Be-
satzerhorde aus dem »Osten«. Diese Haltung wird kaum hinterfragt, etwa
mit dem Argument, dass Vergewaltigung eine Kriegswaffe ist, die ungarische Soldaten an der Ostfront ebenso eingesetzt hatten. Dem vorherr-
schenden Narrativ in dieser Gruppe zufolge war die Zeit vor der Besatzung
friedlich und ideal, kritische Anmerkungen finden sich kaum. Der ungarische Holocaust wird verschwiegen. Nach einer gewissen Zeit verlagerten
sich die Diskussionen zum Thema auf die Onlineplattform *mandiner.hu*[110]
und in die Kommentarspalte unter meinen dort veröffentlichten Artikel.
Der Inhalt dieser Beiträge ist hier weniger entscheidend als der Kommuni-
kationsakt selbst, also der sicht- und lesbare Kommentar, der mit dem Artikel häufig gar nichts zu tun hat: Oft geht es schlicht darum, die Autorin
zu beleidigen und zu diffamieren.

In einem fragmentierten Raum sind auch die Kommentare fragmentiert. Allerdings ist auch das Thema der Vergewaltigungen von sowjetischen Soldaten fragmentiert, die Quellen sind ja selbst zerbrochen und verstreut. Onlineerinnerungen sind »die Archive des Überlebens«, die die

---

108 Das Denkmal, das an die deutsche Besatzung erinnert, ließ die Regierung in der
      Nacht auf den 20. Juni 2014 heimlich und ohne vorherigen Bürgerdialog am
      Szabadság-Platz in der Innenstadt von Budapest errichten. Es differenziert nicht
      zwischen den verschiedenen Opferngruppen des Zweiten Weltkriegs und erklärt
      allein die deutsche Besatzungsarmee für den Holocaust verantwortlich. Damit
      werden die ungarische Kollaboration sowie die diskriminierenden antijüdischen
      Gesetze, die der ungarische Staat schon vor der deutschen Besatzung implemen-
      tiert hatte, unsichtbar. Zivilisten, die gegen das Denkmal protestierten, stellten da-
      vor ein eigenes Denkmal zum Gedenken an die 450.000 deportierten ungarischen
      Juden auf, und sie treffen sich regelmäßig zum Austausch im benachbarten Park.
109 Pető, »Hungary 70«.
110 Ein konservatives regierungsfreundliches Nachrichtenportal. (Anm. d. Übers.)

Erfahrung nicht nur sichtbar macht und ihr dadurch Akzeptanz verschafft, sie sind auch der Ort, wo sie erzählt wird, wo sie überhaupt entsteht.[III] Die Überlebenden von sexueller soldatischer Gewalt durch Soldaten der Roten Armee verfügen über kein auf diese Art zusammengetragenes »Archiv«, ihre Erinnerungen sind verstreut. Diese Vereinzelung trägt zum Verschweigen der Erinnerungen bei.

Auf den ungarischen Seiten von Wikipedia findet sich kein Eintrag zu »Vergewaltigungen von sowjetischen Soldaten«, und im Eintrag »Die Verschleppung von Budapestern im Jahre 1945« werden sie nicht erwähnt. Überhaupt werden Kriegsvergewaltigungen nur im Zusammenhang mit Orten erläutert, die sich aus ungarischer Perspektive im Ausland befinden: mit Berlin bzw. mit Japan.[112]

Beiträge im Internet wiederholen notwendigerweise die dazugehörigen Schlüsselbegriffe (Trunkenheit, Armbanduhren, Raubüberfälle, Vergewaltigungen, Brutalität usw.), dadurch erschaffen sie einen kanonisierten Rahmen und den Diskurs selbst. Diese Wiederholung ist dabei ein wesentliches Kommunikationselement: Es konstruiert die kanonisierte Geschichte und führt so bei den Kommentierenden zu einem Gefühl der Selbstsicherheit und der Zugehörigkeit. Ausschlaggebend in diesem Prozess sind nicht die Information und das Wissen, sondern die im Austausch entstehende Sicherheit, die der Onlineraum bietet, die sogenannte *phatische* Kommunikation, die weder über eine faktische Grundlage noch über eine textuelle Referenz verfügt. So wird aus einem historischen Fakt eine Meinungsäußerung. Das Kommentieren im Internet ist gleichzeitig auch ein performativer Akt, das bedeutet, was zählt, ist nicht der Inhalt, sondern die Handlungsgemeinschaft. Durch das Erzählen der für persönlich gehaltenen Erfahrung wiederholen sie stets aufs Neue die konsenuellen Themen und Tropen: Wieder und wieder wird der sowjetische Soldat erwähnt, der Kölnisch Wasser soff und nach der Armbanduhr verlangte. Gleiches gilt für die weiblichen Verwandten, die damit» gerettet wurden, dass man ihnen das Gesicht mit Ruß beschmierte. Diese Kommunikation offenbart einerseits eine Facette der historischen Wirklichkeit, die im öffentlichen Raum zuvor abwesend war, andererseits aber schleift sie die Erinnerungen in eine Eindimensionalität und verschafft ihnen somit ausschließliche Gültigkeit. Mittlerweile sind die Geschichten über die »guten« sowjetischen Soldaten, die Brot verteilten, Fremdsprachen sprachen und Klavier spiel-

III Wieviorka, The Era of the Witness, S. 95-145.
112 https://hu.wikipedia.org/wiki/Budapest_ostroma#K%C3%B6vetkezm%C3%A9nyek.

ten, aus dem öffentlichen Raum verschwunden. Auch die Geschichten von
Menschen, für die der Einmarsch der Roten Armee tatsächlich die Befreiung, das Überleben, bedeutete, sind verdrängt worden.

Der erinnerungspolitische Krieg im Internet ist auch Teil des sicherheitspolitischen Diskurses.[113] In Ungarn hat er einen widersprüchlichen
Verlauf genommen. Einerseits wird er auf der Basis der vom FIDESZ-
KDNP vertretenen antikommunistischen Ideologie ausgetragen, der nicht
zögert, diesen auch in den alltagspolitischen Gefechten mit der Opposi-
tion einzusetzen. Solange eine russlandfreundliche Einstellung in der Regierung vorherrschte, wurden die Handlungen der sowjetischen Soldaten
in Ungarn in erster Linie von Rechtsradikalen thematisiert. Noch komplizierter wird die Situation dadurch, dass sie (die Rechtsradikalen) ebenfalls
wirkmächtige politische Fäden zur gegenwärtigen russischen Führung in
Händen halten. Das ist zumindest teilweise ursächlich dafür, dass der Film
ELHALLGATOTT GYALÁZAT (dt.: Verschwiegene Schande) im Rahmen der
von Angelina Jolie und William Hague im Juni 2014 organisierten Konferenz in London über Kriegsvergewaltigungen nicht gezeigt wurde, obwohl
er eingeladen worden war.[114] Das ungarische Amt für Auswärtige Angelegenheiten unterstützte internationale Vorführungen und Teilnahmen an
ausländischen Festivals insgesamt nur sehr zögerlich.

Über den Film ELHALLGATOTT GYALÁZAT erschien auch in der Online-
ausgabe der *Washington Post* eine Rezension, unter der auch englischsprachige Kommentare zu lesen sind. Das Gros der wenigen Kommentare (insgesamt nur 22) beschäftigt sich mit den Gräueltaten der sowjetischen
Soldaten, und die Kommentierenden mit ungarischer Abstammung dank-
ten dem Himmel, dass es ihnen gelungen war, nach Übersee zu flüchten,
wo sie in Frieden leben könnten. Nur ein Post erwähnte die Rezension in
der *New York Times* von Mary Roberts Buch über die Vergewaltigungs-
epidemie nach der Landung der Amerikaner in der Normandie. Darauf
wurde rasch geantwortet, dass »die Russen anders waren«.[115] In einer anderen Diskussion wurde danach gefragt, warum die *Washington Post* einem

113   Elizaveta Gaufman: World War II 2.0. Digital Memory of Fascism in Russia
      in the Aftermath of Euromaidan, in: Ukraine Journal of Regional Security 10.1
      (2015), S. 17-36.

114   Global Summit to End Sexual Violence in Conflict, 2014. www.gov.uk/govern-
      ment/topical-events/sexual-violence-in-conflict

115   Lynn Joyce Hunter: ›Silenced Shame‹: Hungarian Women Remember Wartime
      Rapes, in: The Washington Post, 24.11.2013. https://www.washingtonpost.com/
      blogs/she-the-people/wp/2013/11/24/silenced-shame-hungarian-women-remem-
      ber-wartime-rapes/?noredirect=on&utm_term=.3976ba23b839

Film Raum gibt, der die Propaganda der immer weiter nach rechts rückenden ungarischen Regierung unterstützt. All das veranschaulicht gut die
Folgen der aus Ungarn exportierten innenpolitischen Kämpfe. Auf der
Webseite verlief das Gespräch in einem gemäßigten Ton, etliche Kommentare, in denen Parallelen zwischen den Verbrechen der Kommunisten und
der Nazis gezogen wurden, wurden jedoch gelöscht. Das überschritt die
Toleranzgrenze der *Washington Post*.

Vor diesem Hintergrund, meiner Analyse der Repräsentation der
Kriegsvergewaltigungen von sowjetischen Soldaten möchte ich noch mit
der idealistischen Überzeugung des ukrainischen Historikers Mykola Makhortykh abrechnen, demzufolge die Möglichkeiten des Internets langfristig der Demokratisierung der Erinnerung dienlich seien. Die ungarischsprachigen Internetdebatten zu den von sowjetischen Soldaten verübten
Vergewaltigungen führten jedoch ersichtlich zu keiner Änderung oder
Öffnung im kollektiven Gedächtnis.[116] In den polarisierten Räumen fehlt
nicht nur die feministische Kritik, sondern auch jegliche rationale, nicht
in einem sowjetfeindlichen, nicht in einem sicherheitspolitischen Diskurs
formulierte Perspektive. Hinzu kommt, dass wegen des komplizierten rus-
sisch-ungarischen geopolitischen Verhältnisses derzeit keine einzige politische Kraft in der Lage ist, den Raum des Internets *nicht* als erinnerungspoli-
tisches Schlachtfeld zu nutzen. All dies fördert das Verschweigen bzw. die
Konstruktion und Weitergabe von verhärteten, stereotypen Geschichten.
Der Raum ist zwar ein anderer, aber der Inhalt bleibt der gleiche.[117]

---

116 Mykola Makhortykh: Remediating the Past: YouTube and Second World War
    Memory in Ukraine and Russia. *Memory Studies* (2017) Sept. 13, S. 1-16.
117 Die Generalversammlung der Hauptstadt Budapest verabschiedete am 29.1.2020
    die Resolution 62/2020. (1.29.), in der sie vorschlägt, Vorbereitungen für die
    Errichtung des »Denkmals zum Gedächtnis der während des Kriegs vergewal-
    tigten Frauen« zu treffen und nach einer öffentlichen und wissenschaftlichen
    (Geschichtswissenschaft und Kunst) Konsultation des Konzeptes für ein Denk-
    mal zum Gedächtnis der Opfer von Kriegsvergewaltigungen den Standort zu be-
    stimmen und ein künstlerisches Konzept auszuarbeiten. Für die Gewährleistung
    von Transparenz und Partizipation der breiten Gesellschaft stellt sie Finanzmittel
    bereit. Bei der Verabschiedung des Vorschlags wurde die Opposition vielleicht
    zum ersten Mal von den Regierungsparteien, die hier in der Minderheit sind, in
    erinnerungspolitischen Angelegenheiten unterstützt. Das Projekt dauert drei Jahre,
    und es hat das Potenzial, sich zu einem wichtigen Ort und zu einer Institution des
    Gesprächs über sexuelle soldatische Kriegsgewalt zu entwickeln. Auf der Webseite
    des Projekts (elhallgatva.hu) sind die wichtigsten Unterlagen des Projekts, die Ver-
    anstaltungen, die Bibliografie der einschlägigen ungarischen und internationalen
    wissenschaftlichen Werke, Quellen, von fiktionaler Literatur und Interviews auf-
    geführt. Das Projekt wird vom Hauptstädtischen Archiv, Budapest betreut, das

Ich habe bereits das Argument angeführt, dass die Erfahrung physischer Gewalt nicht automatisch damit einhergeht, dass man sie auch erzählen kann. Wenn die körperliche Erfahrung des Individuums ausgesprochen wird, wird sie Teil der Öffentlichkeit. Wie sie erzählt wird, hängt vom Umfeld ab, sowie davon, wem sie erzählt wird und von der Zeit, die zwischen der Erfahrung und dem Erzählen liegt. Für die Erzählung der Vergewaltigungen von sowjetischen Soldaten haben sich inzwischen ein Wortschatz und eine Erzählweise entwickelt. Die am Familientisch erzählten Geschichten wanderten unverändert in die öffentliche Rede (als Kommentare von Internetbeiträgen) und in einschlägige Zeitungsartikel. Die Kommentare und Postings bestätigen, dass diese Erfahrungen erzählt werden können, allerdings nur im kanonisierten Rahmen. Die Erzählung des Erlebten erzeugt eine auf der gemeinsamen Identität basierende Gemeinschaft, und das ist in der virtuellen Welt des Internets auch nicht anders: Die digitalen Archive, die die Erfahrungen der Personen, die diese traumatischen Erlebnisse erlebten, bewahren, helfen beim Wiederaufbau der Gemeinschaft.[118] Die sexuelle Gewalt der sowjetischen Soldaten erhielt aber auch in Zeiten des Internets kein abschließendes, souveränes Profil. Es gibt keine ausschließlich diesem Thema gewidmeten Webseiten, wo erste Eindrücke erfasst werden könnten. Die Kommentare sind zerstreut, und aus diesem Grund sind sie weniger sichtbar, weniger präsent. Die Onlineräume funktionierten wie ein »zuhörendes Gericht« (*listening tribunals*), die auch erinnerungspolitischen Akten Raum geben, denn sie ermuntern die Individuen, ihre Erinnerungen zu teilen.

Es gibt eine Vielfalt an Einstiegs- und Ausstiegspunkten bzw. Gelegenheiten für Gespräche im Zusammenhang mit Kriegsvergewaltigungen. Durch die Analyse der Onlinepostings wurde ersichtlich, dass es im Raum des Internets derzeit keine Möglichkeit zum Dialog gibt. Jede gepostete individuelle Geschichte ist authentisch, steht für sich und korrespondiert nicht mit einer anderen. Die Möglichkeit, die Geschichten zu teilen und

auch für die Sammlung von privaten Schriftstücken, Quellen, Tagebüchern, Korrespondenzen und Erinnerungen im Zusammenhang mit dem Zweiten Weltkrieg zuständig ist. Diese Initiative vermag vielleicht, den Rahmen der Erinnerungspolitik zu ändern.

118 Paul Arthur: Trauma online. Public Exposure of Personal Grief and Suffering, in: Traumatology 15.4 (2009), S. 65-75. Ein Projekt des USHHM (»World is witness«), oder die studentischen Projekte im Rahmen der Kurse Preserving and Interpreting Knowledges of the Past and Promoting Social Justice der CEU: https://www.youtube.com/watch?v=ui--Rc9syng&list=PLD42-FV_ylEIa98onOoGGAUTbcuGwGdrB&t=61s&index=7

über sie zu reden, gibt es nur innerhalb des vorgegebenen Interpretationsrahmens (»die sowjetischen Soldaten benahmen sich absichtlich wie
Tiere«). Wer einen differenzierteren Zugang zum Thema wählt, wird sofort persönlich angegriffen. Das heißt, der neue, virtuelle erinnerungspolitische Raum hat schlussendlich keine förderliche Wirkung auf eine offene,
einladende Erinnerung. Der Zweck des Postens von Geschichten besteht
ausschließlich darin, der sich erinnernden Person einen Platz in der allgemeinen Opfergruppe zu sichern, aber die persönliche und individuelle
Erinnerung verschwindet. Das ist der Grund dafür, dass die erzählten Geschichten überwiegend keine persönlichen Geschichten sind: Sie sind
nicht den sich Erinnernden selbst widerfahren, sie hörten nur davon oder
sprachen vielleicht mit jemandem, der als Zeuge bei den Geschehnissen zugegen war. Die Geschichten erscheinen zugleich im Paradigma, auf dem
moralischen Fundament »des Erinnerns als Pflicht«. Dieser Rahmen wurde
aus dem Gedächtnis des Holocaust übernommen, weicht jedoch grund-
legend davon ab: Hier schafft er nicht die Opfergemeinschaft, wie das beim
Holocaust-Gedächtnis der Fall ist, er gibt den Opfern keinen Raum, sich
zu erinnern. Und so entstehen auch keine Gruppen, die sich an das Erlebte
erinnern, sondern nur solche, die sich an das Gedächtnis der Geschehnisse
erinnern. Diese Gruppen basieren auf Ausgrenzung und Hass, nicht auf
Demokratisierung und Empathie.[119] Das Internet brachte keinen demokratischen Raum für die Erinnerungspolitik hervor. Im Gegenteil.

119   Zu Online-Gedächtnisgemeinschaften siehe: Arthur, Trauma online.

Schweigen und Verschweigen

Die Geschichte der Kriegsvergewaltigungen ist von Schweigen und Verschweigen geprägt. Der Kalte Krieg begünstigte zwar auf westlicher Seite die Dokumentierung von sexueller Kriegsgewalt der Sowjets, aber die Darlegung ihrer Brutalität verfolgte vordergründig den Zweck, die sowjetische Armee zu diffamieren bzw. die Frauen zugleich als Opfer und als Heldinnen darzustellen.[1] Das kollektive Gedächtnis Ungarns konstituierte sich bis vor kurzem durch die Dichotomie von Helden und Opfern. Erst nach der illiberalen erinnerungspolitischen Wende begann man, die Opfer Märtyrerinnen zu nennen, so wie das im polnischen Kontext schon früher der Fall war. Auf der östlichen Seite des Eisernen Vorhangs, in der sowjetischen Besatzungszone, war die Situation eine andere. Hier reagierte man mit Schweigen. Die Opfer von Vergewaltigungen schwiegen zumeist über die erlittenen Vergewaltigungen, denn nach dem Krieg war es das elementare Interesse der Frauen, den Erwartungen der patriarchalen Gesellschaft zu entsprechen, als »anständige« Frau wahrgenommen zu werden. Aber die Öffentlichkeit maß das Ausgeliefertsein und die Wehrlosigkeit der Frauen nicht mit der gleichen Messlatte wie die heroischen Taten der Männer auf dem Schlachtfeld. Von den Frauen im Hinterland wurde erwartet, dass sie die Einheit der Familie und die bürgerlichen Sitten bewahrten. Über die dem Körper der Frau zugefügte Gewalt wurde in der Öffentlichkeit nicht gesprochen, denn die Schuld daran wurde immer den Frauen gegeben: Sie hatten sich schlicht nicht gut genug versteckt, so wie andere, die mehr Glück hatten. Das alles verhüllende Schweigen wurde im Extremfall auch durch Mord sichergestellt, es kam sogar vor, dass Väter ihre vergewaltigten Töchter töteten, um alle Spuren der Schande zu beseitigen.[2]

Wer sind diejenigen, die trotz alledem über die Kriegsvergewaltigungen sprechen, und was motiviert sie dazu? Dass sie den Weg in die Öffentlichkeit finden, kann durch die Veränderungen der gesellschaftlichen Beziehungen, die Legitimierung der Erfahrungen, den Wunsch nach Entschädigung und Rehabilitierung bedingt sein. Dabei muss es sich nicht zwingend

1 Grossmann, A Question of Silence.
2 Vesna Nikolic Ristanovic: Szexuális erőszak in Régió, 2001, S. 131.

um einen finanziellen Schadensersatz handeln, für viele wäre auch eine symbolische Anerkennung der Gemeinschaft ausreichend gewesen: die Implementierung eines Gedenktages, die Errichtung eines Mahnmals oder die Markierung von Orten, wo Massenvergewaltigungen geschahen. Doch sogar dort, wo für die von Soldaten vergewaltigten weiblichen Opfer ein Mahnmal errichtet wird, bedeutet das ein weiteres Verschweigen, denn wo nur von weiblichen Opfern die Rede ist, sind männliche Opfer nicht mitgedacht. Das lässt den Anschein erwecken, dass über sexualisierte Kriegsgewalt nur von einer weiblichen Opferperspektive gesprochen werden kann, und Rechte können nur auf dieser Grundlage geltend gemacht werden – aus der Perspektive des Mannes nicht. Losgelöst vom historischen Kontext, wird dann der weibliche Körper der Raum, wo die Schlachten der Erinnerungspolitik ausgefochten werden.[3]

Die Sichtbarmachung von Massenvergewaltigungen von sowjetischen Soldaten begann am Ende des Kalten Kriegs im Zuge einer allgemeinen Kommunismusfeindlichkeit und fand eine Fortsetzung im Bereich der Kunst, mit Filmen und literarischen Werken, sowie im Feminismus. Seit den 2000er-Jahren gibt es einen illiberalen Paradigmenwechsel, der bewirkte, dass die Geschichten von Frauen erzählbar wurden. Im Folgenden sollen juristische und erinnerungspolitische Praktiken analysiert werden, die das Schweigen über die während des Zweiten Weltkriegs verübten Vergewaltigungen brechen sollten.

Das Verschweigen in der Justiz und die Durchsetzung der Anerkennung vor dem Gericht

Sexuelle Gewalt ist laut Strafgesetzbuch eine Straftat. Im Militär gilt sie als Gehorsamsverweigerung und als Handlung mit Sicherheitsrisiko und ist deshalb strafbar. Die sexuelle Gewalt ist auch in moralischer Hinsicht inakzeptabel und wird von der Gesellschaft verurteilt. Wobei die Strafmaßnahmen für sexuelle Gewalt selbst in Friedenszeiten und bei gut funktionierenden Institutionen ungewiss sind, denn auch dann kommt nur ein Bruchteil der Fälle vor Gericht, und die Opfer brechen nicht selten die oft schleppend vorangehende, von unerwünschter Öffentlichkeit begleitete juristische Prozedur ab bzw. lassen sich erst gar nicht darauf ein. Die juristische Untersuchung sexueller Gewalt ist ohnehin nicht unproblematisch,

3 Lim, Afterword, S. 254.

denn die gesetzlichen Rahmen, die Regeln und der Sprachgebrauch verschaffen eher dem Täter Vorteile.[4]

Wenn die Vergewaltigung von einem Soldaten verübt wird, dann ist er als Repräsentant jener Armee zu betrachten, deren Uniform er trägt. Und die Armee ihrerseits steht für ihr Land und für ihre Nation, deshalb wird sie alles tun – schon zum Schutz der soldatischen Männlichkeit –, damit die Angelegenheit nicht ans Tageslicht kommt. Solche Vorfälle bringen nicht nur Schande über das Heer, sondern sie beeinträchtigen dessen Effizienz, weil dadurch die gemeinschaftsstiftende Kraft, die gut funktionierende soldatische Männlichkeit, beeinträchtigt wird.

Die Kriegsvergewaltigungen wurden zunächst im juristischen Rahmen sichtbar, weil es sich hier in erster Linie um einen juristischen Normenverstoß handelt. Laut der Gesetze der geregelten Kriegsführung konnte ein Soldat, der eine Vergewaltigung beging, an Ort und Stelle hingerichtet oder vor ein Kriegsgericht gestellt werden. »Der Schutz von Frauen und Kindern« tauchte zum ersten Mal während des Ersten Weltkriegs im öffentlichen Diskurs auf, denn damals trafen zahlenmäßig riesige Armeen auf Zivilisten oder wurden in bewohnten Gebieten inmitten der Zivilbevölkerung stationiert. Artikel 3 der 1949 verabschiedeten Genfer Konventionen regelt die Berücksichtigung des Geschlechts bei Kriegsgefangenen, denn in vielen Fällen (zum ersten Mal während des Warschauer Aufstandes) gerieten auch Frauen in Kriegsgefangenschaft, was zu diversen Problemen führte. In den juristischen Prozessen nach dem Zweiten Weltkrieg diente ebenfalls das Genfer Abkommen als Grundlage. Laut Artikel 2 der UN-Konvention gegen Völkermord gilt die Vergewaltigung als ein Verbrechen gegen die reproduktive Fähigkeit, das das Ziel der körperlichen und psychischen Vernichtung einer Gemeinschaft verfolgt, durch die Verhinderung von Geburten und die Vernichtung der Kinder. Die Massengewaltakte von 1993 und 1994 auf dem Gebiet des ehemaligen Jugoslawien führten dazu, dass sexuelle Gewalt zum Kriegsverbrechen erklärt wurde. Dies war vor allem den Menschenrechts- und Frauenrechtsaktivistinnen zu verdanken, denen es gelang, in effektiver Zusammenarbeit mit der Wissenschaft Veränderungen in der Rechtsregelung zu bewirken.

Die auf dem Gebiet des ehemaligen Jugoslawien verübten Massenvergewaltigungen veränderten die juristische Beurteilung der soldatischen sexuellen Gewalt. 1992 wurde vom UNO-Sicherheitsrat der Internationale Strafgerichtshof für das ehemalige Jugoslawien (ICTY) ins Leben gerufen,

---

4   Kirsten Campbell: Legal Memories. Sexual Assault, Memory, and International Humanitarian Law, in: Signs 28.1 (2002), S. 149-178.

der auf der Grundlage des Genfer Abkommens von 1949 und der Haager
Abkommen die in Jugoslawien begangenen Verbrechen gegen die Menschlichkeit untersuchte. (Dieser Begriff stammt aus den Nürnberger Prozessen.) Nach den Vorfällen in Bosnien galt Vergewaltigung nicht mehr als
eine Frage von Anstand, sondern als strukturelle Verletzung der Menschenrechte im Verlauf eines Kriegs. Das brachte gelegentlich auch eine
Veränderung in der Rechtsprechung des jeweiligen Landes mit sich, obwohl die lokalen Behörden der Gerichtsbarkeit wesentlich weniger Vergewaltigungsfälle verhandelten als der Internationale Gerichtshof, weil die
gesetzlichen Unsicherheiten und die Vorurteile vor Ort die Anklageerhe-
bung verzögerten. Auf dem Gebiet des ehemaligen Jugoslawien kam es oft
zu Rechtsharmonisierungsstreitigkeiten, die man auch hätte lösen können,
indem man für sexuelle Gewalt auf der Ebene der juristischen Entität der
verschiedenen neu entstandenen Staatsgebilde ein einheitliches Strafmaß
definiert hätte.[5]

Aufgrund der Praxis von ICTY fügt sich ein Bild über die Schwierigkeiten bei der juristischen Regelungen zusammen. 40 Prozent der vor Gericht
verhandelten Fälle enthielten Elemente von sexueller Gewalt. Die Prozesse
endeten jedoch in zahlreichen Fällen mit Freispruch oder damit, dass die
Anklage fallen gelassen wurde, weil viele Zeugen nicht mehr vor Gericht
aussagen wollten bzw. die mündliche Zeugenaussage als nicht überzeugend eingestuft wurde. Die Opfer verwiesen häufig darauf, dass es für eine
Frau unpassend sei, gegen die »Tradition«, und sie gingen auf die langwierige und eventuell mit Presseöffentlichkeit verbundene administrative Prozedur gar nicht erst ein. Das Gericht von Sarajewo berief sich auch auf dieses Argument und lehnte die Untersuchung der Fälle ab. Das Gericht war
auf diese neue Aufgabe nicht vorbereitet, und die weiblichen Opfer mussten oft zu Männern über die Gewalt, die gegen sie verübt wurde, sprechen.
Etwa die Hälfte der Frauen, die eine Zeugenaussage ablegten, wurde von
einem unterstützenden Freund oder Familienmitglied begleitet. Den Opfern wurde eine finanzielle Entschädigung zugesprochen, was für die armen Frauen vom Land motivierend gewirkt haben mochte, denn oft war
das die einzige Einnahmequelle der Familie. Diejenigen, die eine Aussage
machten, entschieden sich in erster Linie wegen der finanziellen Kompensation dafür, das Schweigen zu brechen. Aus der Analyse der Gerichts-
praxis geht eindeutig hervor, dass die Rechtsharmonisierung auf interna-
tionaler und nationaler Ebene, die Wertvorstellungen und Vorurteile der

---

5 Kirsten Campbell: Rape as a »Crime against Humanity«. Trauma, Law and Justice
   in the ICTY, in: Journal of Human Rights 2.4 (2003), S. 507-515.

Juristen, die gesellschaftlichen Vorurteile sowie die finanziellen Engpässe allesamt Einfluss auf den Erfolg der formellen Rechtspraxis nehmen.[6] In Ungarn verlief dieser Prozess nach dem Zweiten Weltkrieg anders. Die sowjetischen Truppen, die vom 31. August 1944 bis zum 16. Juni 1991 in Ungarn stationiert waren, standen außerhalb der ungarischen Gerichtsbarkeit. Eine Kultur-, Wirtschafts- und Mentalitätsgeschichte dieses Zeitraums ist die ungarische Geschichtswissenschaft noch schuldig.[7] Dieses große Versäumnis kann nur wenig damit entschuldigt werden, dass es schwierig ist, an sowjetische Quellen heranzukommen; traditionelle kriegswissenschaftliche Studien analysieren ja auch nur, inwieweit das Verhalten der Soldaten den Regeln entspricht. Die Rote Armee war bis zum Friedensschluss als Besatzungsmacht anwesend, und ihr juristischer Status wurde vom Alliierten Kontrollrat geregelt. Ungarn stand unter militärischer Verwaltung, und gegen die Gräueltaten der Soldaten konnte nur bei den Sowjets Klage erhoben werden – in der Regel erfolglos. Die Kläger wurden oft sogar verhaftet und in ein Arbeitslager nach Sibirien deportiert. Als Kasernen für die sowjetischen Soldaten dienten die Gebäude, die zuvor die deutschen und ungarischen Soldaten zu diesem Zweck genutzt hatten, aber viele Soldaten wurden auch bei der Zivilbevölkerung einquartiert, was zu unzähligen Konflikten führte. In Kecskemét bezogen sowjetische Offiziere zum Beispiel verlassene bzw. von der Horthy-Administration enteignete Häuser von Juden. Anderswo kam es vor, dass sie, selbst wenn sie in ein Haus oder eine Wohnung gar nicht einzogen, es ausraubten. Das sowjetische Militärkommando bedrängte die Stadtleitung ununterbrochen mit neuen Einquartierungsansprüchen. Das war eine große Last für die Bevölkerung, die aus dem »verlassenen«[8] jüdischen Vermögen finanziert wurde. Die Einrichtung eines sowjetischen Krankenhauses in Kecskemét wurde ebenfalls durch die Beschlagnahmung des Eigentums der lokalen

---

6 Gabriela Mischkowski: *The Trouble with Rape Trials. Views of Witnesses, Persecutors and Judges on Persecuting Sexualised Violence during the War in the former Yugoslavia.* Köln, Medica Mondiale, 2009. (Die Analyse reicht bis in das Jahr 2009.)

7 Vgl.: Róbert Rigó: *Elitváltások évtizede Kecskeméten (1938-1948).* Budapest–Pécs, Állambiztonsági Szolgálatok Történeti Levéltára – Kronosz Kiadó, 2014. Dieser hervorragende Band über die Geschichte der Stadt Kecskemét stützt sich ausschließlich auf lokale Quellen.

8 Als »verlassen« wurden nach 1945 im ungarischen Verwaltungswesen alle Bestandteile vormaligen Eigentums von Juden bezeichnet, die im Zeitraum von 1939 bis 1945 enteignet wurden. Vgl. Borbála Klacsmann, Neglected Restitution. The Relations of the Government Commission for Abandoned Property and the Hungarian Jews, 1945–1948, in: The Hungarian Historical Review 9.3, Holocaust Victimhood in Hungary: New Histories (2020), S. 512-529.

Bevölkerung ermöglicht. Am 9. Januar 1945 wurden folgende Gegenstände für das sowjetische Krankenhaus beschlagnahmt: 100 Betten, 35 Liegen, sechs Betteinlagen, 14 Drahtmatratzen, 30 Strohsäcke, 18 Bettlaken, 13 Wolldecken, 16 Bettdecken, 130 große Kopfkissen, 25 kleine Kopfkissen, sechs Daunendecken, vier Waschschüsseln, zwölf Glühbirnen. Laut Brief vom Bürgermeister an den Leiter des 1. Bezirks vom 6. Februar 1945 sollten in der Begleitung der Ordnungskräfte für das Krankenhaus in Kecskemét die folgenden Gegenstände eingesammelt werden:»200-300 Stk. Betten mit Kissen, Decken, Bettlaken, Strohsäcken, 50-60 Stk. Glühbirnen, 60 Doppelzentner Brett zum Bau von Liegeplätzen, 50-60 Doppelzentner Kohle, 3 Waschschüsseln.«[9] In Pápa, wo es eine große Kaserne gab, waren am 4. April 1947 950 sowjetische Offiziere einquartiert, und man musste auch den Offizieren der neu hinzu kommenden Einheiten Wohnungen in der Stadt bereitstellen. János Kerekes, der Bürgermeister von Pápa, bat aus diesem Grund Mátyás Rákosi, den Generalsekretär der Ungarischen Kommunistischen Partei, dieser möge bei dem Alliierten Kontrollrat erreichen, dass »die Truppen, die in Pápa einquartiert werden sollen, nicht von so großer Anzahl sind«.[10] Wie groß diese Anzahl tatsächlich war, ist nicht bekannt, sicher aber ist, dass sich die ungarischen Behörden gegen die sowjetischen materiellen Ansprüche kaum wehren konnten.

Nach dem Abschluss des Friedensvertrags und bis September 1955 konsolidierte sich die Situation der sowjetischen Soldaten. Sie waren nun in Kasernen, in Stützpunkten, untergebracht, oft zusammen mit ihren Familien, und von dort aus hielten sie das Land unter Kontrolle. Den Kontakt mit den Sowjets zu pflegen war die Aufgabe und das Privileg der kommunistischen Partei, die sich nicht selten erhoffte, daraus wirtschaftlichen und politischen Nutzen zu ziehen. Die Sowjets waren in beratender Funktion auch in der ungarischen Armee präsent, aber ihre Anwesenheit war unauffällig, und sie verhielten sich bewusst distanziert.[11] Für die Aufrechterhaltung der Ordnung war der sowjetische Geheimdienst zuständig, eine Militärpolizei gab es nicht, und immer mehr Angelegenheiten wurden von der ungarischen Militärverwaltung übernommen. Die Sowjets delegierten jemanden zur Untersuchung der Fälle bzw. sie waren bestrebt, den Ausgang der Angelegenheiten zu ihren Gunsten zu beeinflussen. Nach 1956

---

9 Berichte der Bezirksleiter. BKML IV. 1910/u die Unterlagen der Bezirksleiter der Stadt Kecskemét 1944-1947. Karton 1. Ich danke Róbert Rigó, dass er mir seine Aufzeichnungen großzügig zur Verfügung stellte.

10 Balogh, »Törvényes« megszállás, S. 401.

11 Magdolna Baráth: *A szovjet tényező. Szovjet tanácsadók Magyarországon*. Budapest, Gondolat, 2017.

wurden die Truppen in bewachten Wohnsiedlungen, Garnisonen, zusammengezogen, und sie kamen mit der Bevölkerung praktisch nicht mehr in Berührung.[12] Am 29. Mai 1957 berichtete die Tageszeitung *Népszabadság* über die Gesetzesverordnung Nr. 54 vom Jahr 1957, die in erster Linie die Interessen der Sowjets vertrat und die Rechte und Verpflichtungen nicht detailliert regelte. Beim Abzug der sowjetischen Armee kam es schließlich zwangsläufig zu Streitigkeiten, denn die Einheiten verwohnten ja die Gebäude nicht nur, sondern sie nahmen auch alles Bewegbare mit.[13] Bei Konflikten mit der ungarischen Zivilbevölkerung griff die sowjetische Partei immer wieder entschlossen in den Lauf der Rechtsprechung ein: Entweder versuchte sie, das Opfer zu zwingen, die Anklage zurückzunehmen, oder, wenn nichts anderes übrig blieb, zog sie die Täter aus Ungarn ab.

Die imperiale Arroganz der Sowjets sowie die damit einhergehende Ideologie, wonach die Sowjetunion mit dem Sieg über den Faschismus das Gute vertrat, machte die Güter des besetzten Landes für die Rote Armee zur Beute. Die institutionalisierte Gerichtsbarkeit der besetzten Länder ignorierten sie. Für die Ungarn galt es fortan, die Angelegenheiten informell zu erledigen und persönliche Beziehungen spielen zu lassen. Die ungarischen Kommunisten taten sich mit dem Schutz der Zivilbevölkerung nicht sonderlich hervor, sie waren vor allem bestrebt, eine PR-Katastrophe zu verhindern. In der neuen politischen Situation erwies es sich im Interesse der eigenen und nationalen Zukunft als wichtiger, die Sowjets ihrer Loyalität zu versichern. Die lokale, mit Mitgliedern der kommunistischen Partei besetzte Polizei versuchte in manchen Fällen ihre politischen Beziehungen spielen zu lassen. Zum Beispiel als am 10. Dezember 1945 der Polizeipräsident des Landkreises von Balatonfüred an Mátyás Rákosi einen Brief schrieb, in dem er diesen bat, im Interesse eines Einwohners der Stadt, eines Maurers, seinen Einfluss bei den Sowjets »spielen [zu] lassen«, denn der Maurer hatte einen sowjetischen Soldaten verletzt, der nachts in sein Haus geklettert war. Die Antwort kam vom unter sowjetischer Leitung stehenden Alliierten Kontrollrat am 25. Februar 1946. Danach hatte der Mann aus Balatonfüred den sowjetischen Soldaten aus Eifersucht verletzt – auf Ungarisch heißt der juristische Fachterminus wortwörtlich übersetzt »Sorge um die Liebe«. Deshalb sei es berechtigt, dass er zu fünf Jahren Haft verurteilt wurde. Dass die Sowjets die Abwehr einer Vergewaltigung als »Sorge um die Liebe« bezeichneten, zeigt, dass sie sich über die

12 György Molnár: Megszállók a homályban, in: Beszélő online, 1.9.1996. http://beszelo.c3.hu/cikkek/megszallok-homalyban
13 Zur Roten Armee in Ungarn vgl. BOSA HU OSA 300-40-1. 1588.

ungarische Rechtsordnung im Klaren waren. Auch heute noch wird das Motiv »Sorge um die Liebe« genannt, wenn ein Mann die Frau tötet, die ihm emotional nahesteht. Das Generalsekretariat legte keine Berufung ein, und auch Rákosi ließ seine Beziehungen nicht spielen. Man sollte jedoch nicht vergessen, dass damals noch unklar war, wie sich die Hierarchie in der Partei der ungarischen Kommunisten ausgestalten würde, und die ungarischen Kommunisten, die die sowjetischen Säuberungen überlebten, wussten genau, dass sie stets mit einer nächsten Säuberungswelle rechnen mussten.[14]

Wegen der Parallelitäten der Umstände – sowohl zeitlich als auch in dem Sinne, dass in beiden Ländern, sowohl in Ungarn als auch in Korea, die Vergewaltigungen von Soldaten der imperialistischen Besatzerarmee verübt wurden – lohnt es sich, einen Vergleich zwischen dem Verschweigen der Vergewaltigungsfälle im ungarischen Rechtssystem und der Ausbildung des Gedächtnisses der südkoreanischen »Trostfrauen« vorzunehmen.[15] Die »Trostfrauen« waren Sexsklavinnen, Koreanerinnen, die von der japanischen Armee nach der Besatzung verschleppt und weggesperrt und bis zum Ende des Krieges, also über einen langen Zeitraum, vergewaltigt wurden. Etwa 70.000 bis 200.000 Frauen wurden während des Zweiten Weltkriegs in die Sexsklaverei gezwungen, 80 Prozent von ihnen waren Koreanerinnen.[16] In Japan war das System der von der Militärgewalt errichteten Bordelle als »Geschenk des Kaisers an sein Volk« konzipiert und diente den kolonialen und wirtschaftlichen Aspirationen des Landes. Nirgendwo existierte eine strukturelle, staatlich betriebene Institution der Sexsklaverei länger als in Japan (zwischen 1932 und 1945). In Polen gibt es Quellen, die belegen, dass sowjetische Soldaten Frauen gewaltsam zur Kommandantur schleppten und sie dort zur Befriedigung ihrer sexuellen Bedürfnisse festhielten. Das führte selbst noch 1947 zu Problemen der öffentlichen Sicherheit.[17] Laut des für die polnische Exilregierung erstellten Berichts wurden in Bydgoszcz in den sowjetischen Kasernen Frauen als Sexsklavinnen fest-

14 BOSA HU OSA 408-1-3/9.
15 Maki Kimura: Narrative as Site of Subject Construction. The »Comfort Women« Debate, in: Feminist Theory 9.1 (2008), S. 5-24. Über die Situation in Nordkorea gibt es keine Erkenntnisse.
16 Sarah Soh Chunghee: The Korean »Comfort Women«. Movement for Redress, in: Asian Survey 36.12 (1996), S. 1226-1240; Christina M. Chinkin: Women's International Tribunal on Japanese Military Sexual Slavery, in: The American Journal of International Law 95.2 (2001), S. 335-341.
17 Zaremba, Wielka Trwoga.

gehalten.[18] Im Bericht ist zwar vermerkt, dass es sich um eine unbestätigte Information handelte, aber im kollektiven Gedächtnis finden sich ihre Abdrücke.

Diese Phase der Festnahmen von Frauen – auch Alaine Polcz berichtet davon – dauerte in Ungarn nicht lange, und die Massen- und Gruppenvergewaltigungsfälle sind mit dem institutionalisierten Netz der japanischen Sexsklavinnen nicht zu vergleichen. Die schlechte internationale Presse des Massakers von Nankin und der Massenvergewaltigungen bewogen die Verantwortlichen in Japan dazu, den Ausbau des Systems der Militärbordelle zu beschleunigen. Der Transport von Frauen aus den besetzten Ländern, aber auch aus Japan, in diese Institutionen war ausgesprochen gut organisiert. Wie bereits erwähnt, wurden auch vom »Dritten Reich« Bordelle errichtet, sowohl für die Offiziere und Soldaten als auch für die Gefangenen in den Konzentrationslagern. Das Thema war sowohl im japanischen Kontext als auch in Deutschland bis vor Kurzem offiziell weitgehend von Schweigen umhüllt, nicht zuletzt aufgrund von geopolitischen Interessen.[19] Zur Zeit des Kalten Krieges wurde in Ost- und Westdeutschland zwangsläufig auf unterschiedliche Art und Weise über die Opfer von sexueller Kriegsgewalt nachgedacht. Laut Miriam Gebhardt galten diese Frauen unmittelbar nach 1945 als »falsche Opfer«, weil sie nicht als Soldaten gestorben waren, nicht heldenhaft, und sie waren auch nicht Opfer des Nationalsozialismus, hätten stattdessen die Aufmerksamkeit auf das weniger heldenhafte Verhalten der Sieger gelenkt. Vorherrschend war die Meinung, sie trügen Schuld daran, was ihnen passiert war.[20] Im Osten von Deutschland, in der sowjetischen Besatzungszone, wurde über sexuelle Gewalt von sowjetischen Soldaten schlicht gar nicht gesprochen, Thema war hier mehr die mangelnde Moral der Frauen in den westlichen Besatzungszonen. Im Westen hingegen fand die sowjetische soldatische sexuelle Gewalt Eingang in das kollektive Gedächtnis, aber nur im narrativen Rahmen des Kalten Krieges.

Sowohl in Korea als auch in Ungarn bewirkte letztlich eine geopolitische Wende, dass das Schweigen durchbrochen wurde. Während es in Ungarn der Abzug der sowjetischen Truppen war, der zu dieser Entwicklung beitrug, ermöglichte es in Korea der Tod von Kaiser Hirohito im Jahr 1989, über die Geschehnisse zu sprechen. Südkorea unterhielt im Kalten Krieg

18 Ostrowska, Zaremba, »Kobiecagehenna«.
19 Chunghee Sarah Soh: *The Comfort Women: Sexual Violence and Postcolonial Memory in Korea and Japan* (Worlds of Desire: The Chicago Series on Sexuality, Gender, and Culture). Chicago, University of Chicago Press, 2008.
20 Gebhardt, Crimes Unspoken, S. 17-19.

gute Beziehungen zu Japan, und deshalb wurden die koreanischen Zivilorganisationen, so auch die Frauenbewegungen, unterdrückt, ihre Mitglieder oft inhaftiert.

Unmittelbar nach Kriegsende gaben die Frauen sich selbst die Schuld,
wenn sie von Soldaten vergewaltigt wurden, und damit trugen sie zum
Schweigen der Gesellschaft bei. In Korea setzte der öffentliche Diskurs über
diese Frage erst in den 1990er-Jahren ein; bis dahin wurden die Sexsklavinnen – entsprechend dem offiziellen Narrativ Japans – als Prostituierte oder
Sexworker betrachtet, und es wurde herausgestellt, dass sie sich freiwillig für
die Arbeit gemeldet hätten. Allerdings waren sie mit dem Versprechen an-
geworben worden, eine gut bezahlte Arbeit zu bekommen, und von Sexarbeit war explizit auch keine Rede. Mit der Aufstellung des Internationalen
Frauentribunals für Kriegsverbrechen traten die konservativen Frauenorganisationen konform mit den Zielsetzungen ihrer Regierung auf den
Plan. Mit dem Argument »der Würde der Frau« stellten sie die in Militärbordelle verschleppten Koreanerinnen so dar, als wären sie freiwillige Sexworkerinnen gewesen. Vielleicht trifft das insofern tatsächlich zu, dass
Frauen aus armen, patriarchalen koreanischen Familien in den ländlichen
Regionen oft tatsächlich hofften, ihr Leben würde sich zum Besseren wenden, wenn sie den Versprechen der japanischen Werber folgten. Es gab
aber auch Fälle – und das war die Mehrzahl –, in denen Frauen in den besetzten Dörfern mit Waffen zusammengetrieben und in die Sexsklaverei
verschleppt wurden. In Ungarn war ebenfalls jedem und jeder klar, was es
bedeutete, wenn sowjetische Soldaten Frauen aufforderten, beim Kartoffelschälen »freiwillig« mitzuhelfen. In Polen wurde häufig vorgetäuscht,
die Frauen sollten verletzte Soldaten pflegen.[21] Hier erfolgte das Verschlep-
pen von Frauen in Arbeitslager unabhängig von den Vergewaltigungen,
aber ebenfalls als struktureller Bestandteil des Systems.

Bei der Gegenüberstellung der koreanischen »Trostfrauen« und der zum
»Malenkij Robot« verschleppten Frauen führt die Untersuchung der Rolle
des Staates mitunter zu bemerkenswerten Ergebnissen. Die koreanischen
Sexsklavinnen wurden durch die Bezeichnung »Trost« von »normalen«
Prostituierten unterschieden. Elaine Scarry zufolge führen Folter, Kon-
trollverlust und Vergewaltigung dazu, dass die Frau zu einer »lebendigen
Toten« wird. Die japanischen Behörden behaupteten hingegen, die Koreanerinnen hätten sich freiwillig gemeldet, in der Hoffnung gut zu verdienen
bzw. Teil der Armee zu werden. Mit diesen Argumenten wollten sie sich
vor zukünftigen Entschädigungsforderungen schützen. Die Zivilorganisa-

---

21 Zaremba, Wielka Trwoga.

tionen argumentierten damit, dass diese Frauen keine Sexworkerinnen waren (als solche hätten sie theoretisch eine Wahl gehabt, wann und welche Arbeit sie übernehmen), sondern Sexsklavinnen, die gegen ihren Willen festgehalten wurden und die bei einem Fluchtversuch ihr Leben aufs Spiel setzten. Diese Diskussion um die Bezeichnung war ein taktischer Zug seitens der Täter, um Zeit zu gewinnen, bis möglichst wenige Opfer noch am Leben waren. In Korea waren die überlebenden Sexsklavinnen – anders als in Ungarn – zugleich auch aktive Mitstreiterinnen im erinnerungspolitischen Kampf, und sie verliehen diesem Kampf Glaubwürdigkeit. Für das System der »Trostfrauen« verurteilte die UNO Japan in einer Resolution letztlich erst im Jahr 1996, und erst 2000 wurde der Internationale Strafgerichtshof von Kriegsverbrechen zur Untersuchung der sexuellen Versklavung von Frauen durch das japanische Militär (Women's International War Crimes Tribunal on Japan's Military Sexual Slavery) ins Leben gerufen, der später auch das Museum zur Erinnerung an die koreanischen Sexsklavinnen gründete.[22] Die Aufstellung eines solchen, ausschließlich aus Frauen bestehenden Untersuchungskomitees wurde erst durch den gemeinsamen Diskurs der Menschenrechte und die Menschenrechtsbewegungen möglich.[23] Die Aufstellung der Frauengerichte verfolgte den Zeck, den ehemaligen »Trostfrauen« als Überlebende gesellschaftliche Anerkennung zu verschaffen, und zu bewirken, dass Japan seine Verantwortung für die sexuelle Gewalt, die als ein Verbrechen gegen die Menschenrechte gilt, anerkennt.[24] Die Institution wollte auf der Grundlage der sozialen Geschlechter für Gerechtigkeit sorgen und die Täter zur Rechenschaft ziehen. All das wurde von Aktivistinnen im Zeichen der internationalen Solidarität initiiert, außerhalb staatlicher Rahmen.[25] Kaiser Hirohito (1901–1989) wurde 1946 nicht vor Gericht gestellt, weil Japan im sich stetig verschärfenden Kalten Krieg pazifiziert werden sollte. Das Frauentribunal befand Kaiser Hirohito jedoch auch persönlich verantwortlich für das System der Sexsklaverei. Das spaltete die Aktivistinnen. Manchen von ihnen ging es nicht darum, dass einzelne Personen verurteilt würden, sondern sie verurteilten die Institutionen und Strukturen, die es ermöglichten, dass während des Kriegs ein Netz der sexuellen Sklaverei aufgebaut werden konnte. In Korea sind es vor allem die gebildeten christlichen Frauen aus der gesellschaftlichen Elite im Kreis der Erinnerungsaktivistinnen, die den Kampf

22 Soh, The Korean »Comfort Women«; Chinkin, Women's International Tribunal.
23 Chinki, Women's International Tribunal.
24 Eika Tai: Museum Activism against Military Sexual Slavery, in: Museum Anthropology 39.1 (2016), S. 35-47.
25 Tai, Museum Activism.

um Anerkennung der Opfer der sexualisierten Kriegsgewalt während des Zweiten Weltkriegs vorantreiben.[26] Anders in Ungarn, wo die vergleichsweise schwache Frauenbewegung die erinnerungspolitische Intervention nicht als ihre Aufgabe betrachtete.

Große Ähnlichkeiten jedoch zeigen sich in der lückenhaften Auffindbarkeit von Täterdokumenten. In manchen Gebieten Südostasiens, die im Zweiten Weltkrieg von Japan ebenfalls besetzt waren, sind zwar Unterlagen im Zusammenhang mit der Sexsklaverei erhalten geblieben, in Korea jedoch vernichteten die Japaner solche Dokumente.[27] In Ungarn wurden die Unterlagen zwar nicht vollständig vernichtet, aber sie werden in Militärarchiven in Russland bzw. in der Ukraine aufbewahrt. Zu den russischen Militärarchiven erhalten ungarische Forscherinnen zwar weiterhin keinen Zugang, aber die Archive der Ukraine wurden inzwischen geöffnet, und hier lässt sich einiges erhoffen.

Um eine Anerkennung von sexualisierter Kriegsgewalt herbeizuführen, wurden in Korea und in Ungarn Zeugenaussagen dazu genutzt, die Verbrechen zu dokumentieren und die historische Wahrheit nachzuweisen, quasi als alternative Quellen. Vor diesem Hintergrund ist es von Bedeutung, dass es in den ungarischen Fällen nur sehr wenige Aussagen gibt, in denen die Opfer selbst über das berichten, was ihnen widerfuhr. Stattdessen erzählen häufig Frauen, die nicht selbst vergewaltigt wurden, bzw. ungarische Männer darüber, was ungarischen Frauen passierte. Durch diese Perspektive, aus der die Frau als Objekt der Erzählung erscheint, wird dem Opfer die Handlungsfähigkeit, das Agens-Sein abgesprochen, die Frau tritt ausschließlich als Opfer in Erscheinung, und das trägt zur Herausbildung einer homogenen Opfergruppe bei.

Eine andere, von den japanischen Tätern angewandte Taktik, die Überlebenden zum Schweigen zu bringen, war, dass sie widersprüchliche Elemente der mündlichen Zeugenaussagen für ihre Zwecke nutzten. Erschwerend kommt hinzu, dass die koreanischen Forscher die Zeugenaussagen in vielen Fällen in einer stark redigierten Form veröffentlichten. Die Überlebenden erzählten ihre Geschichten abweichend, je nachdem, wann und wem gegenüber sie ihre Zeugenaussage ablegten. Die von ihnen erzählten Geschichten sind oft widersprüchlich, nicht zuletzt, weil sie nicht über die Grenzen des Patriarchats hinausdenken konnten. Um den Status der Männer innerhalb des Systems nicht anzutasten, waren sie stets darauf bedacht, Entschuldigungen zu finden, obwohl die Männer, ihre eigenen Landsleute,

26 Soh, The Korean »Comfort Women«.
27 Ebd.

nichts zu ihrem Schutz unternommen hatten. In Ungarn entstand eine standardisierte Erzählweise, wie die Überlebenden ihre Geschichten erzählten.

Der Vergleich der koreanischen und der ungarischen Fälle bietet unter anderem auch dafür eine Erklärung, warum in Ungarn häufig über Vergewaltigungen berichtet wurde, als wäre sie den erzählenden Personen gar nicht selbst widerfahren. Das Subjekt des Erzählenden entsteht im Prozess des Erzählens. Anders als in Korea konnte es sich in Ungarn nicht herausbilden. In beiden Fällen kann man allerdings eine Medikalisierung der Opfer beobachten. Die ungarischen Frauen konnten die erlittene Vergewaltigung mitteilen, indem sie sie über die Geschlechtskrankheiten erzählten. In Korea hingegen gab es im Laufe der Zeit einen Wandel in den Aussagen der Opfer, weil sie mitunter an einem posttraumatischen Stresssyndrom (PTSD) litten. Damit wurde erklärt, dass es von ein und demselben Fall abweichende Erinnerungen geben konnte. Die zweite Welle des Feminismus verband das strukturalistische Erklärungsprinzip der sexuellen Gewalt als Kriegswaffe mit der kolonialistischen Unterdrückung. Dies schuf eine Diskursgrundlage, in der die koreanischen Sexsklavinnen ihre Geschichten über die japanischen Täter erzählen konnten, ohne dass ihnen ein Verlust ihrer Würde drohte. Die Rolle, die Ungarn im Zweiten Weltkrieg spielte, hat sich relativierend auf das im Rahmen dieses Diskurses eindeutige Verhältnis von Opfer und Täter ausgewirkt. Angesichts der Gräueltaten der ungarischen Truppen auf dem Territorium der Sowjetunion wurde der Opferstatus der vergewaltigten Ungarinnen infrage gestellt. Dieses Argument wurde zwar auch gegenüber den koreanischen Truppen ins Feld geführt, die später im Vietnamkrieg selbst als Invasoren auftraten, doch dies nahm den Geschichten der Sexsklavinnen nicht den Raum, vielmehr traten die gemeinsamen Züge des Militarismus noch schärfer hervor, zum Beispiel die Betonung der soldatischen Männlichkeit. Dadurch, dass sich im kollektiven Gedächtnis das Täterprofil vom sowjetischen Soldaten als »Asiaten« herausbildete, blieb für die Frauen beim Erzählen ihrer Geschichte als erzählendes Subjekt nur die Position des Opfers. Das führt dazu, dass die Frauen ihre Geschichte so erzählen, also wäre sie einer anderen Frau passiert.

Die juristische Anerkennung des Gedächtnisses der koreanischen Sexsklavinnen erhielt infolge des politischen Drucks aus der koreanischen katholischen Elite internationale Öffentlichkeit, die Möglichkeit der finanziellen Entschädigung wirkte ebenfalls motivierend. Die Niederlande erhoben eine Anklage auf Entschädigung, denn 35 Staatsbürgerinnen waren ebenso wie die Koreanerinnen von den Japanern als Sexsklavinnen festgehalten worden. Korea wagte diesen Schritt nicht, weil die Opfer befürchteten, keine Chancen mehr auf dem Heiratsmarkt zu haben, wenn ihre Vergangenheit öffentlich bekannt würde.[28] In Indonesien wurden 50 Seniorenheime für ehemalige »Trostfrauen« errichtet, die keine Familie hatten, die für sie hätte sorgen können. In Korea erhielten die Überlebenden Anspruch auf eine Kriegsrente bzw. auf andere finanzielle Zuschüsse. In Ungarn stand eine Entschädigungsregelung außer Reichweite, und so kam es auch nicht zu einer Institutionalisierung. In Korea hingegen trug die institutionelle, juristische und finanzielle Anerkennung dazu bei, dass die Bezeichnung »Trostfrau« ihre tabuisierte Bedeutung nach und nach verlor und mit dem Opferstatus einen positiven Identitätsinhalt gewann. Wobei die koreanische Regierung, darin der bosnischen oder der kosovarischen ähnlich, wenig angetan davon war, dass die Opfer von sexueller Gewalt Entschädigung und damit gesellschaftliche Anerkennung erhielten. Sexuelle Gewalt gegen ihre Frauen ist auch für die Männer eine Demütigung, und die Regierungen, die sich mehrheitlich aus Männern zusammensetzten, richteten ihre Aufmerksamkeit lieber auf die Zukunft als auf die schmerzhaften Erfahrungen der Vergangenheit. Auf internationalen Druck rief die japanische Regierung als Geste des Bedauerns den Fonds für asiatische Frauen (*Asian Women's Fund*) ins Leben. Die Sprache dieses Sühneaktes, zu der es erst Jahrzehnte nach den Straftaten kam, trägt notwendigerweise Merkmale des inzwischen veränderten öffentlichen Diskurses. Etwa 240 Frauen wurde eine Entschädigung zugesprochen, aber nur 80 von ihnen nahmen den zuerkannten Betrag auch an, denn der koreanische Staat startete eine Kampagne gegen das Bestreben der japanischen Regierung, die staatlich organisierte und systematische sexuelle Gewalt hinter individueller Wiedergutmachung zu kaschieren.

Kriegsvergewaltigungen juristisch sichtbar zu machen erfordert seitens der Opfer einen sehr hohen individuellen Preis. Unter anderem auch aufgrund der Unterschiede, die es beim Sprechen über sexuelle soldatische Gewalt und häusliche Gewalt gibt: Während Erstere Gegenstand von politischen und geopolitischen Ränken ist, wird über Letztere nicht gesprochen. Ein weiteres Problem ist, dass es in Bezug auf die tatsächlichen Gründe, die im Militarismus liegen, zu keiner kritischen Auseinandersetzung kommt. Ohne die strukturellen Gründe der sexuellen Gewalt darzulegen, bleibt die Geschichte eines Vergewaltigungsfalls jedoch pure Pornografie, was der Aufrechterhaltung jener symbolischen Ordnung dient, der Opfer und Aktivisten durch die Forderung nach Sichtbarkeit doch entgegentreten.

---

28 Chunghee Sarah Soh: Human Rights and the »Comfort Women«, in: Peace Review 12.1 (2000), S. 123-129.

Zur Klärung der Situation der Opfer von Massenvergewaltigungen während des Zweiten Weltkriegs in Ungarn bräuchte es Komitees. Diese Ausschüsse müssten von unten nach oben organisiert sein, die auf der Grundlage der Erschließung der Fakten an Ort und Stelle für Gerechtigkeit sorgen könnten, nicht unbedingt im Rahmen des bestehenden Rechtssystems. Und was dabei am wichtigsten ist: Diese Form könnte auch neue Erzählrahmen hervorbringen, denn wegen der kollektiven Massentäterschaft und aufgrund des großen zeitlichen Abstands zu den Taten besteht kaum noch eine Möglichkeit, die Täter formal zur Rechenschaft zu ziehen.[29] Dazu fehlt es jedoch an einer Frauenbewegung, die an der Gestaltung der Erinnerungspolitik aktiv teilnimmt, was allerdings im durch den erinnerungspolitischen Paradigmenwechsel veränderten Rahmen des Erinnerns mittlerweile unmöglich ist.

Anstelle eines Mahnmals

Zur Bewahrung des kollektiven Gedächtnisses können Denkmäler dienen. Gibt es für die während des Zweiten Weltkriegs vergewaltigten Frauen überhaupt welche in Europa? Es sorgte für großen Wirbel, als der polnische Bildhauer Jerzy Bohdan Szumczyk 2013 sein Mahnmal *Komm, Frau* präsentierte, das einen sowjetischen Soldaten darstellt, der eine schwangere Frau vergewaltigt und ihr dabei eine Pistole an den Kopf hält. Die Statue weist darauf hin, dass die Sowjets die Deutschen und die Polen kollektiv bestraften und dass die Vergewaltigung von Vergeltung motiviert war. Der Künstler wurde für kurze Zeit inhaftiert und die Skulptur in Reaktion auf die Proteste der Bevölkerung und wegen fehlender behördlicher Genehmigungen sehr bald wieder entfernt.

In Ungarn, in Csongrád, steht seit 2019 ein Mahnmal, wobei auf den ersten Blick nicht ersichtlich ist, wem es gedenkt. Auf einer bronzenen Gedenktafel verdeckt eine junge, langhaarige, halbnackte Frau mit den Armen ihre Brüste, während von allen Seiten Hände drohend nach ihr greifen.[30] Daneben steht das Bibelzitat »und Gott wird abwischen alle Tränen von ihren Augen« aus der Offenbarung des Johannes (Offenbarung 21,4). Diese hochkodierte Beschriftung machte die Aufstellung der Gedenktafel

---

29 Onur Bakiner: One Truth Among Others? Truth Commissions' Struggle for Truth and Memory, in: Memory Studies 8.3 (2015), S. 345-360.

30 Attila Majzik: Hadd legyenek ők is tiszták, hősék, szentek! – Csongrádi nők kaptak emlékművet. https://www.delmagyar.hu/csongrad-es-kornyeke/hadd-legyenek-ok-is-tisztak-hosok-szentek-csongradi-nok-kaptak-emlekmuvet-4443792/, 24. 2. 2019.

Jeremy Szumczyk: *Komm, Frau*. Das Denkmal in Gdańsk

überhaupt möglich, und nur die lokale Presse berichtete darüber. Die Idee stammt von dem katholischen Lokalpatrioten József Botos, er hat die Gedenktafel finanziert, die von einem männlichen Künstler geschaffen und von einem ebenfalls männlichen Bürgermeister eingeweiht wurde. Allerdings, so berichtete ein Journalist, kam bei der Einweihung auch eine Frauenstimme zu Wort: »Mit diesem Denkmal neigen wir unser Haupt vor den Frauen und der allgemeinen menschlichen Würde. Ihr Opfer war heilig.« So wird die Ehefrau des Initiators in diesem Bericht zitiert. Sie hat übrigens auch einen Namen. Es handelt sich um Katalin Botos, eine ehemalige Ministerin der konservativen MDF-Regierung. Warum das Opfer heilig gewesen sein soll, wird nicht erläutert, obwohl darüber eine große Menge Literatur auf Ungarisch zur Verfügung steht.

Auch die Debatten um die koreanischen Sexsklavinnen lassen nicht nach. In Berlin-Mitte steht eine Statue, die die japanische Botschaft im Oktober 2020 entfernen lassen wollte.[31] Und ein Dozent der Harvard-Universität veröffentlichte einen Artikel, der große internationale Proteste hervorrief. Demzufolge hatten sich die Frauen freiwillig für bezahlte Arbeit

31 https://www.dw.com/en/comfort-women-memorial-berlin/a-55272887

Gedenktafel für die vergewaltigten Frauen in Csongrád.

gemeldet.[32] Mehrere Forscherinnen, die zum Thema arbeiten, widerlegten in einer langen Mängelliste die Irrtümer des Artikels.[33]

In Ungarn entfachten die kürzlich ohne gesellschaftlichen Dialog im öffentlichen Raum aufgestellten Denkmäler große Diskussionen, weil sie eine einseitige erinnerungspolitische Konzeption verkörpern.[34] Bezugnehmend auf den Film von Fruzsina Skrabski wurde von vielen vorgeschlagen, dass für die Frauen, die Opfer von sowjetischer Kriegsvergewaltigung wurden, ein Denkmal errichtet werden sollte. Die Probleme der visuellen Darstellung von Vergewaltigungen habe ich weiter oben bereits dargelegt. An dieser Stelle möchte ich die Frage aufbringen, wie es überhaupt möglich ist, über einen historischen Fakt zu sprechen, daran zu erinnern, der über keine visuelle Repräsentation verfügt.

Die erste Antwort, die man darauf geben könnte, ist, dass eine visuelle Erinnerung ohnehin zu vermeiden ist. So argumentiert Susan Sontag, die der Ansicht ist, dass das Betrachten von Bildern, die Gewalt darstellen, die visuelle Kultur der Gewalt reproduziert. Hinzu komme, dass der Betrachter in seiner Betrachtung die Gewalt wiederholt.[35] Dieses Argument war einer der Gründe, warum das Gdańsker Mahnmal entfernt wurde, und das

32 J. Mark Ramseyer: Contracting for Sex in the Pacific War, in: International Review of Law and Economics 65 (2021). https://doi.org/10.1016/j.irle.2020.105971

33 Amy Stanley, Hannah Shepherd, Sayaka Chatani, David Ambaras, Chelsea Szendi Schieder: »Contracting for Sex in the Pacific War«: The Case for Retraction on Grounds of Academic Misconduct. The Asia Pacific Journal, Japan Focus https://apjjf.org/2021/5/ConcernedScholars.html March 1, 2021, 19.5, 13, Article ID 5543

34 Mehr zu dieser Debatte bei Pető, »Hungary 70«.

35 Susan Sontag: *Das Leiden anderer betrachten*. München, Hanser, 2003.

Die Friedensstatue. Mahnmal auf dem Unionsplatz in Berlin-Moabit, das an die »Trostfrauen« in den japanischen Kriegsbordellen erinnert.

war auch mein Argument, als ich Árpád Rácz darum bat, das im vorigen Kapitel analysierte Bild, das in der Zeitschrift *Rubicon* letztendlich doch erschien, mit meinem Text nicht zu veröffentlichen. Aus diesem Grund wurde die Szene im Film von Fruzsina Skrabski zu Recht verurteilt, als sie – wenn auch unter maximaler Berücksichtigung der ethischen Fragen – den Akt der Vergewaltigung von Schauspielerinnen und Schauspielern nachspielen ließ, und damit zur Aufrechterhaltung von zyklischer Wiederholung und visueller Kultur der Gewalt beitrug.

　　Die wenigen erhalten gebliebenen Fotos werden unter Zuhilfenahme der in der Zwischenzeit zur Verfügung stehenden Informationen interpretiert. Auch die Ikonografie der Kunstwerke kann von den Geschichten, die die Überlebenden und Opfer erzählten, nicht losgelöst betrachtet werden. Wie der Künstler seine Statue *Komm, Frau* gestaltete, wurde durch die überlieferten Geschichten der Überlebenden beeinflusst. Fruzsina Skrabski rekonstruierte die Geschichte einer Überlebenden und brachte sie mit Schauspielern und Schauspielerinnen auf die Leinwand. Anstatt von nicht vorhandenen Fotos werden die auf mündlicher Basis geschilderten Geschichten rekonstruiert, und so wird ihre visuelle Darstellung zur Wirklichkeit.

Es gibt mehrere Strategien, wie Denkmäler für Frauen, die Opfer von Vergewaltigungen während des Zweiten Weltkriegs wurden, errichtet werden können. Ein Beispiel ist die Gedenkstätte, die an die Frauen erinnert, die von Japan in die Sexsklaverei verschleppt wurden. Im Militärmuseum in Japan wurde 1998 die Institution der Sexsklaverei zum ersten Mal in Texten erwähnt. Das den »Trostfrauen« gewidmete Ama Museum in Taiwan wurde am 8. März 2016 in der Anwesenheit der 92-jährigen Überlebenden Chen Lienhua eröffnet. »Ama« bedeutet auf Deutsch Großmutter; so werden die taiwanesischen Opfer genannt. Von den etwa 2.000 taiwanesischen Opfern wurden 58 offiziell anerkannt, unter diesen waren drei noch am Leben, alle über 90 Jahre alt. Das Museum wird von einer NGO, der Stiftung Frauenrettung Taipeh (TWRF), betrieben und aus Spenden finanziert.[36] In Schanghai wurde 2007 ein Forschungszentrum für »Trostfrauen«, die aus China verschleppt wurden, gegründet, und 2016 öffnete das Museum. Auch in Nanking wurde 2015 ein Museum eröffnet.

In Seoul fiel im Jahr 2012 die Entscheidung zur Gründung des Museums für Menschenrechte von Frauen im Krieg, das »Haus des Dialogs« genannt werden soll. Dies soll ein Zeichen setzen, dass das Gedächtnis dieser schmerzhaften, von Japan als Frage der nationalen Sicherheit behandelten historischen Tatsache für die Öffentlichkeit freigegeben werden kann und muss. Der koreanische Staat beteiligt sich aktiv am Prozess der Museumseröffnung – wenn auch im Zeichen einer Erinnerungspolitik, die in der Logik geopolitischer Interessen gegenüber Japan stand –, doch die Schlüsselrolle fiel den Erinnerungsaktivistinnen zu. In Korea halten die Zivilorganisationen seit den 1990er-Jahren die symbolische und gerichtliche Entschädigung der Sexsklavinnen beständig auf der Tagesordnung. Das Gebäude ist gleichzeitig Kirche und Ort der Begegnung. Das Sakrale des Erinnerns und Verzeihens ist eng mit dem Archiv verbunden, das die bis dahin verschwiegene Gewalt dokumentiert, und so wird es zum Werkzeug im Kampf um gesellschaftliche Gerechtigkeit. In diesem Archiv werden

---

36 »A Taiwanese rights group opens a comfort women museum in Taipei«, in: The Japan Times, 10.12.2016. https://www.japantimes.co.jp/news/2016/12/10/national/taiwanese-rights-group-opens-comfort-women-museum-taipei/#.WrEziqjwY2w

nicht nur Dokumente bewahrt, es versteht sich als »konfrontatives Archiv« (*confrontational archive*) und stellt auch den Prozess des Verschweigens dar. Der Zweck der Institution ist, die Vergangenheit durch das Erzählen der Wahrheit, durch aktive erinnerungspolitische Intention, Sammlung von Interviews, Archivforschung, Bildung und Wissensvermittlung neu zu bewerten. Die Struktur des Museums ist an den traditionellen Kirchenbau angelehnt, und Sakralität spielt in der Ausstellung auch eine wichtige Rolle. Auf einer prominent platzierten Landkarte sind die Standorte markiert, an denen Sexsklavinnen festgehalten wurden, und an jedem dieser Standorte sind persönliche Geschichten zu lesen. Im Museum wird jedoch nur an die »anständigen« Frauen erinnert, die die Japaner gewaltsam verschleppt hatten; jene Sexarbeiterinnen, die von der Armee rekrutiert wurden, bleiben aus der Erinnerung ausgeschlossen.

Im kalifornischen Glendale steht seit 2013 das Denkmal für die koreanischen Sexsklavinnen. Es sieht genauso aus wie jenes, das trotz des offiziellen Protestes der japanischen Regierung 2011 vor der japanischen Botschaft in Seoul eingeweiht wurde. Ein leerer Stuhl verweist auf die Frauen, die von den japanischen Soldaten verschleppt wurden, bzw. an die sich Erinnernden, die sich neben die junge, in traditionelle koreanische Tracht gekleidete Frau setzen könnten, um ihrer Geschichte Gehör zu schenken.[37] Genauso eine lebensgroße Statue wurde 2017 in einem Bus installiert, so konnten die Fahrgäste zusammen mit der zur Statue gewordenen einsamen Gestalt von A nach B reisen. Die Regierung von Südkorea erklärte 2018 den 14. August zum internationalen Gedenktag der Trostfrauen, an diesem Tag wurden in weiteren fünf Bussen Statuen platziert, später auch in anderen Regionen des Landes. Die japanische Regierung protestierte gegen diese Statuen,[38] obwohl Korea und Japan 2015 ein Abkommen unterzeichnet hatten, in dem Japan sich offiziell entschuldigte und dazu verpflichtete, 8,3 Millionen Dollar Entschädigung an die südkoreanischen Überlebenden zu zahlen. Die Umsetzung des Abkommens geht nur zögerlich voran, wobei auch eine Rolle spielen dürfte, dass der neue Präsident von Korea, Moon Jae-in, ein Menschenrechtsanwalt, die Untersuchung von Menschenrechtsverletzungen nachdrücklich einfordert. Außerdem sind

37   Tai, Museum Activism.
38   Justin McCurry: »Buses in Seoul install ›comfort women‹ statues to honour former sex slaves«, in: The Guardian, 16. 8. 2017. https://www.theguardian.com/cities/2017/aug/16/buses-seoul-comfort-women-statues-korea-japan

neue geopolitische Auseinandersetzungen entfacht. Nach dem Vorfall bestellte Japan seinen Botschafter zur Konsultation zurück.[39]

2017 waren nur noch 37 ehemalige koreanische Sexsklavinnen am Leben. Doch die Denkmäler und die Museen schaffen mit dem Mittel der »sekundären Zeugenschaft« neue Augenzeugen. Dieser Dialog zwischen dem Mahnmal und seinem Publikum bewog Künstler und Künstlerinnen dazu, 2017 ein Mahnmal für die »Trostfrauen« auch in San Francisco aufzustellen. Es stellt drei Frauen dar, eine Koreanerin, eine Chinesin und eine Indonesierin, die sich an den Händen halten, symbolhaft für das gemeinsame Schicksal, das sie als Opfer von Kolonisation und sexueller Gewalt verbindet, und für die gegenseitige Hilfestellung. Nachdem das Mahnmal aufgestellt worden war, zog Osaka die Städtepartnerstadt mit San Francisco zurück und zeigte damit einmal mehr, wie hoch der Grad der Emotionalisierung bei der Mahnmallegung ist. Zurzeit stehen 80 Skulpturen in Korea, die die Erinnerung der Sexsklavinnen bewahren, und damit eine Erinnerungsgemeinschaft erzeugen.

In Kosovo sind zwei aufschlussreiche, aber in politischer Hinsicht grundsätzlich unterschiedlich konzipierte Kunstprojekte dem Andenken der vergewaltigten Frauen gewidmet. 2015 wurde eine Skulptur aus 20.145 mosaikartig angeordneten Münzen im öffentlichen Raum errichtet, die zusammen ein Frauengesicht ergaben. Die Überschrift lautet: »Für den vielfachen Beitrag und die Opfer, welche jede Frau albanischer Abstammung während des Kosovokrieges 1998/99 brachte, und als Mahnmal an das grausame Verbrechen der Vergewaltigung, die die serbischen Kräfte an nahezu zwanzigtausend Frauen begingen.« Bei dem anderen Mahnmal handelt es sich um die Installation *Ich denke an dich* von Alketa Xhafa Mripa aus dem Jahr 2015: Die Künstlerin hing fünftausend Kleider auf fünfundvierzig Wäscheleinen in einem Fußballstadion auf, also in einem Gebäude, das typischerweise für Männlichkeit steht. Die Kleider bekam sie von Frauen, Opfern und Familienmitgliedern, aus allen Ecken des Kosovo. Die Botschaft ist, dass nicht die Opfer schuld daran sind, was ihnen passierte.[40] Das erste Mahnmal gedenkt der Opfer von Massenvergewaltigungen während der serbischen Besatzung von Kosovo im intentionalistischen Narrativ, das andere im strukturalistischen.

---

39 »South Korea to build ›comfort women‹ museum in Seoul«, in: The Indian Express, 11.5.2018. http://indianexpress.com/article/world/south-korea-to-build-comfort-women-museum-in-seoul-4744198/

40 Mark Tren: »Dresses on washing lines pay tribute to Kosovo survivors of sexual violence«, in: The Guardian, 11.6.2015. https://www.theguardian.com/world/2015/jun/11/kosovo-sexual-violence-survivors-art-dresses

Mahnmal in Manila, das an die philippinischen »Trostfrauen« erinnert. Auf japanischen Druck wurde das Mahnmal wieder entfernt.

Auf den Philippinen wurde im Dezember 2017 das Mahnmal der von den Japanern während des Zweiten Weltkriegs als Sexsklavin missbrauchten Philippinerinnen eingeweiht. Die Bronzeskulptur stellt eine Frau mit verbundenen Augen in weitem Gewand dar, die als Zeichen des Schmerzes ihre Hände zur Faust geballt an die Brust drückt. Das Mahnmal wurde Ende April 2018 entfernt, die offizielle Erklärung dafür lautete, auf dem Gelände müssten die Wasserleitungen erneuert werden. Die Frauenorganisationen reichten schriftlich ihren Protest ein, doch vergeblich – der Besuch des japanischen Innenministers im Januar in Manila stellte klar, dass die wirtschaftlichen Beziehungen zwischen beiden Ländern nicht intensiviert werden könnten, solange dieses Mahnmal auf den Philippinen steht. Präsident Duterte erklärte noch im Januar, dass er den Wunsch der Zivilorganisationen, die die Errichtung des Mahnmals initiierten, nicht ignorieren könne. Bis April änderte er allerdings seine Meinung, und die Skulptur wurde für ungewisse Zeit entfernt.[41]

41 »New ›comfort women‹ memorial removed from thorough fare in Manila under pressure from Japanese Embassy«, in: The Japan Times, 8.4.2018. https://www. japantimes.co.jp/news/2018/04/28/national/politics-diplomacy/new-comfort-wo men-memorial-removed-thoroughfare-manila-pressure-japanese-embassy/#.Wu guboiFM2w

Eine andere Strategie der Denkmalerrichtung wird in Ungarn verfolgt. Hier soll im Zeichen der »doppelten Besatzung« für alle Opfer des Kommunismus ein Denkmal errichtet werden. Der Vorschlag zur Errichtung eines schwarzen Obelisken für das Gulag-Denkmal kam von der Organisation der ehemaligen politischen Gefangenen und Zwangsarbeiter in der Sowjetunion (Szorakész). Die vier Seiten des Obelisken symbolisieren die vier Opfergruppen: die Ungarndeutschen, die politischen Gefangenen, die Kriegsgefangenen und die zur Zwangsarbeit verschleppte Zivilbevölkerung. Dieses Denkmal bietet keinen Raum, der den Opfern von Vergewaltigungen gedenken würde, hinzu kommt, dass sich die Entscheidungsträger wegen politischer Streitigkeiten nur schwer über den Standort einigen konnten, bis sie den schwarzen Obelisken schließlich in Óbuda, an einem wenig frequentierten Ort in Budapest aufstellen ließen. Nach der Institutionalisierung der illiberalen erinnerungspolitischen Wende verschob die ungarische Regierung mit der Kanonisierung »der doppelten Besatzung« die Verantwortung auf die Besatzer, und damit machte sie die ungarische Kollaboration unsichtbar, was den erinnerungspolitischen Rahmen ganz grundsätzlich veränderte. Das Gleiche passiert derzeit in der Ukraine und in Polen. Die dunkle Vergangenheit lässt sich in die ethnozentrische Erinnerungspolitik einfach nicht hineinzwängen, besonders wenn konkurrierende Erinnerungen beteiligt sind. Es fehlt also sowohl das Narrativ als auch das aufnehmende System von Institutionen, welche die Geschichtsschreibung auf nationaler Ebene und die Erinnerungen der vielfältigen Opfergruppen miteinander koordinieren würden. Aber es fehlt auch an Zivilorganisationen. Die Erinnerung entfaltet ihre Wirkung auf verschiedenen Ebenen: lokal, regional, national und transnational, nur alle gemeinsam bringen die Vielfalt der Erinnerungen hervor. Dabei handelt es sich um einen politischen Prozess, in dem einzelne Gruppen und Narrative präsenter sein können als andere, wenn sie beim Wettkampf der Erinnerungen mit staatlicher Hilfe miteinander konkurrieren.

Was die Denkmäler für die Opfer von Vergewaltigungen während des Zweiten Weltkriegs betrifft, verstärken sowohl die teilnahmslose ikonografische Schlichtheit der Skulptur in Gdańsk als auch die übertriebene Emotionalität und Idealisierung der koreanischen Sexsklavinnen die Position der Frau als Opfer. Die Kunstwerke basieren auf den Erzählungen der Opfer, und auch sie, die Kunstwerke, erzählen im für sie einzig denkbaren narrativen Rahmen: als Opfer. Am Denkmal der sowjetischen Besatzung in Ungarn schließlich wird selbst die Position der Frau als Opfer unsichtbar.

Die Errichtung eines innovativen und empfindsamen Denkmals, das in einem gesellschaftlichen Dialog entsteht, lässt nicht mehr lange auf sich

warten. Die Stadt Budapest will für die vergewaltigten Frauen demnächst
ein Denkmal errichten. Das bietet Künstlerinnen und Künstlern eine gute
Gelegenheit, diese Gedanken zu verbildlichen.

Die fehlende Seite der Geschichte: Russland

Nach 1989 wurde die Geschichte des Zweiten Weltkriegs neu geschrieben.[42]
Bei der Neubewertung der Rolle der bis dahin als siegreich und »makellos«
dargestellten Roten Armee tauchten nun die Frauen als Opfer in der Geschichtsschreibung auf, die sich allmählich aus den bis dahin wirksamen
Tabus befreite.[43] Die internationale politische Lage trug ebenfalls wesentlich dazu bei, dass die soldatische sexuelle Gewalt in der Roten Armee auch
in den Ostblockländern eine Öffentlichkeit erhielt, während die Historikerinnen und Historiker im Westen in den Jahren des Kalten Krieges gerade diese Gewalttaten von der näheren Untersuchung der von den amerikanischen Soldaten verübten sexualisierten Gewalt abhielten.

Im Herbst 1944 schrieb die Tageszeitung Советский воин (dt.: Der sowjetische Krieger) einen Wettbewerb aus: Die Leser wurden aufgefordert,
einen Text zu schreiben, in dem sie begründeten, warum alle deutschen
Soldaten getötet werden sollen. Ohne die stalinistische Presse- und Mei-
nungsfreiheit überbewerten zu wollen, ist es durchaus aufschlussreich,
diese Essays zu lesen, die im Wesentlichen persönliche Rachegelüste sind.[44]
Der Wunsch nach Vergeltung spielte natürlich auch im Umgang mit den
Frauen feindlicher Nationen eine Rolle und besonders gnadenlos bei jenen, die mit den deutschen Besatzern kollaboriert hatten. Über die Gräueltaten der sowjetischen Soldaten gibt es zahlreiche Erinnerungen. Darin
wird wiederholt geschildert, dass die Vergewaltigung in Anwesenheit eines
oder mehrerer männlicher Familienmitglieder geschah, um den Grad der
Demütigung noch zu erhöhen.[45] An den Gewaltexzessen nahmen neben
den Soldaten auch Angehörige von Partisaneneinheiten teil, die womöglich noch ungezügelter agierten, weil sie keiner regulären militärischen

---

42 Vgl. Barbara Stelz-Marx: *Stalins Soldaten in* Österreich. *Die Innensicht der sowje-
    tischen Besatzung.* Wien/Köln/Weimar, Böhlau, 2012.
43 Ungváry, Budapest ostroma, S. 331.
44 Vgl. Burds, Sexual Violence, S. 51-53.
45 Agate Nesaule: *A Woman in Amber: Healing the Trauma of War and Exile.* London,
    Penguin 1995.

Einheit angehörten. Jüdinnen, die sich den Partisanen anschlossen, waren den Vergewaltigungen noch stärker ausgeliefert.[46]

Die an Ungarinnen verübten Massenvergewaltigungen können von der Haltung der Soldaten zu materiellen Gütern nicht losgelöst betrachtet werden. Nach den langwierigen Gefechten zogen die Soldaten der Roten Armee in ein Land ein, dessen Güter von der Kriegszerstörung bis dahin mehr oder weniger verschont geblieben waren. Die ungarischen Gebiete waren zwar von den Alliierten bombardiert worden, aber die Schäden waren nicht annähernd vergleichbar mit denen, die durch die vernichtenden Wehrmachtoperationen in der Sowjetunion entstanden waren. Die Soldaten der Roten Armee erhielten also Zugang zu materiellen Gütern, und sie betrachteten diese als ihnen zustehend. Die Konfiszierung der materiellen Güter in den besetzten Gebieten und ihr Abtransport in die Sowjetunion begannen schnell und waren gut organisiert. Unter den kämpfenden Soldaten entwickelte sich eine informelle Tauschwirtschaft der enteigneten Güter sowie eine Logistik, um die Pakete nach Hause zu schicken. Diese informelle Wirtschaft war von recht großem Volumen, beinahe 30 Millionen Soldaten waren daran beteiligt. Im Dezember 1944 genehmigte das sowjetische Kriegsministerium nur ein Päckchen pro Monat, wobei die Größe des Pakets auch vom Betragen und vom Dienstgrad abhing. Diese Verordnung war nichts anderes als ein offener Aufruf zur Plünderung. Die Soldaten nahmen nicht nur Lebensmittel an sich, sondern so ziemlich alles, was nicht niet- und nagelfest war, sie wussten ja um die Not der Bevölkerung zu Hause, die vom Krieg ausgeblutet war. Ein sorgsam zusammengestelltes Paket konnte ganze Familien sichern. Verschiedene Gegenstände aus Osteuropa, Fahrräder, Kleidung oder Hüte, gelangten auf diese Weise an die entferntesten Orte der Sowjetunion. Die schweren Pakete verursachten in der Postzustellung natürlich großes Chaos und weckten zudem wiederum die Aufmerksamkeit von Plünderern. Aus diesem Grund spezialisierten sich die Soldaten auf die Entwendung von kleinen, aber wertvollen Gegenständen, insbesondere Uhren, die zu einer Art Soldatenwährung wurden. Dieses rationale Verhalten hatte jedoch nur wenig damit gemein, wie die sowjetischen Soldaten im ungarischen kollektiven Gedächtnis erhalten blieben: als naive Barbaren, die stets fragten, wo die Uhren sind.[47]

46 Burds, Sexual Violence, S. 59.
47 Merridale, Ivan's War, S. 299-336.

Die russischen Quellen

Wenn einer Historikerin der Zugang zu Archiven verwehrt wird, beginnt sie, frustriert im Internet zu recherchieren. Das war auch in meinem Fall so. Seit Jahrzehnten versuche ich vergeblich, Zugang zu Archivquellen im Zusammenhang mit Vergewaltigungen während des Zweiten Weltkriegs zu erhalten, weshalb in diesem Kapitel im Wesentlichen das präsentiert wird, was im Internet zum Thema zu finden ist. Anschließend an den historiografischen Überblick der Situation in Ungarn untersuche ich das Gedächtnis von Vergewaltigungen während des Zweiten Weltkriegs vor dem Hintergrund der zugänglichen russischsprachigen Quellen.

Entgegen der weitverbreiteten Überzeugung, die »russische« Öffentlichkeit sei, was die Leugnung der Gewalttaten der Roten Armee während des Zweiten Weltkriegs betrifft, durch die Zeiten hindurch einheitlich und homogen gewesen, werde ich ein differenzierteres Bild aufzeigen. In einem Artikel aus dem Jahr 1999 stelle ich die These auf, die von den sowjetischen Soldaten verübten Vergewaltigungen seien von einer »Stille der Verschwörung« umgeben. Das hängt auch mit der notwendigen Kontinuität der Kultur des Militarismus, die zur Aufrechterhaltung geopolitischer militärischer Aspirationen erforderlich ist, zusammen.

Im Fall der Vergewaltigungen sind alle, sowohl die Opfer als auch die Täter, interessiert daran, dass darüber geschwiegen wird. Im Folgenden geht es um das Schweigen der Täter und die Frage, wann und wie sich diese Menschen mit ihrer eigenen, bis dahin tabuisierten Geschichte auseinandersetzen bzw. ob überhaupt. Anhand der im Internet zugänglichen russischsprachigen Quellen analysiere ich die drei narrativen Strategien, die gegen das Verschweigen verwendet werden.

Die erste ist das Verschaffen von Sichtbarkeit, wenn Augenzeugen anfangen, zu sprechen: Opfer ebenso wie Täter. Die zweite narrative Strategie ist der Wandel im Erzählen. Hierzu gehören zwei neue Entwicklungen: zum einen ein neuer Gesetzentwurf, der den Vergleich des sowjetischen Kommunismus mit dem Nazismus verbietet, zum anderen die Versuche, die Roten Armee zu ethnisieren – in Reaktion auf die ukrainische Krise. Die dritte ist die Auseinandersetzung mit der Vergangenheit im Rahmen des Rechtswesens: Dazu gehört, dass Urteile des Kriegsgerichts veröffentlicht werden, die beweisen, dass die Vergewaltigungen auf institutioneller Ebene sanktioniert wurden. Diese differenzieren das Bild von der Roten Armee als »unzivilisierte asiatische Horde«. Diese letzte ist die riskanteste und gleichzeitig vielversprechendste Strategie, weil in ihr auch die Möglichkeit der Kritik des Militarismus angelegt ist. Alle drei narrativen Strategien hängen von den Entscheidungen der politischen Akteure und von Machtspielen ab.

Aus dem zeitlichen Zusammenhang der hier präsentierten Quellen geht klar hervor, dass in Bezug auf die Entwicklung der drei narrativen Strategien ein Paradigmenwechsel stattgefunden hat. Während bis Anfang der 2000er-Jahre eine Selbstreflexion nicht ausgeschlossen war, wenn auch nur in geringem Maße, aber die Möglichkeit, den Vorfällen eine Sichtbarkeit zu verschaffen, noch bestand, veränderte sich die Lage bis Mitte der 2010er-Jahre erheblich – zumindest sieht es anhand dieser sehr limitierten Untersuchung danach aus. Infolge der Krimkrise rückten Vergewaltigungen der Rotarmisten ins Interesse der Öffentlichkeit, das bedeutet, dass zukünftig über diesen historischen Fakt mehr gesprochen werden wird. Dabei ist es nicht nebensächlich, wie das passieren wird. Ein Wandel im Erzählen ging einher mit der Ethnisierung dieser Vergewaltigungen und wurde Teil des aktuellen politischen Kampfes. Obwohl die Quellen in den sowjetischen Militärarchiven weiterhin unter Verschluss sind, tauchen manche Dokumente im Internet auf, aber diese nehmen – eben wegen ihrer Zufälligkeit – nur einen geringen Einfluss auf die Auseinandersetzung mit der Vergangenheit im Rahmen des Rechtswesens.

Anhand der analysierten Quellen zeichnet sich ein bestimmtes Bild der Diskurse in Bezug auf sowjetische sexualisierte Kriegsgewalt sowie der möglichen Stoßrichtung der künftigen Trends ab. Ich denke, dass dadurch, dass die Archive, in denen die sowjetischen Quellen bewahrt werden, den Forschenden weiterhin verschlossen sind, im erinnerungspolitischen Kampf, der die Geschichte des Zweiten Weltkriegs stets begleitet hat und dies auch zukünftig tun wird, nahezu alle Akteure mehrfach benachteiligt sind. Es bleibt nur zu hoffen, dass es angesichts der nur lückenhaft zur Verfügung stehenden Quellen nicht um einen erneuten Versuch zur Manipulierung des ungarischen Diskurses geht.

Zur Erschließung von Internetquellen ist eine spezielle Methode erforderlich, es gilt Selektivität, Zeitlichkeit und Repräsentativität zu beachten. Es ist zufällig, welche Dokumente auf den Internetseiten erscheinen, allgemeingültige Folgerungen lassen sich aus ihnen nicht schließen. Aus der Funktionsweise der russischen Archive schließend, sind es Einzelpersonen oder für Einzelpersonen gehaltene Nutzer, die nicht nach wissenschaftlich bewertbaren Kriterien Unterlagen im Internet zugänglich machen. Diese Unterlagen haben einen speziellen Aspekt der Zeitlichkeit, besonders in Russland, wo man stets bemüht ist, das Internet unter Zensur zu halten. Es kommt vor, dass nicht eruiert werden kann, wann der Text ins Netz gestellt wurde, und erst recht nicht, wie lange er zugänglich bleibt. (Das ist auch die Erklärung dafür, wenn die in diesem Buch angegebenen Links nicht mehr zugänglich sein sollten.) Aus dieser Problematik folgt die Frage nach der Repräsentativität: Welche Erkenntnisse lassen sich aus einer auf solcher Quellengrundlage basierenden Analyse ziehen, inwieweit sind die Beiträge von aktiven, aber unter Pseudonym publizierenden Mitstreiterinnen und Mitstreitern für den gesamten Diskurs charakteristisch? Um zu relevanten neuen Erkenntnissen zu gelangen, wäre eine Diskursanalyse sämtlicher Kommentare erforderlich, aber das würde enorme Kapazitäten erfordern. Aus diesem Grund kann ich nur andeuten, welches die Einträge sind, die großen Widerhall fanden. Kurz: Ich kann nur eine grobe Einschätzung und Beschreibung der Lage bieten. Und dennoch ist diese Analyse eine Möglichkeit, zu zeigen, was russischsprachige Leserinnen und Leser zum Thema herausfinden können, wenn sie dazu im Internet recherchieren.

Die Erinnerungen der Opfer auf Russisch

Alaine Polcz' Buch *Frau an der Front* (1991), ein Schlüsseltext unter den Quellen, ist auch ins Russische übertragen worden, es erschien im Jahr 2004 beim Verlag Newa.[48] Der Schriftsteller und Publizist Alexandr Melitschow (1947) empfiehlt hier in seinem Vorwort, dieses Buch solle in den Lehrplan der russischen weiterführenden Schulen übernommen werden. *Frau an der Front* schaffte es im Jahr 2013 in Moskau auch auf die Bühne und fand einen großen Widerhall. Die Kritikerin Elena Wolgust lobte die Inszenierung im Blog St. Petersburger Theatermagazin und hob hervor, dass nur Stalinisten und Militaristen, die den Traumbildern eines neuen Imperiums hinterherjagten, das Werk kritisieren würden.[49] Manche Kommentierenden (zum Beispiel der User »seafol«) fanden es moralisch inakzeptabel, das Stück in einem Land aufzuführen, das im Zweiten Weltkrieg so große Opfer gebracht hatte.[50] »Seafol« stufte das Stück als befangen und unzuverlässig ein, was den Stimmungswandel in der Gesellschaft sowie das wichtigste russische Argument verdeutlicht: Es weise im Sinne »der Gerechtigkeit des Krieges« (und es sei hinzugefügt: der erlittenen Kriegsver-

---

48 Алэн Польц: Женщина и война. Нева 2004/2. http://magazines.russ.ru/neva/2004/2/ p09.html

49 Елена Вольгуст: »Всякийпередвсемизавсех и завсевиноват …«. 4.3.2013. http://ptj.spb.ru/blog/vsyakij-pered-vsemi-zavsex-izavse-vinovat/

50 Вот такой спектакль … 21.3.2013. http://sefeol.livejournal.com/160320.html – Die Website ist nicht mehr erreichbar.

luste) die bereits erwähnte walzersche begriffliche Unterscheidung sowie ihre Untersuchung zurück.

Grundsätzlich kann man konstatieren, dass Ungarn nicht unbedingt im Fokus der russischen Internet-Öffentlichkeit steht. Was die Nutzer in erster Linie interessiert, sind die Vergewaltigungsfälle in Deutschland. Im Mai 2011 veröffentlichte das Onlineportal *Podrobnosti* eine Rezension über Gabi Köpps Autobiografie *Warum war ich bloß ein Mädchen? Das Trauma einer Flucht 1945*,[51] die nur ein Jahr nach der deutschen Ausgabe, 2010, auf Englisch erschien. Köpp war 15 Jahre alt, als sie von Soldaten der Roten Armee vergewaltigt wurde, ihre Erinnerungen hielt sie in einem Tagebuch fest, und das daraus entstandene Buch war international sehr erfolgreich. Der Verfasser der Kritik (der Autor oder die Autorin publizierte anonym, daher ist unklar, ob es sich um einen Mann oder eine Frau handelt) übersetzte den Titel des Buches mit »Warum ich kein Sexleben hatte« (Почему у меня не было секса). Weiter schreibt er oder sie, die sowjetischen Soldaten hätten Berlinerinnen zwischen neun und 90 Jahren bis zu zwölfmal vergewaltigt. Das zeigt auch, dass der »Zauber der Zahlen«, gegen den ich seinerzeit in meinem Artikel in *Történelmi Szemle* argumentierte, weiterhin von bestimmender Bedeutung im Diskurs ist. Der Autor oder die Autorin beschließt den Artikel mit der Behauptung, die russischen Behörden würden die historische Tatsache der Massenvergewaltigungen von sowjetischen Soldaten weiterhin leugnen.

Aber nicht nur die in Ungarn geführten Debatten oder ungarische Autorinnen bleiben auf russischsprachigen Portalen unerwähnt, ebenso wenig finden sich internationale feministische Forscherinnen, die über sexualisierte Kriegsgewalt während des Zweiten Weltkriegs arbeiten. Eine Ausnahme bildet die russische Übersetzung des Artikels einer jungen Historikerin und eines Historikers aus Polen, Joanna Ostrowska und Marcin Zaremba, der ursprünglich in der polnischen Zeitschrift *Polityka* erschien.[52] Das Autorenduo bricht anhand des Klassikers von Susan Brownmiller (*Against Our Will: Men, Women and Rape*, 1975) mit der normativen Argumentation »Krieg ist eben Krieg«, und sie definieren Vergewaltigung im Sinne des von mir oben erläuterten intentionalistischen Ansatzes. Auf einer vielfältigen Quellengrundlage basierend (Briefe von Frauen, Interviews, Polizeiberichte usw.) und auf der Basis der Werke des englischen

---

51 http://podrobnosti.ua/769633-v-germanii-vyshla-kniga-o-zverstvah-sovetskih-soldat-napisannaja-zhertvoj.html.

52 Йоанна Островска, Мартин Заремба: Чистилище. 4. 11. 2009. http://yun.complife.info/miscell/kobieca-gehenna.html

Kriegshistorikers Antony Beevor präsentieren sie die Taten der sowjetischen Soldaten.

Sichtbarkeit verschaffen:
Die Augenzeugen beginnen, zu sprechen

Durch die (noch bestehende) digitale Erreichbarkeit eröffnet sich zwar ein Raum auch für die Sicherinnernden, im Internet sind jedoch trotz der niedrigschwelligen Zugänglichkeit der Technologie nur wenige solche Projekte zu finden. Das Buch von Swetlana Alexejewitsch *Der Krieg hat kein weibliches Gesicht* aus dem Jahr 1985, das zuerst in Minsk erschien, brachte einen Durchbruch in der Analyse der Beteiligung der sowjetischen Frauen im Krieg. Die Autorin interviewte Veteraninnen, um mehr über die Perspektive der kämpfenden Frauen im Zweiten Weltkrieg herauszufinden. Der Band inspirierte – trotz methodischer Mängel – weitere Forschungen. Im Mai 2015, 30 Jahre nach dem Erscheinen der ersten Ausgabe, veröffentlichte die Onlinezeitung *Gordon* zuvor zensierte Stellen aus dem Buch.[53] Hier sprechen Veteranen und Veteraninnen über sexuelle Nötigungen und Verbrechen, denen sie in der Roten Armee begegneten. Einer der Briefe wurde von einem Soldaten geschrieben, der an der Vergewaltigung von deutschen Frauen, wie er selbst zugab, als Täter beteiligt war.

Im Zusammenhang mit Kriegsvergewaltigungen taucht häufig der Name des Kriegsveteranen Leonid Rabitschew in den russischsprachigen Quellen auf. 2005 veröffentlichte der Verlag Snamja dessen Memoiren, in denen Rabitschew detailliert über die von sowjetischen Soldaten begangenen Vergewaltigungen schreibt. Dass er seine Erlebnisse niederschrieb, bezeichnet er als Akt der »Buße«. Das eröffnete einen neuen, religiösen Rahmen für den Prozess des Erinnerns. Die Schriftstellerin und Journalistin Olga Ilnizkaja argumentiert allerdings aus oben dargelegten Gründen für die Vernichtung des Textes.[54]

An dieser Stelle soll noch eine in einem Videoportal veröffentlichte Aufnahme erwähnt werden, in der ein anonymer sowjetischer Kriegsveteran

53 »Мы в десятером насиловали немецкую двенадцатилетнюю девочку. Боялись только, что бы наши медсестры неузнали – стыдно«. Из запрещенной книги Алексиевич. 10.5.2015. http://gordonua.com/publications/Aleksievich-80220.html
54 Леонид Рабичев: »Война все спишет«. Знамя 2005/2. http://magazines.russ.ru/znamia/2005/2/ra8.html

erzählt. Er persönlich, so erzählt er, habe nichts dergleichen verübt, andere jedoch schon, deshalb fühle er eine Mittäterschaft an den Verbrechen.[55]

Wenn es überhaupt möglich ist, eine These zu formulieren, dann vielleicht die, dass es im russischsprachigen Internet keine Innovatoren der erinnerungspolitischen Normen (unter zivilen Akteuren) gibt, die die Veteranen der Roten Armee zu den von den Sowjets begangenen Vergewaltigungen befragen und ihre Ergebnisse publizieren würden. Während die Dokumente des Massakers von Katyn von der etablierten Zivilorganisation Memorial zugänglich gemacht wurden (die sich um die Aufklärung der stalinistischen Verbrechen bemüht), gehören Kriegsvergewaltigungen bislang nicht zu den Themen, an denen sich erkennbar ein Interesse manifestieren würde.[56] Wegen der gegenwärtigen Bestrebungen der russischen Regierungspolitik, Zivilorganisationen zu kontrollieren, ist mit Initiativen dieser Art in der nahen Zukunft auch nicht zu rechnen.

Die Täter: Erschaffung der soldatischen Männlichkeit

In der auf einer allgemeinen Wehrpflicht basierenden Roten Armee gilt im Anschluss an das soldatische Männlichkeitsideal der zaristischen Armee als Mann, wer sein Vaterland (auf Russisch ist das grammatische Genus feminin – родина) verteidigt.[57] Ein Bestandteil der Männlichkeit war der mehrere Jahre umfassende obligatorische Militärdienst, die Jahre zwischen dem Erwachsenwerden und der Familiengründung, angefüllt mit Alkohol und Gewalt.[58] Es war nicht einfach, die Kriegsbegeisterung und den unbedingten Gehorsam der Soldaten fern der Heimat, im Schatten von Leid, Tod und unter schlechter Organisation, aufrechtzuerhalten. Die einberufenen Soldaten kamen mit sehr unterschiedlichem gesellschaftlichem Hintergrund in die Armee, und es musste eine auf Zusammenhalt und Vertrauen basierende Gruppendynamik unter ihnen erzeugt werden. Mangels Heimaturlaub und schriftlicher Nachrichten von zu Hause, die ohnehin der

---

55 Erinnerungen eines sowjetischen Soldaten an die Massenvergewaltigung von deutschen Frauen: Всё тайное становится явным. Русские солдаты массово насиловали мирных немецких женщин, в чём признается ветеран Второй мировой войны. 2.12.2013. https://www.youtube.com/watch?v=dxS2e0RIdGc

56 »Мемориал« собирает средства на книгу о Катыни. 19.6.2015. http://www.colta.ru/news/7716

57 Catherine Merridale: Masculinity at War: Did Gender Matter in the Soviet army?, in: Journal of War and Culture Studies 5.3 (2012), S. 308.

58 Rebecca Kay: *Men in Contemporary Russia: The Fallen Heroes of Post-Soviet Change.* Burlington, Ashgate, 2006.

Zensur unterlagen, waren die Soldaten emotional ausgeliefert. Sie wurden institutionell auf Gewalt und die Tötung der feindlichen Soldaten vorbereitet. Im Laufe des Dienstes verlagerten die Soldaten den Fokus der Gewalt und die immense Anspannung auf andere Gruppen. Beim Militär wird Gewalt erzeugt, kontrolliert und in einem akzeptierten Rahmen ausgeübt; ein grundsätzlicher Bestandteil davon ist auch die Sexualität, denn die überlegene soldatische Männlichkeit kann in gewissem Sinne durch Sexualität erlangt werden und findet dadurch Bestätigung. Dass sexuelle Gewalt als das Erleben von Kraft, Macht, Härte und Mut mit Hypermännlichkeit zusammenhängt, wurde in einer Reihe von Forschungen nachgewiesen.[59] Die Massenvergewaltigungen begingen die sowjetischen Soldaten in der Gruppe, die Prüfung ihrer Männlichkeit schmiedete sie zusammen.[60] Auch die Herausbildung von Kameradschaft unter Männern erfolgt durch Initiationsriten und sexuelle Gewalt. Das erklärt die große Zahl der Gruppenvergewaltigungen. Obwohl der Militarismus den gehorsamen Soldaten hervorbringt, sollte man bei der näheren Betrachtung der einzelnen Soldaten ihre Individualität nicht übersehen, die mitbestimmt, wie der Soldat sich in einer schwierigen Situation verhält. Eigentlich werden alle Soldaten zur Ausübung sexueller soldatischer Gewalt ausgebildet, trotzdem verübt nicht jeder Soldat eine Vergewaltigung. Die Unterschiede in den individuellen Verhaltensweisen können helfen, zu verstehen, wie sexualisierte Kriegsgewalt vermieden werden kann.

Die spezifische militärische Männlichkeit geht in der Regel mit einem gewissen Jargon einher. Im Fall der Roten Armee war dies die brutal einfache Sprache, die sich auf dem Gulag herausbildete. Die Männer haben – wie in jeder anderen Armee auch – automatisch ein Anrecht auf Sex. Die polnischen Zwangsarbeiterinnen, die in Deutschland arbeiteten, waren den sowjetischen Soldaten ganz besonders ausgeliefert. Sie konnten niemanden um Hilfe oder Schutz bitten. Nach ihrer Heimkehr schilderte die 20-jährige Natalia in ihrer Aussage ihre Erlebnisse mit sowjetischen Soldaten auf dem Weg von Berlin nach Szceczin, in ihre Heimatstadt. Nachdem sie gleich von den ersten Einheiten vergewaltigt wurde, brachte man sie zum Oberst, der sie bereits nackt erwartete. Nach der Vergewaltigung erzählte er ihr, dass er mit einer Ärztin verheiratet sei. Das überraschte Natalia, denn bis dahin, so erzählte sie es, dachte sie, alle sowjetischen Solda-

59   Ruth Seifert: War and Rape. A Preliminary Analysis, in: Stiglmayer, Alexandra (Hg.): *Mass Rape. The War against Women in Bosnia-Herzegovina*. Lincoln, University of Nebraska Press, 1994, S. 54-72.
60   Merridale, Masculinity at War, S. 313.

ten seien primitive Schurken.[61] Nach ihrer Rückkehr verschwiegen die Soldaten ihre sexuellen Erlebnisse an der Front, unabhängig davon, ob es dazu im Einverständnis oder gewaltsam kam, denn sie machten Erlebnisse und Erfahrungen, die im zivilen Leben unvorstellbar waren.

Das Museum des Großen Vaterländischen Krieges wurde bereits 1943 eröffnet, und der sowjetische Staat hatte sehr genaue Vorstellungen, in welchem Rahmen die Geschichten erzählt werden sollten. Bereits am Ende des Krieges präsentierten Friedhöfe, Denkmäler, Straßennahmen, Filme, Theaterstücke, Ausstellungen und Veteranentreffen die Geschichten der Selbstaufopferung. Dieser bewusste Bau am Mythos beeinflusste das kollektive Gedächtnis stark, und die Erfahrungen vieler Menschen fanden darin keinen Raum. Die Soldaten erhielten täglich 100 ml Spirituosen, das bedeutet, sie mussten neben ihren Albträumen auch noch ihre Alkoholabhängigkeit überwinden.[62] Die Albträume in Kombination mit den Erinnerungen an die Vergewaltigungen wurden auch für die Soldaten zu unerzählbaren, verschwiegenen Geschichten, denn im öffentlichen Raum mussten sie den Mythos der siegreichen Armee bekräftigen, eine Verweigerung im immer strikter agierenden stalinistischen System hätte ein erhebliches Risiko bedeutet. Eine oft zitierte Sequenz des Films VERSCHWIEGENE SCHANDE ist jene, in der ein Veteran der Roten Armee die offizielle Erinnerung des Krieges in die Kamera erzählt. Aber nicht nur der Raum fehlt, noch fehlen auch die Worte, um die persönlichen Erinnerungen erzählen zu können.

Die Soldatinnen der Roten Armee

Die Geschichte der Kriege ist die Geschichte des Kampfes uniformierter Männer. Die Frauen kommen in dieser Geschichte allenfalls als zivile Opfer vor. Über die Soldatinnen weiß man wenig, obwohl Frauen ab 1939 auch in Ungarn Militärdienst leisteten, in der Wehrmacht kämpften etwa 450.000 Frauen (nicht gemeint sind hier diejenigen, die als medizinisches Personal dienten).[63] Über die Anzahl der kämpfenden Frauen in der Roten Armee gibt es nur Schätzungen. So verbleiben die Vergewaltigungen, die von sowjetischen Soldatinnen an ungarischen Männern verübt wurden, auf der Ebene der individuellen Erinnerung, diese Fälle sind von keinen insti-

---

61 Zaremba, Wielka Trwoga.
62 Merridale, Ivan's War, S. 314.
63 Ruth Seifert: *Krieg und Vergewaltigung. Ansätze zur Analyse.* München, Sozialwissenschaftliches Institut der Bundeswehr, 1993.

tutionellen Quellen bestätigt worden.[64] Das Schweigen über diese Vergewaltigungen entstand durch die männliche Prägung von Armee und Krieg,
und sie ist auch der Grund dafür, dass es andauert. Ab 1942 wurden etwa
800.000 Frauen für die Rote Armee rekrutiert.[65] Einschlägige Forschungen
untersuchen ihren gesellschaftlichen Hintergrund, ihre Ausbildung, ihre
Erfahrungen und ihren Neubeginn nach dem Krieg.[66]

Zu Beginn des Krieges wollten auch Frauen einrücken, um ihr Vaterland zu schützen, sie glaubten wahrhaftig an die offiziell kommunizierte
sowjetische Gleichstellungspolitik, wurden aber bitter enttäuscht. Allein
die mangelhafte Ausbildung und Fehler der Kriegsführung und der daraus
folgende riesige Blutzoll bewogen die militärische Führung dazu, auch
Frauen als Scharfschützinnen, Panzerfahrerinnen, Mechanikerinnen, Pilo-
tinnen und natürlich als Köchinnen und Krankenschwestern zu rekrutie-
ren. Ab 1943 wurden mobile Friseureinheiten aufgestellt. Frauen konnten
ihre Tabakrationen übrigens gegen Schokolade eintauschen. Die Mehrheit
der Frauen jedoch – von den Männern nur »Mädchen« (*Diewuschki*) genannt – verrichtete außerordentlich anstrengende körperliche Arbeit, un-

---

64 Ein männlicher Interviewpartner erzählte mir die Geschichte seiner Vergewaltigung. Ähnlich wie bei den weiblichen Opfern stand die Angst vor Waffen und
Geschlechtskrankheiten im Vordergrund. Von solchen Vorfällen hörte ich in Wien
nicht.

65 Diese Zahl wird zuerst erwähnt in: В. С. Мурманцева: Советскиеженщины в
Великой Отечественной Войне, Moskau, Мысль, 1974.

66 Euridice Charon Cordona, Roger D. Markwick: »Our Brigade will not be Sent to
the Front«: Soviet Women under Arms in the Great Fatherland War, 1941-45, in:
The Russian Review 68.2 (2009), S. 240-262; Barbara Engel: The Womanly Face
of War: Soviet Women Remember World War II, in: N. A. Dombrowski (Hg.):
Women and War in The Twentieth Century: Enlisted With or Without Consent. New
York, Routledge, 2004, S. 138-162; Marta Havryshko: Illegitimate Sexual Practices
in the OUN Underground and UPA in Western Ukraine in the 1940s and 1950s,
in: The Journal of Power Institutions in Post-Soviet Societies 17 (2016), S. 1-20;
Anna Krylova: *Soviet Women in Combat. A History of Violence on the Eastern Front.*
New York, Cambridge University Press, 2010; Catherine Merridale: Masculinity at
War; Pennington, Reina: *Wings, Women and War. Soviet Airwomen in World War
Two Combat.* Lawrence, University Press of Kansas, 2001; Olga Petrenko: Anatomy
of the Unsaid: Along the Taboo Lines of Female Participation in the Ukrainian
Nationalistic Underground, in: Maren Röger, Ruth Leiserowitz (Hg.): *Women and
Men at War: A Gender Perspective on World War II and its Aftermath in Central and
Eastern Europe.* Osnabrück, Fibre, 2012, S. 241-262; Brandon M. Schechter: »Girls«
and »Women«. Love, Sex, Duty and Sexual Harassment in the Ranks of the Red
Army 1941–1945, in: The Journal of Power Institutions of Post-Soviet Societies, 17
(2016). http://journals.openedition.org/pipss/4202

tergeordnete und segregierte Aufgaben.[67] Dennoch war in der Armee – wie Catherine Merridale zeigen konnte – das soziale Geschlecht weniger von Bedeutung als der Dienstrang, denn 1942 wurden die Dienstgrade der zaristischen Armee, die im Verlauf der Revolution abgeschafft worden waren, wieder eingeführt. Alter, Ausbildung und Nationalität wogen schwerer. Die russische Nationalität bedeutete zum Beispiel immer einen Vorteil, denn die Rote Armee war eine imperiale Armee, in der vielleicht theoretisch alle gleichgestellt waren, aber in der Praxis wurden nur jene zum Kommandanten befördert, die eine russische Nationalität hatten.[68]

Die von Gewalt geprägte militärische Kultur stellte für die Soldatinnen eine ernste Herausforderung dar, vor ihren Kameraden fanden sie oft in einer intimen Beziehung mit einem Soldaten von höherem Dienstgrad Schutz.[69] Die jüngsten Forschungen differenzieren das Bild, das Alexejewitsch in ihrem bahnbrechenden Buch von 1985 zeichnete.[70] Vor diesem Hintergrund stellt sich die Frage, welche Haltung die sowjetischen Soldatinnen in Bezug auf die Massenvergewaltigungen hatten.

Dass Frauen keine Vergewaltigungen begingen, ist Teil desselben Vorurteils, das dafür sorgt, dass die Institution der Vergewaltigung weiter existiert, genauer: wonach Frauen mit Güte und Unschuld zu assoziieren sind.[71] Die sowjetischen Soldatinnen behaupten in ihren Erinnerungen, dass es in ihren Einheiten zu keinen Vergewaltigungen kam, und betonen die Verantwortung der Befehlshabenden für die Aufrechterhaltung der Disziplin. Wobei die Frauen, die in der Roten Armee dienten, selbst permanent sexueller Gewalt ausgeliefert waren.[72] Wenn es weniger Täterinnen als Täter gab, dann ist einer der Gründe dafür, dass die Frauen in der Roten Armee in einer ausgelieferten Position waren, sie standen in niedrigeren Diensträngen und hatten weniger Macht zur Verfügung. Und in erster Linie ist sexuelle Gewalt eine Frage der Macht.

Etliche Quellen sind überliefert, in denen Soldatinnen darüber berichten, wie sie sich vor einem aufdringlichen Kameraden retten mussten, der nach ihrer Anzeige beim Parteisekretär zu einer Haftstrafe verurteilt

---

67 John Erickson: Soviet Women at War, in: J. Garrard, C. Garrard (Ed.): *World War II and the Soviet People,* New York, St Martin's Press, 2002, S. 50-76.

68 Schechter, »Girls« and »Women«.

69 Ebd.

70 Roger D. Marwick, Euridice Charon Cordona: *Soviet Women on the Frontline in the Second World War.* Basingstoke, Palgrave Macmillan, 2012.

71 Laura Sjoberg: *Women as Wartime Rapists. Beyond Sensation and Stereotyping.* New York, New York University Press, 2016.

72 Marwick, Charon-Cordona, Soviet Women on the Frontline.

wurde. Infolge ihres zumeist niedrigeren Dienstrangs waren sie ihrem Angreifer stets ausgeliefert. Die sowjetischen Offiziere von höherem Dienstgrad zwangen Frauen oft zu ihrem persönlichen Dienst.[73] Es gab Versuche, Sex unter Kriegsumständen per Anordnung zu unterbinden. Im Beschluss des Zentralkomitees des Komsomol vom Januar 1944 wird grundsätzlich die Verantwortung der Frau in diesen Beziehungen in den Vordergrund gestellt, sie wird darin aufgefordert, sich nicht missverständlich zu verhalten.[74] Da ein Schwangerschaftsabbruch als Ergebnis der stalinschen Politik ab 1936 in der Sowjetunion verboten war, konnten Soldatinnen, die schwanger wurden, sicher sein, ausgemustert zu werden. Die vaterlos geborenen Kinder wurden zu Hause nicht unbedingt begeistert empfangen, aber der Staat hatte angesichts der hohen Kriegsverluste ein grundsätzliches Interesse daran, dass die Bevölkerungszahl wächst, und so wurden etliche gesetzliche und finanzielle Maßnahmen getroffen, um die Situation der alleinerziehenden Mütter zu verbessern. Die Wende in der Familienpolitik, die trotz der kommunizierten Gleichheit der Geschlechter Aufgabe der Frau war, lässt sich gut anhand der zeitgenössischen Propaganda nachvollziehen.[75]

Auf ungarischem Territorium erschienen Soldatinnen erst mit Einrücken der Roten Armee in nennenswerter Anzahl. Die sich stets erweiternde Fachliteratur skizziert nicht nur die herrschenden Umstände, sondern auch, wie schwer es für die Frauen war, ihre Geschichten zu erzählen. Die siegreiche Rote Armee war eine Armee der Männer, die Frauen entschwinden dem kollektiven Gedächtnis.[76] Und die an Männern begangene sexuelle Gewalt ist noch stärker tabuisiert als die gegen Frauen.[77] Ferenc Nagy, ehemaliger Ministerpräsident, beschreibt in seinen im Exil verfassten Memoiren die Vorurteile und Ängste wie folgt: »Die Roten errichteten bei Kecskemét ein Erholungslager für die mehr als dreißigtausend kranken und rekonvaleszenten Soldatinnen der Roten Armee und der Polizei. In Banden organisiert, zogen die Russinnen aus diesem Lager in die umlie-

---

73 Engel, The Womanly Face of War.
74 Amedine Regamey: Women at War in the Red Army, in: Politika, 6.9.2017. https://www.politika.io/en/notice/women-at-war-in-the-red-army
75 Anna Krylova: »The Healers of Wounded Souls«: The Crisis of Private Life in Soviet Literature, 1944-1946, in: The Journal of Modern History 73 (2001), S. 307-331.
76 Szvetlana Alekszijevics: *A háború nem asszonyi dolog*. Ford. Kulcsár Valéria. Budapest, Zrínyi, 1988; Új kiadása: *Nők a tűzvonalban*. Budapest, Helikon, 2016.
77 Heleen Touqueta, Ellen Gorris: Out of the Shadows? The Inclusion of Men and Boys in Conceptualisations of Wartime Sexual Violence, in: Reproductive Health Matters 24 (2016), S. 36-46.

genden Dörfer und entführten Männer, die sie über mehrere Tage festhielten. In dieser außerordentlichen Situation versuchten die [ungarischen] Frauen und Mädchen nicht, sich selbst zu retten, sondern sie waren bemüht, die Männer in Wäldern und Heuhaufen zu verstecken, damit sie den infizierten Sowjetinnen entkamen.«[78] Kecskemét war tatsächlich ein wichtiger militärischer und logistischer Stützpunkt mit einem großen Krankenhaus, aber die Zahl der hier Behandelten ist ebenso übertrieben wie die Gefahr, die die sowjetischen Soldatinnen dargestellt haben sollen.

Allerdings gibt es mehr Täterinnen unter Kriegsverhältnissen, als man denken würde. Im Bürgerkrieg von Sierra Leone war anhand von Schätzungen einer von vier Tätern eine Frau.[79] Frauen begehen sexuelle Gewalt aus demselben Grund wie Männer, und man sollte sich auch von dem Vorurteil nicht irreführen lassen, Frauen seien grundsätzlich friedfertig und lehnten Gewalt ab. Der Einsatz von Vergewaltigung stärkt auch unter ihnen die Gruppendynamik, und deshalb beteiligen sich auch Frauen an Gewalttaten.[80]

Die Soldatinnen, die in der Roten Armee dienten, waren gleichzeitig sexueller Gewalt ausgeliefert und Zeuginnen sexueller Gewalt. Nach 1945 interessierte sich niemand mehr für ihre Erinnerungen, während der stalinistischen Konsolidierungsphase wurde diesen ehemaligen Soldatinnen und an Selbstständigkeit gewohnten Frauen jeglicher Raum genommen. Sie hatten es besonders schwer, ihre Geschichten zu erzählen, denn ab 1943 wurde auf das demografische Übergewicht der Frauen mit der Festigung moralischer Normen reagiert, und die Ideologie verkündete, es sei Aufgabe der Frau, für die Familie zu sorgen. Für die Soldatinnen war entsprechend im sowjetischen erinnerungspolitischen Kanon, der Heldenhaftigkeit an Männlichkeit knüpfte, kein Platz.[81]

---

78 Nagy: Küzdelem a vasfüggöny mögött, S: 206. Ich danke Róbert Rigó, dass er mich auf diese Quelle aufmerksam machte.

79 Dara Kay Cohen: Female Combatants and the Perpetration of Violence: Wartime Rape in the Sierra Leone Civil War, in: World Politics 65.3 (2013), S. 383-415.

80 Die erste Frau, die wegen Völkermords verurteilt wurde, war Pauline Nyiramasuhuko, ehemalige Familienministerin von Ruanda, die noch als Ministerin für Gleichstellung zu sexueller Gewalt aufrief. Die Justizministerin Agnes Ntamabyariro, die Militäreinheiten zusammenstellte, wurde zu lebenslanger Haft verurteilt. Vgl. Cohen: Female Combatants, S. 410.

81 Merridale, Masculinity at War.

Der Wandel im Erzählen: der erinnerungspolitische Kampf zwischen Russland und der Ukraine

Eine der wichtigsten Entwicklungen der jüngsten Zeit sind die gesellschaftlichen Veränderungen in Russland und in der Ukraine. Die bis dahin
durchaus gegangenen, wenn auch kleinen selbstkritischen Schritte wurden
gegen einen Gesetzesentwurf ausgetauscht, wonach diejenigen, die zwischen dem Nazi- und dem Sowjetsystem Parallelen zogen, mit Haft bestraft
wurden. Verschärfend kommt der erinnerungspolitische Streit zwischen
der Ukraine und Russland hinzu. Die Kernfrage der Diskussion, an der sich
auch Historikerinnen und Historiker aus aller Welt beteiligten, ist die, wer
»als Faschist zu betrachten« ist.

Mit der Besatzung der Krim und dem Eskalieren der Kämpfe in der
Ostukraine rückte auch die Frage der Vergewaltigungen während des Zweiten Weltkriegs in ein neues Licht. Im offiziellen Diskurs der Ukraine wurden die sowjetischen Soldaten plötzlich zu »Russen«, die überall im Land
massenweise Frauen vergewaltigten. Das eröffnete der Ukraine die Möglichkeit, den vom putinschen Russland gehuldigten Kult um den Zweiten
Weltkrieg so umzudeuten, dass die Verantwortung für die während des
Krieges begangenen Verbrechen auf die »Russen« abgeschoben werden
konnte. Die offizielle ukrainische Erinnerungspolitik instrumentalisiert
und ethnisiert die historische Tatsache der Vergewaltigungen durch sowjetische Soldaten, ohne sich dabei dem Kern der Frage zu nähern und sich mit
dem Phänomen der Kriegsvergewaltigung als solches auseinanderzusetzen.

Im Juni 2013 kritisierte der Historiker Boris Sokolow, der sich auch mit
den Biografien von Stalin, Lawrenti Beria, Wjatscheslaw Molotow und Leonid Breschnew beschäftigte, auf dem führenden Portal der russischen
Oppositionellen, *grani.ru*, in einem Beitrag das Gesetz, das das »Leugnen
der Verbrechen des Nazismus«, sprich: die Kritik der alliierten Streitkräfte,
unter Strafe stellte.[82] Seinem Argument zufolge machte dieses Gesetz die
von der Roten Armee begangenen Verbrechen unsichtbar, unter ihnen
mehrere hunderttausend Fälle, die gegen deutsche, österreichische, ungarische, polnische, tschechische, slowakische und serbische Zivilisten und
Zivilistinnen bzw. auf dem Gebiet der baltischen Staaten verübt wurden.
Unter seinen Quellen befanden sich Berichte von deutschen und ungarischen Behörden, Zeugenaussagen, Interviews und Tagebücher. Er berief
sich auf die Werke von Kriegshistorikern wie Joachim Hoffman, Antony

---

82 Борис Соколов Закон о военномвремени. 25.6.2013. http://grani.ru/opinion/
    sokolov/m.216084.html

Sowjetische Soldaten in Kecskemét

Beevor und Krisztián Ungváry sowie auf Zeitzeugen, unter anderem Was-
silij Bykow, Autor von *Die Toten haben keine Schmerzen*, Alexander Solschenizyn, den Kriegsberichterstatter Lew Kopelew sowie die Erinnerungen des Kriegsveteranen Leonid Rabitschew.

Die Verschärfung des erinnerungspolitischen Kampfes verdeutlicht
auch der Internetbeitrag vom Mai 2007, demzufolge der Zeitraum von
1941 bis 1945 die Zeit des Kampfes zwischen dem »braunen« und dem
»roten« Faschismus war. Hier werden Ausschnitte aus der Sendung der
Schriftstellerin und Journalistin Julija Latynina veröffentlicht, die sie für
den vielleicht einzigen unabhängigen russischen Radiosender machte. Die
Sendung ist heute nicht mehr zugänglich, aber ihre Abschrift wird in der
zweiten Hälfte des Beitrags veröffentlicht. Latynina zitiert ebenfalls die Erinnerungen von Rabitschew, die unter den Zuhörern auf lebhafte Resonanz stieß: Die Mehrheit befand, dass die Darstellungen übertrieben waren, andere verurteilten Rabitschew dafür, die Massenvergewaltigung nicht
verhindert zu haben.[83] Indem die Zuhörer jedoch die persönliche Verantwortung hinterfragten, gelang es auch hier nicht, sich mit den strukturellen Ursachen auseinanderzusetzen.

83 Советскийсолдатнасильник. 14.5.2007. http://tapirr.livejournal.com/672064.html

Im Februar 2009 veröffentlichte Mark Solonin, der Autor von zahlreichen, empirisch hieb- und stichfest belegten und großen Widerhall hervorrufenden Büchern und Artikeln auf seinem Blog einen Beitrag mit dem Titel »Der Frühling des Sieges: Das vergessene Verbrechen von Stalin.«[84] Darin argumentiert er, dass die Vergewaltigungen nur einen Teil der Verbrechen ausmachten, die die Rote Armee in Europa verübte, und lenkt die Aufmerksamkeit darauf, dass die unverhältnismäßige Hervorhebung der sexuellen Gewalt alle anderen Kriegsverbrechen der Sowjets verschleiere und es letztlich manchen Militärhistorikern gleichtue, wie zum Beispiel Garejew oder Reschewski in ihrem Artikel, der 2005 in *Trud* erschien. Solonin beruft sich auch auf das 1995 erschienene, wegen seiner kritiklosen Parteilichkeit vielfach kritisierte Buch des deutschen Militärhistorikers Joachim Hoffman, *Stalins Vernichtungskrieg 1941–1945*, in dem sich der Autor detailliert und ausführlich mit den Vergewaltigungen beschäftigt, die von der Roten Armee in deutschen Gebieten verübt wurden. Solonin behauptet, dass, während die sowjetische Zivilbevölkerung die deutschen Kriegsgefangenen gut behandelte, sich die sowjetischen Soldaten brutal gegenüber der deutschen Zivilbevölkerung verhalten habe, und erklärt das mit dem Zusammenbruch der militärischen Disziplin. Als Hauptverantwortlichen betrachtet er Stalin. Er appelliert an die Russen, ihren Teil der Verantwortung zu übernehmen. Aus dieser Argumentation wird erkenntlich, dass die Frage der Vergewaltigungen im Zweiten Weltkrieg in die Geiselhaft der Debatten über den Stalinismus geraten ist.

Im Februar 2009 veröffentlichte ein Nutzer namens »Ukrainets« einen Post auf dem ukrainischen Portal *censor.net* mit dem Titel »Berlin 1945. Die russischen Soldaten vergewaltigten zwei Millionen Frauen«, das 14 Seiten Kommentare nach sich zog.[85] An diesen lässt sich gut die Strategie der Ethnisierung der Roten Armee erkennen. Der Autor zitiert eine Überlebende, Ruth Irgmant, sowie die beiden deutschen Historiker Silke Satjukow und Jochen Staadt, die zum Thema publizieren, sowie den amerikanischen Historiker Norman Naimark.

Das Thema zieht auch extreme Ansichten an. Der Publizist Alexej Siropajew, der regelmäßig für rechtsextreme Medien schreibt, veröffentlichte im Mai 2009 einen Artikel mit dem Titel »Der unbekannte Vergewaltiger«

---

84 Веснапобеды. Забытоепреступление Сталина. 15. 2. 2009. http://www.solonin. org/article_vesna-pobedyi-zabyitoe
85 Берлин 1945 года. Русскиесолдатыизнасиловали 2 миллионаженщин. 2. 3. 2009. http://censor.net.ua/forum/460598/berlin_1945_goda_russkie_soldaty_iznasilovali_2_milliona_jenschin.

auf seinem Blog, dem 34 Seiten Kommentare folgten.[86] Der in informellem Ton geschriebene Artikel fokussiert vor allem die Vorfälle in Deutschland und legt in erster Linie einschlägig bekannte Quellen dar. Der berüchtigte Text von Ilja Ehrenburg wird erwähnt, in dem dieser die sowjetischen Soldaten zur Vergewaltigung von deutschen Frauen aufstachelt, außerdem Zitate von Lew Kopelew, Leonid Rabitschew und Alexander Solschenizyn. Es werden die Memoiren des Piloten Erich Hartmann sowie die Werke des antikommunistischen Kriegshistorikers Joachim Hoffman und jene des in populärwissenschaftlichem Stil schreibenden Antony Beevor hinzugezogen. Der Autor zitiert aber auch Werke des US-amerikanischen und sowjetfeindlichen Neonazi William Pierce, weil sie gut in seinen eigenen sowjetfeindlichen Interpretationsrahmen passen.[87]

Im Dezember 2014 veröffentlichte Mischa Werbizki, ein politischer Aktivist und Blogger von zweifelhaftem Ruf und Mitglied der Eurasischen Partei, unter dem Namen »tiphareth« einen Post mit der Überschrift »Massenvergewaltigungen begangen von den Sowjets«.[88] Im Artikel – der auf englisch- und russischsprachigen Quellen, Werken von Veteranen und Kriegsberichterstattern sowie auf Wikipedia-Einträgen basiert – vergleicht der Autor die Vergewaltigung von deutschen Frauen mit der Annektierung der Krim und fordert eine öffentliche Verhandlung der sowjetischen Kriegsverbrechen, um eine Wiederkehr des Stalinismus zu verhindern. Im Mai 2015 veröffentlichte auf demselben Portal[89] ein Veteran namens Nikulin einen Beitrag mit dem Titel »Erinnerung an den Krieg« über die Vergewaltigungen von Rotarmisten, nicht nur von deutschen Frauen, sondern auch von sowjetischen Soldatinnen.[90] Diese zwei letztgenannten Beispiele zeigen, dass es durchaus möglich ist, fundierte kritische Haltungen über Militarismus und Vergewaltigungen, die sowjetische Soldaten während des Zweiten Weltkriegs begingen, einer Öffentlichkeit zugänglich zu machen.

86 Могила Неизвестного Насильника – Алексей Широпаев. 3.5.2009. http://shiropaev.livejournal.com/29142.html
87 https://natallsac.wordpress.com/2012/11/13/allied-atrocities/ – Die Website wurde gelöscht.
88 Misha Verbitsky: массовые изнасилования людей советскими. 22.12.2014. http://lj.rossia.org/users/tiphareth/1877390.html
89 Бессрочная Акция »Антипобеда«. http://yun.complife.info/miscell/antivict.htm
90 Нравы »воинов-освободителей«. http://yun.complife.info/miscell/nikulin.htm

Anerkennung der Kriegsvergewaltigungen im Rechtswesen

Die Digitalisierung erreichte auch die russischen Archive, aber das passierte nicht frei von erinnerungspolitischen Kämpfen: Die Bewahrung der Erinnerung der Helden des Zweiten Weltkriegs hat stets Priorität. Im September 2012 veröffentlichte der Nutzer »allein« im Internet Dokumente aus der öffentlichen Sammlung des Verteidigungsministeriums der russischen Föderation.[91] Die Unterlagen des 3. Kriegsgerichts der 26. Armee sind auf den 19. April 1945 datiert, und das Original befindet sich in der 5. Abteilung des Archivs des Verteidigungsministeriums der Russischen Föderation.[92] Theoretisch sollten ähnliche Unterlagen auf der Webseite von OBD-Memorial zu finden sein, aber sie sind noch nicht (oder nicht mehr) zugänglich. Diese Unterlagen sind im Archiv nur für jene abrufbar, die einen Verwandtschaftsgrad zu den erwähnten Personen der jeweiligen Archivbestände nachweisen können. Dieser Schutz von Persönlichkeitsrechten hat zur Folge, dass die Forschung vereitelt wird, denn es ist schwierig, die Namen der Soldaten herauszufinden, und selbst wenn man Namenslisten der einzelnen Einheiten zur Verfügung hätte, wäre einem nicht geholfen, denn nicht jeder Soldat beging auch eine Straftat, für die er vor ein Kriegsgericht gestellt wurde. In der zugänglichen Sammlung finden sich auch Unterlagen, die bezeugen, dass Gräueltaten gegen Ungarinnen verübt wurden, unter anderem kann man sich auch einen Einblick in ein Urteil des Kriegsgerichts verschaffen, das in der Angelegenheit der Vergewaltigung eines neunjährigen Mädchens und des Mordes an einer Frau gefällt wurde.[93] Es scheint die verbreitete Vorstellung zu widerlegen, dass Täter entweder an Ort und Stelle erschossen wurden oder unbestraft davonkamen. Das Dokument, von dem nur eine einzige Seite im Internet veröffentlicht wurde, beweist, dass der Disziplinierungsmechanismus in der Roten Armee durchaus funktionierte: Wer die militärischen Vorschriften verletzte, landete mitunter auch vor einem Kriegsgericht. Das führt zu der Frage, von wem, wie und für welche Straftaten jemand vor ein Kriegsgericht gestellt wurde. Und für wen wurde die streng vertrauliche Sammlung zusammengesucht? War dieses strenge Urteil typisch? Wurde es vollstreckt? Diese Fragen lassen sich erst beantworten, wenn es möglich wird, in den

91 Обобщенный банк данных »Мемориал«. http://www.obd-memorial.ru/html/
    default.htm
92 Донесение о безвозвратных потерях. http://www.obd-memorial.ru/html/info.htm?
    id=4388906&page=3
93 Иногда, советскийс уд» проявлял необъяснимый гуманизм ... 10.9.2012. http://
    allin777.livejournal.com/166277.html

sowjetischen Militärarchiven systematische Forschungen zu betreiben. Aus dem zusammenfassenden Dokument – zu dem offensichtlich auch Unterlagen der einzelnen Prozesse gehören – geht hervor, dass Vergewaltigungen offenbar gelegentlich gemeldet wurden, und die Täter wurden zu zehn Jahren Haft in einem Straflager verurteilt. Aufgrund der fehlenden Forschung kann man nur Vermutungen über die Funktionsweise der sowjetischen Armee und das Leben der Soldaten anstellen. Eine intensive Forschung könnte den Diskurs zukünftig verändern.

Auch in den ebenfalls lückenhaft überlieferten bzw. zugänglichen Berichten über die Kriegsoperationen finden sich Spuren, die im Zusammenhang mit dem Verhalten der sowjetischen Soldaten stehen, das nicht unbedingt den Erwartungen entsprach und die Effektivität der Armee gefährdete.[94]

»[...] 03.2.1945. Dem Leutnant SANDAKOW, Patrouillenleiter vom lokalen Zivilisten SÁNDOR GUTMAN in Erfahrung gebracht, dass unbekannte Soldaten jeden Tag zum Bäcker gehen, um das für die Einwohner des Dorfes gebackene Brot an sich zu nehmen. Um 14:30 Uhr schickte der Patrouillenleiter eine Einsatzgruppe von vier Soldaten hin, so wurden 3 Soldaten verhaftet. Beim Verhör der Verhafteten wurde festgestellt, dass es sich um Angehörige der 244 Mann starken Truppe des Hauptfeldwebels A.A. POGREBNJAK handelte, die als Ersatz aus dem Kriegskrankenhaus Nr. 2363 zur Versorgungsbataillon des 6. Panzerkorps umgeleitet wurde. Leutnant SANDAKOW ging mit seinem gesamten Personalbestand zum Aufenthaltspunkt der genannten Truppe und stellte fest, dass sich diese in einem Bordell aufhielt, zusammen mit den dazu gehörigen Frauen. Da es keine Offiziere gab, verlief sich der gesamte Personalbestand der Truppe in der Stadt, und 5 ganze Tage lang zechten, raubten, plünderten und traten sie gewalttätig auf. Nachdem Leutnant SANDAKOW die gesamte Gruppe festgenommen hatte, schickte er sie unter Aufsicht einer Kolonne zum Kommandanten des 7. Bezirks von Pest, und gegen Unterschrift übergab er sie dem Vertreter

---

94 Ich danke Márton Ványai, dass er mich auf diese Quelle aufmerksam machte. Operationsbericht des Grenzschutzregiments 128 der 2. Ukrainischen Front vom 4.2.1945 bis 24.00 Uhr. Zugänglich hier: https://pamyat-naroda.ru/documents/vi ew/?id=132313501&backurl=division%5C128%20%D0%BF%D0%BE%D0%B3% D1%80%D0%B0%D0%BD.::begin_date%5C03.2.1945::end_date%5 C04.2.1945::use_main_string%5Ctrue::group%5Call::types%5Copersvodki:raspo ryajeniya:otcheti:peregovori:jbd:direktivi:prikazi:posnatovleniya:dokladi:raporti: doneseniya:svedeniya:plani:plani_operaciy:karti:shemi:spravki:drugie&static_ha sh=42744db07687e48200786e9e6578dfdbv5

des 6. Panzerkorps Oberstleutnant KERNOS, der schon seit 10 Tagen auf der Suche nach der Truppe war.«

Verständlich, dass die abkommandierten, als »Ersatz« führungslosen Soldaten die Zeit lieber im »Freudenhaus« verbrachten, als Richtung Berlin weiterzuziehen.

Die Analyse der im Internet zugänglichen russischsprachigen Quellen zeigt, dass das Interesse am Thema, auch wenn NGOs und feministische Organisationen nicht mit einberechnet werden, im russischsprachigen Internet wächst. Die Frage ist, inwieweit der Diskurs der Vergewaltigungen, die von den Soldaten der Roten Armee verübt wurden, die vereinfachenden intentionalistischen und strukturalistischen Erklärungsprinzipien überholen kann. Was vorerst als typisch für die Unterlagen, die im Internet zugänglich sind, konstatiert werden kann, ist die Ethnisierung der Roten Armee und die Rückkehr der beschwörenden Rhetorik des Kalten Kriegs. Veränderungen im gegenwärtigen Diskurs könnte nur eine auf Archivforschungen basierende, anhand von methodisch adäquater Verarbeitung der Quellen des sowjetischen Militärs erstellte Monografie bewirken, die ohne Hexenjagd auskommt. Hoffentlich lässt ein solches Werk nicht mehr lange auf sich warten.

Fazit

Als die Rote Armee durch Ungarn zog, hinterließ sie nicht nur geplünderte Speisekammern, Wohnungen und leere Weinkeller, sondern auch ein neues politisches System, in dem die Kirche nur schwer ihren Platz fand. Als die Ungarische Katholische Bischofskonferenz am 24. Mai 1945 zusammenkam, waren nicht mehr die Gräueltaten der sowjetischen Soldaten die alles beherrschenden Fragen, sondern die neuen Machtaspirationen der im Entstehen befindlichen ungarischen Demokratie, die die Infrastruktur und das Vermögen der katholischen Kirche ins Visier nahm. Vor diesem Hintergrund überrascht das Fazit der Bischofskonferenz wenig: »Der Sturm des Krieges zog über uns tobend hinweg, was die Kirche betrifft, leichter als wir damit rechneten.«[1] In einer Hinsicht lief dieses »Hinwegziehen des tobenden Sturms« anders ab, als von der Bevölkerung erwartet, und zwar hinsichtlich der Massenvergewaltigungen. Die Neuregelung der sexuellen Normen spielte eine wichtige Rolle bei der Wiederherstellung der Normalität. Die Neudefinierung der Grenzen – wer gehört der Nation an, über welche Bürgerrechte verfügt er oder sie – erfolgte oft auf der Basis eines sexualisierten Ansatzes. Während sich die neueste Forschung intensiv mit den Veränderungen des politischen Systems beschäftigt, blieb dieser Aspekt in den Untersuchungen unberücksichtigt.

Sharon Marcus definiert sexuelle Gewalt als »Sprache«, denn sie kommuniziert das Ausgeliefertsein, die Niederlage und die Demütigung des Opfers auf der einen Seite und die Kraft, Macht und Überlegenheit des Täters auf der anderen Seite. Aus diesem Grund ist es von entscheidender Bedeutung, welche Antwort die ungarische Gesellschaft auf die Massenvergewaltigungen fand, die das gesellschaftliche Wertesystem von Grund auf veränderte.[2] Die von den Sowjets in den besetzten Gebieten verübten Vergewaltigungen hatten eine enorme psychische Wirkung. Die Institutionen der Rechtsprechung brachen eine nach der anderen zusammen, und es entstand ein Machtvakuum, das verhinderte, dass die Soldaten der sieg-

---

1 Protokoll der Bischofskonferenz des Katholischen Bischofskollegiums von Ungarn vom 24.5.1945. Zitiert nach: Bánkuti, A frontátvonulás, S. 421.
2 Sharon Marcus: Fighting Bodies, Fighting Words: A Theory and Politics of Rape Prevention, in: Judith Butler, Joan W. Scott (Hg.): *Feminist Theorize the Political.* New York, Routledge, 1992, S. 385-403.

reichen Armee bei den Behörden hätten angeklagt werden können. Die Unsicherheit und das Gefühl des Ausgeliefertseins wurden durch den Mangel an Rechtsbeistand nur größer, denn die sowjetische Armee stand außerhalb der nationalen Rechtsordnung Ungarns. Die Verbrechen blieben auf diese Weise unbestraft.

In den letzten Jahrzehnten trendete die sexualisierte Kriegsgewalt als Forschungsthema. Während sie früher verschwiegen wurde, wird sie jetzt quasi zu Tode diskutiert, unter anderem wegen der Geschehnisse in Bosnien, im Kosovo, in Ruanda und im Kongo. Weiße Feministinnen aus dem Westen machten in bester Absicht auf das Phänomen aufmerksam, stellten damit jedoch die Frauen ausschließlich als die Opfer von sexueller Gewalt dar – ihre Erfahrungen und Handlungen blieben unsichtbar. In diesem Analyserahmen ergab sich darüber hinaus keine Gelegenheit für eine Untersuchung der Beziehung zwischen sexueller soldatischer Gewalt und Gewalt im Alltag. Die Erforschung der während des Zweiten Weltkriegs verübten Vergewaltigungen war dabei stets Opfer politischer Ränkespiele. Das wird auch dadurch erkenntlich, dass es weiterhin an einer erinnerungspolitischen Kultur fehlt, diese Taten öffentlich anzuerkennen und um Vergebung zu bitten, ganz gleich um welche Kriegspartei es geht. Die sexuelle Gewalt ist organischer Teil des Militarismus und wirkt gleichzeitig zerstörerisch auf den Mythos der betroffenen Armee. Die Wehrmacht hielt lange an dem Mythos fest, dass Wehrmachtangehörige keine Gräueltaten, keine Vergewaltigungen verübten, dass sie keine Bordelle betrieben und mit »fremdvölkischen« Frauen keinen sexuellen Kontakt hatten. Und die Rote Armee befreite dem eigenen Mythos zufolge die Länder vom Faschismus, brachte Egalität und verteilte Brot. Der Mythos der ungarischen Armee wiederum besagt, dass die ungarischen Soldaten in der Ukraine die Opfer der deutschen Heeresleitung waren, und lange wurden die Gräueltaten, die ungarische Soldaten in der Ukraine begingen, nicht thematisiert.

Die Erklärung für Massenvergewaltigungen liegt weniger im Unterschied der Kulturen, sondern in der jeweiligen politischen Ökonomie. Die Realität der militärischen Besatzung verändert notwendigerweise die Politik der gesellschaftlichen Geschlechter. Die Kriegsvergewaltigung ist eine Form der Kontrolle, der Unterdrückung, der Marginalisierung und des Herrschens. Die Massenvergewaltigung von Frauen kann sowohl die Folge von raschen politischen und gesellschaftlichen Änderungen sein als auch eines Wandels in der nationalen und internationalen Politik. In diesem Fall ist der häufig sensationsgierige und instrumentalisierende Umgang mit sexueller Gewalt in einen komplexen, politisch definierten Rahmen gebettet.[3] Die Behauptung, der Täter sei ein Barbar, dessen Kultur sich von »unserer Kultur« grundsätzlich unterscheide, wird im Zusammenhang mit der dem weiblichen Körper zugefügten Gewalt formuliert. Das rückt die Tatsache in den Hintergrund, dass die Vergewaltigung in einem breiteren Rahmen gedeutet werden sollte, und es verschleiert die Verantwortung der lokalen Akteure, Politiker, Ordnungshüter oder Männer, die in irgendeiner Form von den Vergewaltigungen profitierten. Diese vereinfachte Darstellung verbirgt auch die komplexen geschichtlichen und politischen Prozesse, in denen die Vorfälle geschehen sind. Interpretationsrahmen wie die »Russen« haben die »Ungarinnen« vergewaltigt, erzeugen falsche Gemeinschaften. Auf das Opfertum bauende, ethnisierte, intentionalistische Erinnerungspolitik, deren Basis die alleinige Herrschaft über die historische Wahrheit ist, verhindert langfristig die Entstehung einer kritischen Betrachtungsweise der Geschichte.

Die von den sowjetischen Soldaten verübten Vergewaltigungen waren lange vom Verschweigen verhüllt. Erstens handelte es sich dabei um ein Verschweigen auf institutioneller Ebene, das heißt, es fehlte ein Raum, in dem man darüber hätte sprechen können, denn über den Täter, über den Soldaten der Roten Armee, hatte der ungarische Staat keine Verfügungsmacht, und die Gerichtsurteile der Täter sind wegen der Bedingungen in den russischen Archiven für die Forschenden nur rudimentär zugänglich. Zweitens waren sie auch von einem persönlichen Verschweigen umgeben, denn im engen Umfeld ist es für die Opfer besonders schwer zu sprechen, und das Schweigen war in vielen Fällen die Bedingung zum Überleben und für die Zugehörigkeit zur Gemeinschaft. Drittens war es auch ein Verschweigen auf nationaler Ebene, denn Kriegsvergewaltigungen werden auch in einem nationalen Rahmen gedeutet (die »Russen« vergewaltigten die »Ungarinnen«), und ein wiederholtes Erzählen würde das kollektive Gefühl von Verlust und Demütigung verstärken. Die Stille wird auch durch das Rechtssystem gestützt, denn das Opfer steht vor Gericht in der Beweislast, und das ist oft eine langwierige und demütigende Prozedur. Auch die fehlenden sprachlichen Ausdrucksmittel schließlich trugen zum kulturellen Verschweigen der sexuellen Gewalt bei, denn es stand schlicht kein Vokabular zum Erzählen zur Verfügung.

---

3 Miranda Alison, Debra Bergoffen, Pascale Bos, Louise Toit, Regina Mühlhäuser, Gaby Zipfel: »My plight is not unique«. Sexual violence in conflict zones: a roundtable discussion. Eurozine, http://www.eurozine.com/articles/2009-09-02-zipfelen.html

Die erste Stufe bei der Erschließung der Geschehnisse bedeutet für die Erleidende der Vergewaltigung immer, dass sie sich in Sicherheit fühlen muss und in der Lage ist, über die Angelegenheit zu sprechen, das heißt, dass sie den Wortschatz und einen geeigneten Rahmen zum Erzählen hat. Erst danach kommt es zur Heilung und zum Abschluss. Dieser Prozess fand in Ungarn nicht statt. Neben den fragmentierten, individuellen Geschichten entstand nur ein kollektives, stark vereinfachendes Gedächtnisnarrativ. Die Ungarinnen erzählten, was in dieses Narrativ hineinpasste und wurden damit in eine Opferrolle hineingezwungen. Eine Änderung brachte auch die digitale Wende nicht. Die Untersuchung des ungarischen digitalen Raums zum Thema der Vergewaltigungen während des Zweiten Weltkriegs lässt erkennen, dass eine Unterstützung der Opfer weiterhin fehlt. Man begegnet nur undifferenzierten, klischeehaften Kommentaren, in denen persönliches Erleben und Wissen als Wahrheit angeführt werden. Die Bemerkungen, in denen sich Nutzer auf eigene Erfahrungen berufen, richten sich gegen weit entfernte und gesichtslose Täter sowie die mit ihnen kollaborierenden Kommunisten.

Lange beschäftigte man sich mit der Untersuchung der Täter überhaupt nicht, obwohl die Soldaten das Erlebnis und die Folge der von ihnen begangenen Vergewaltigung mit nach Hause nahmen. Die Erkenntnisse der frühen Fachliteratur legen nahe, dass die Soldaten die Vergewaltigungen entweder absichtlich begingen, im Auftrag ihrer Befehlshaber, oder im Zustand der Trunkenheit. Schuldgefühle, Unsicherheit und Zweifel waren auch im Alltag der Soldaten ständige Begleiter. Die Massen der von den Fronten heimkehrenden Soldaten brachten nicht nur Geschlechtskrankheiten mit nach Hause, sondern auch das Wissen, eine Vergewaltigung verübt zu haben. Die historische Forschung beginnt erst jetzt, zu erschließen, inwiefern die militarisierte Alltagskultur mit der häufig vorkommenden häuslichen Gewalt in der Sowjetunion zusammenhing.[4]

Den Überlebenden von Vergewaltigungen steht in Ungarn keinerlei finanzielle Kompensation zu, während den anerkannten Überlebenden in Korea, Bosnien oder im Kongo Entschädigung gezahlt wurde. Aber wie bereits erwähnt, findet auch die symbolische Anerkennung nur in einem bestimmten Rahmen statt: in dem der Frau als Opfer. Die (mitunter pornografische) Normalisierung der Vergewaltigungsgeschichten, ihre visuelle Darstellung oder Rekonstruierung (zum Beispiel in den Filmen DIE VERSCHWIEGENE SCHANDE oder AURORA BOREALIS) festigen nur die voyeuris-

---

4 Juliane Fürst: *Late Stalinist Russia: Society between Reconstruction and Reinvention.* New York/London, Routledge, 2006.

tische Position und das Opfernarrativ der Frau. Inakzeptabel sind die Erzeugung eines pornografischen Interesses, eine Hexenjagd auf die Täter und das Ausfindigmachen von Kindern, die bei Vergewaltigungen gezeugt wurden, gegen deren Willen.

In der Schlussszene des Films VERSCHWIEGENE SCHANDE sagt eine Zeugin unter Tränen aus, dass sie verzeiht, aber nicht vergisst. Die Philosophin Robin May Schott behauptet mit Bezug auf Hannah Arendt, dass das Verzeihen in philosophischer Hinsicht eine Unmöglichkeit ist, da es über den Wirkungskreis des Individuums hinausgeht. Wünschenswert sei jedoch, dass das Opfer nach einer Phase der berechtigten Empörung in seinem Leben weitergehen kann und der Täter zu seiner Verantwortung steht. Dies könne die zyklische Wiederholung von Feindlichkeit brechen.[5] Wenn es jedoch zu keiner wesentlichen Veränderung kommt, wie es beim kollektiven Gedächtnis der von sowjetischen Soldaten verübten Vergewaltigungen der Fall ist, die Täter sogar geo- und machtpolitische Argumente auf das Leugnen setzen, ist es nicht wahrscheinlich, dass das Schweigen gebrochen werden kann. Aus diesem Grund muss der Fokus statt auf das Vergeben auf die Faktoren und Strukturen gelegt werden, die die Dichotomie von »Reinheit und Befleckheit der Sexualität« begründen und eine ausschließende und aggressive Identitätspolitik erzeugen. Bei der Erforschung der Kriegsvergewaltigungen können wir die Funktionsweise unserer heutigen Verhältnisse verstehen lernen und dadurch auch die zwangsläufige Kontinuität der Gewalt erkennen. Im Gegensatz zu vielen Massenvergewaltigungen in der jüngsten Geschichte waren die von der Roten Armee verübten Vergewaltigungen nicht ethnisch bedingt, sondern durch Demonstration von Macht und Rache motiviert. Das Gedächtnis dieser Ereignisse wurde erst nach 1989 ethnisiert, im Rahmen der aufkommenden antikommunistischen Tendenzen. Das macht allerdings nicht nur das Verzeihen, sondern auch das Vergessen unmöglich. Bei all dem sollte auch das Gedächtnis der Opfer nicht außer Acht gelassen werden. Die Überlebenden von Vergewaltigungen und die aus Vergewaltigungen geborenen Kinder mussten das absichtsvolle Vergessen der Gemeinschaft über sich hinwegziehen lassen, ihre Existenz erinnerte die Gesellschaft an Niederlage und Demütigung.

Das Gedächtnis der von sowjetischen Soldaten begangenen Vergewaltigungen wurde nicht zu einem traumatischen Gedächtnis, weil die Geschichte der massenhaften Vergewaltigungen nicht von denen erzählt

---

5 Robin May Schott: The Atrocity Paradigm and the Concept of Forgiveness, in: Hypatia 19.4 (2004), S. 202-209.

wurde, die sie erlitten hatten. Aus nachvollziehbaren Gründen erzählten die Opfer ihren Familien darüber nicht, deshalb kam es auch zu keinem Trauma in der zweiten und dritten Generation. Das Gedächtnis ist selektiv, institutionalisiert sich als sich selbst bestätigendes und projektives Gedächtnis. Deshalb bleibt es für eine Neuinterpretation stets offen, die jedoch fast immer ohne Beteiligung der Opfer stattfindet.

Quellen und Literatur

Monografien und Studienbände

Adler, Karen H.: *Jews and Gender in Liberation France.* Cambridge, Cambridge University Press, 2003.

Alekszijevics, Szvetlana: *Nők a tűzvonalban.* Budapest, Helikon 2016.

Balogh, Margit: *A KALOT és a katolikus társadalompolitika 1935–1946.* Budapest, MTA Történettudományi Intézet, 1998.

Bandhauer-Schöffmann, Irene und Ela Hornung (Hg.): *Wiederaufbau weiblich. Dokumentation der Tagung »Frauen in der österreichischen und deutschen Nachkriegszeit«* (Veröffentlichungen des Ludwig-Boltzmann-Institutes für Geschichte der Gesellschaftswissenschaften, Bd. 22). Wien/Salzburg, Geyer Edition, 1992.

Baráth, Magdolna: *A szovjet tényező. Szovjet tanácsadók Magyarországon.* Budapest, Gondolat, 2017.

Baris, Tommaso: *Tra due fuochi. Esperienza e memoria della guerra lungo la linea Gustav.* Bari, Laterza, 2004.

Barna, Ildikó und Andrea Pető: *A politikai igazságszolgáltatás a II. világháború utáni Budapesten.* Budapest, Gondolat, 2012.

Beard, Mary: *Women and Powe: A Manifesto.* London, Profile Books, 2017.

Beck, Birgit: *Wehrmacht und sexuelle Gewalt. Sexualverbrechen vor deutschen Militärgerichten 1939–1945* (Krieg in der Geschichte, Bd. 18). Paderborn, Ferdinand Schöningh, 2004.

Beevor, Antony: *Berlin. The Downfall 1945.* London, Viking, 2002.

Bencsik Péter: *Hódmezővásárhely politikai élete 1944–1950 között* (Emlékpont Könyvek 8). Hódmezővásárhely, Tornyai János Múzeum és Közművelődési Központ, 2018.

Bibó, István: *Válogatott tanulmányok I–III.* Budapest, Magvető, 1986.

Blessing, Benita: *The Antifascist Classroom. Denazification in Soviet-occupied Germany 1945–1949.* New York, Palgrave Macmillan, 2006.

Bock, Gisela: *Zwangssterilization im Nationalsozialismus. Studien zur Rassenpolitik und Frauenpolitik.* Opladen, Westdeutscher Verlag, 1986.

Brownmiller, Susan: *Against Our Will. Men, Women and Rape.* London, Simon & Schuster, 1975.

Brownmiller, Susan: *Gegen unseren Willen. Vergewaltigung und Männerherrschaft.* Frankfurt a. M., 1978.

Caruth, Cathy: *Trauma. Explorations in Memory.* Baltimore, Johns Hopkins University Press, 1995.

Chang, Iris: *The Rape of Nanking: The Forgotten Holocaust of World War II.* New York, Basic Books, 1997.

Cornelius, Deborah: *Kutyaszorítóban*. Budapest, Rubicon-Ház, 2015.

Csikós, Gábor – Kiss, Réka – Ö. Kovács, József (Hg.): *Váltóállítás. Diktatúrák a vidéki Magyarországon 1945-ben* (Magyar vidék a 20. században I). Budapest, *MTA* BTK, Nemzeti Emlékezet Bizottsága, 2017.

Diamond, Hanna: *Women and the Second World War in France, 1939-1948. Choices and Constraints*. Harlow, Longman, 1999.

Enloe, Cynthia: *Maneuvers: The International Politics of Militarizing Women's Lives*. Berkeley, University of California Press, 2000.

Ericsson, Kjersti und Eva Simonsen (Hg.): *Children of World War II: The Hidden Enemy Legacy*. New York, Berg, 2005.

Fehrenbach, Heide: *Race after Hitler: Black Occupation Children in Postwar Germany and America*. Princeton, Princeton University Press, 2005.

Fiegl, Verena: *Der Krieg gegen die Frauen. Die Zusammenfang zwischen Sexismus und Militarismus*. Bielefeld, Tarantel Frauenverlag, 1990.

Forrester, John: *The Seductions of Psychoanalysis: Freud, Lacan, and Derrida*. Cambridge/New York, Cambridge University Press, 1990.

Fürst, Juliane: *Late Stalinist Russia: Society between Reconstruction and Reinvention*. New York – London, Routledge, 2006.

Gebhardt, Miriam: *Als die Soldaten kamen. Die Vergewaltigung deutscher Frauen am Ende des Zweiten Weltkriegs*. München, Deutsche Verlags-Anstalt, 2015.

Gebhardt, Miriam: *Crimes Unspoken: The Rape of German Women at the End of the Second World War*. Cambridge, UK/Malden, MA, Polity, 2016.

Gémesi, Ferenc (Hg.): *A magyar megszállás – vajúdó nemzeti önismeret. Válasz a kritikákra* (Posztszovjet füzetek XX). Budapest, ELTE Ruszisztikai Központ, Magyar Ruszisztikai Intézet, Russica Pannonicana, 2013.

Gyarmati, György (Hg.): Államvédelem a Rákosi-korszakban. Tanulmányok és dokumentumok a politikai rendőrség második világháború utáni tevékenységéről. Budapest, Történeti Hivatal, 2000.

Hagemann, Karen und Stefanie Schüler-Springorum: *Home/Front: The Military, War, and Gender in Twentieth-Century Germany*. Oxford, Berg, 2002.

Hedgepeth, Sonja M. und Rochelle G. Saidel (Hg.): *Sexual Violence against Jewish Women during the Holocaust*. Waltham, MA, Brandeis University Press, Hanover, University Press of New England, 2010.

Horváth, Miklós – Györkei, Jenő (Hg.): *Szovjet katonai intervenció, 1956*. Budapest, Argumentum, 1996.

Kay, Rebecca: *Men in Contemporary Russia: The Fallen Heroes of Post-Soviet Change*. Burlington, Ashgate, 2006.

Kenéz, Péter: *Hungary from the Nazis to the Soviets. The Establishment of the Communist Regime in Hungary, 1944-1948*. New York, Cambridge University Press, 2006.

Kleinau, Elke und Ingvill C. Mochmann (Hg.): *Kinder des Zweiten Weltkrieges. Stigmatisierung, Ausgrenzung, Bewältigungsstrategien*. Frankfurt/New York, Campus, 2016.

Krylova, Anna: *Soviet Women in Combat. A History of Violence on the Eastern Front*. New York, Cambridge University Press, 2010.

Landsberg, Alison: *Prosthetic Memory. The Transformation of American Remembrance in the Age of Mass Culture.* New York, Columbia University Press, 2004.

Lilly, Robert J.: *Taken by Force. Rape and American GIs in WWII.* Basingstoke, Palgrave Macmillan, 2007.

Marwick, Roger D. und Euridice Charon Cordona: *Soviet Women on the Frontline in the Second World War.* Basingstoke, Palgrave Macmillan, 2012.

Merridale, Catherine: *Ivan's War. Life and Death in the Red Army 1939-45.* London, Faber & Faber, 2005.

Mesner, Maria: *Frauensache? Zur Auseinandersetzung um den Schwangerschaftsabbruch in* Österreich (Veröffentlichungen des Ludwig-Boltzmann-Instituts für Geschichte der Gesellschaftswissenschaften, Bd. 23). Wien, Jugend und Volk, 1994.

Mischkowski, Gabriela: *The Trouble with Rape Trials. Views of Witnesses, Persecutors and Judges on Persecuting Sexualised Violence during the War in the former Yugoslavia.* Köln, Medica Mondiale, 2009.

Murmanceva, V.: *Szovetszkije zsenscsini v Velikoj Otyecsesztvennoj Vojnye.* Moszkva, Miszl, 1974.

Naimark, Norman M.: *The Russians in Germany. A History of the Soviet Zone of Occupation, 1945–1949.* Cambridge, MA, Harvard University Press, 1995.

Neitzel, Sönke – Welzer, Harald: *Soldiers: On Fighting, Killing and Dying: The Secret Second World War Tapes of German POWs.* London, McClelland & Stewart, 2012.

Nesaule, Agate: *A Woman in Amber: Healing the Trauma of War and Exile.* London, Penguin 1995.

Papp Barbara und Sipos Balázs: *Modern, diplomás nők a Horthy-korban.* Budapest, Napvilág, 2017.

Pennington, Reina: *Wings, Women and War. Soviet Airwomen in World War Two Combat.* Lawrence, University Press of Kansas, 2001.

Pető, Andrea: *Nőhistóriák. A politizáló magyar nők történetéből (1945–1951).* Budapest, Seneca, 1998.

Pető, Andrea (Hg.): *Gender: War* (Macmillan Interdisciplinary Handbooks). Gale, Cangage Learning, 2017.

Randolph-Higonnet, Margaret et al. (Hg.): *Behind the Lines: Gender and the Two World Wars.* New Haven, Yale University Press, 1987.

Ránki, György: *1944. március 19. Magyarország német megszállása.* Budapest, Kossuth Könyvkiadó, 1978.

Rigó, Róbert: *Elitváltások évtizede Kecskeméten (1938-1948).* Budapest–Pécs, Állambiztonsági Szolgálatok Történeti Levéltára – Kronosz Kiadó, 2014.

Roberts, Mary Louise: *What Soldiers Do: Sex and Amercian GI in World War II France.* Chicago, University of Chicago Press, 2014.

Rostás, Ilona (összeáll.): *A szociális titkárok első továbbképzési tanfolyamának tananyaga.* Budapest, 1947.

Rutten, Ellen – Fedor, Julie – Zvereva, Vera (Hg.): *Memory, Conflict and New Media Web Wars in Post-Socialist States.* New York/London, Routledge, 2013.

Ryan, Cornelius: *The Last Battle.* London, Simon & Schuster, 1966.

Sander, Helke und Barbara Johr: *Befreier und Befreite. Krieg, Vergewaltigung, Kinder.* Frankfurt a. M., S. Fischer, 2005.

Satjukow, Silke und Rainer Gries: *»Bankerte!« Besatzungskinder in Deutschland nach 1945.* Frankfurt a. M., Campus, 2017.

Seifert, Ruth: *Krieg und Vergewaltigung. Ansätze zur Analyse.* München, Sozialwissenschaftliches Institut der Bundeswehr, 1993.

Sjoberg, Laura: *Women as Wartime Rapists. Beyond Sensation and Stereotyping.* New York, New York University Press, 2016.

Skultans, Vieda: *The Testimony of Lives: Narrative and Memory in Post-Soviet Latvia.* New York/London, Routledge, 1998.

Soh, Chunghee Sarah: *The Comfort Women: Sexual Violence and Postcolonial Memory in Korea and Japan* (Worlds of Desire: The Chicago Series on Sexuality, Gender, and Culture). Chicago, University of Chicago Press, 2008.

Sontag, Susan: *Regarding the Pain of Others.* New York, Farrar, Straus and Giroux, 2003.

Stelz-Marx, Barbara: *Stalins Soldaten in Österreich. Die Innensicht der sowjetischen Besatzung.* Wien/Köln/Weimar, Böhlau, 2012.

Stelz-Marx, Barbara und Silke Satjukow (Hg.): *Besatzungskinder. Die Nachkommen alliierter Soldaten in Österreich und Deutschland.* Wien/Köln/Weimar, Böhlau, 2015.

Szabó, Péter und Norbert Számvéber: *A keleti hadszíntér és Magyarország, 1943–1945.* Debrecen, Puedlo Kiadó, 2003.

Tanaka, Yuki: *Hidden Horrors. Japanese War Crimes in World War II.* Boulder, CO, Westview Press, 1996.

Ungváry, Krisztián: *Budapest ostroma.* Budapest, Corvina, 1998.

Ungváry, Krisztián (Hg.): *A második világháború.* Budapest, Osiris, 2005.

Ungváry, Krisztián: *Magyar megszálló csapatok a Szovjetunióban, 1941–1944. Esemény – Elbeszélés – Utóélet.* Budapest, Osiris, 2015.

Vandana, Joshi: *Gender and Power in the Third Reich. Female Denouncers and the Gestapo (1933–45).* Basingstoke, Palgrave Macmillan, 2003.

Virgili, Fabrice: *Shorn Women. Gender and Punishment in Liberation France.* Oxford, Berg, 2002.

Walzer, Michael: *Just and Unjust Wars: A Moral Argument with Historical Illustrations.* New York, Basic Books, 1977.

Wieviorka, Annette: *The Era of the Witness.* Ithaca, NY, Cornell University Press, 2006.

Zaremba, Marcin: *Wielka Trwoga Polska 1944–1947.* Znak, Instytut Studiów Politycznych PAN, 2012.

Studien und wissenschaftliche Artikel

Altınay, Ayşe Gül und Andrea Pető (Hg.): Gendering Genocide. Special issue of European Journal of Women's Studies, 22.4 (2015).

Arthur, Paul: Trauma online. Public Exposure of Personal Grief and Suffering. Traumatology 15.4 (2009), S. 65-75.

Bakiner, Onur: One Truth Among Others? Truth Commissions' Struggle for Truth and Memory, in: Memory Studies 8.3 (2015), S. 345-360.

Bandhauer-Schöffmann, Irene und Ela Hornung: Vom »Dritten Reich« zur Zweiten Republik. Frauen im Wien der Nachkriegszeit, in: David F. Good, Margarete Grandner und Mary Jo Maynes (Hg.): Frauen in Österreich. Beiträge zu ihrer Situation im 19. und 20. Jahrhundert. Wien, Böhlau, 1994, S. 225-246.

Bandhauer-Schöffmann, Irene und Ela Hornung: Der Topos des Sowjetischen Soldaten, in: Jahrbuch 1995. Dokumentationsarchiv des österreichischen Widerstandes, Wien, 1995, S. 28-44.

Bánkuti, Gábor: A frontátvonulás és a diktatúra kiépülésének egyházi recepciója, in: Gábor Csikós, Réka Kiss und Józef Ö. Kovács (Hg.): Váltóállítás. Diktatúrák a vidéki Magyarországon 1945-ben (Magyar vidék a 20. században I). Budapest, MTA BTK, Nemzeti Emlékezet Bizottsága, 2017, S. 411-424.

Bartha, Eszter: Emlékezetpolitika vagy történetírás? A magyar megszálló csapatok körül kialakult vita, in: Eszmélet 27.106 (2015), S. 100-106

Baumgartner, Marianne: Zwischen Mythos und Realität. Die Nachkriegsvergewaltigungen in sowjetisch besetzten Mostviertel, in: Unsere Heimat: Zeitschrift für Landeskunde von Niederösterreich 64 (1993), S. 73-108.

Beck, Birgit: Rape. The Military Trials of Sexual Crimes Committed by Soldiers in the Wehrmacht, 1939–1944, in: Hagemann, Karen – Schüler-Springorum, Stefanie (Hg.): *Home/Front: The Military, War and Gender in Twentieth Century Germany.* Oxford, Berg, 2002, S. 255-274.

Beck, Ulrich – Grande, Edgar: Beyond Methodological Nationalism. Extra-European and European Varieties of Second Modernity. *Soziale Welt* 61.3-4 (2010), S. 329-331.

Beer, Siegfried – Staudinger, Eduard G.: Die »Vienna Mission« der Westalliierten im Juni 1945. Studien zur Wiener Geschichte, in: Ferdinand Oppl (Hg.): *Jahrbuch des Vereins für Geschichte der Stadt Wien,* Bd. 50. Wien, Karl Fischer Verlag, 1994, S. 317-412.

Bischl, Kerstin: Telling Stories. Gender Relationships and Masculinity in the Red Army 1941–1945, in: Maren Röger und Ruth Leiserowitz (Hg.): *Women and Men at War: A Gender Perspective on World War II and its Aftermath in Central Europe.* Osnabrück, 2012, S. 117-134.

Bos, Pascale: Her Flesh is Branded? »For Officers Only«: Imagining and Imagined Sexual Violence against Jewish Women during the Holocaust, in: Hilary Earl und Karl A. Schleunes (Hg.): *Lessons and Legacies XI: Expanding Perspectives on the Holocaust in a Changing World.* Evanston, Northwest University Press, 2014, S. 59-85.

Burds, Jeffrey: Sexual Violence in Europe in World War II, 1939–1945, in: Politics and Society 37.1 (2009), S. 35-74.

Campbell, Kirsten: Legal Memories. Sexual Assault, Memory, and International Humanitarian Law, in: Signs 28.1 (2002), S. 149-178.

Campbell, Kirsten: Rape as a »Crime against Humanity«. Trauma, Law and Justice in the ICTY, in: Journal of Human Rights 2.4 (2003), S. 507-515.

Cerna, Marie: Occupation Friendly Assistance. The Soviet Army, 1968-1991 in the Memory of the Czech People, in: Czech Journal of Contemporary History 4 (2016), S. 80-101.

Charon Cordona, Euridice und Roger D. Markwick: »Our Brigade will not be Sent to the Front«: Soviet Women under Arms in the Great Fatherland War, 1941-45, in: The Russian Review 68.2 (2009), S. 240-262.

Chinkin, Christina M.: Women's International Tribunal on Japenese Military Sexual Slavery, in: The American Journal of International Law 95.2 (2001), S. 335-341.

Cohen, Dara Kay: Female Combatants and the Perpetration of Violence: Wartime Rape in the Sierra Leone Civil War, in: World Politics 65.3 (2013), S. 383-415.

Connerton, Paul: Seven Types of Forgetting, in: Memory Studies 1.1 (2008), S. 59-71.

Damousi, Joy: Mothers in War, »Responsible Mothering«, Children and the Prevention of Violence in 20th century, in: History And Theory: Studies in the Philosophy of History 56.4 (2017), S. 119-134.

Debruyne, Emmanuel: »Femmes à Boches«. Sexual Encounters Between Occupiers and Occupied (France Belgium 1914-1918), in: Karner, Stefan – Lesiak, Philipp (Hg.): Erster Weltkrieg. Globaler Konflikt – lokale Folgen. Neue Perspektiven. Innsbruck/Wien/Bozen, Studien Verlag, 2014, S. 105-122.

Denéchère, Yves: Des adoptions d'État: les enfants de l'occupation française en Allemagne, in: Revue d'Histoire Moderne et Contemporaine 57.2 (2010), S. 159-179.

Denov, Myriam: Children Born of Wartime Rape: The Intergenerational Realities of Sexual Violence and Abuse, in: Ethics, Medicine and Public Health 11.1 (2015), S. 61-68.

Di Lellio, Anna: Seeking Justice for Wartime Sexual Violence in Kosovo: Voices and Silence of Women, in: East European Politics and Societies and Cultures 30. 3 (2016), S. 621-643.

Dorner, Helga, Edit Jeges und Andrea Pető: News of Seeing: Digital Testimonies, Reflective Inquiry, and Video Pedagogy in a Graduate Seminar, in: Pető, Andrea und Helga Thorson (Hg.): The Future of Holocaust Memorialisation. Confronting Racism, Anti-Semitism, and Homophobia Through Memory Work. Budapest, Tom Lantos Institute, 2015, S. 42-46.

Edwards, Louise: Drawing Sexual Violence in Wartime China: Anti-Japanese Propaganda Cartoons, in: The Journal of Asian Studies 72.3 (2013), S. 563-586.

Engel, Barbara A.: The Womanly Face of War: Soviet Women Remember World War II, in: N. A. Dombrowski (Hg.): Women and War in The Twentieth Century: Enlisted With or Without Consent. New York, Routledge, 2004, S. 138-162.

Epp, Marlene: The Memory of Violence: Soviet and East European Mennonite Refugees and Rape in the Second World War, in: Journal of Women's History 9.1 (1997), S. 58-87.

Erickson, John: Soviet Women at War, in: J. Garrard und C. Garrard (Hg.): World War II and the Soviet People. New York, St. Martin's Press, 2002, S. 50-76.

Fazekas, Csaba: A második világháború interpretációja a Magyarországi Református Egyházban, in: Egyháztörténeti Szemle 17.4 (2016), S. 95-122.

Feitl, István: Az ideiglenesség időszaka: Magyarország 1944–1945-ben, in: Eszmélet 27.106 (2015), S. 8-41.

Frosh, Paul: Telling Presences. Witnessing, Mass Media, and the Imagined Lives of Strangers, in: Paul Frosh und Amit Pinchevski (Hg.): Media Witnessing: Tes-

timony in the Age of Mass Communication. Basingstoke, Palgrave Macmillan, 2009, S. 49-72.

Gadi, Zerach und Solomon Zahava: Gender Differences in Posttraumatic Stress Symptoms among Former Prisoners of Wars' Adult Offspring, in: Anxiety, Stress and Coping 31.1 (2017), S. 1-11.

Gaufman, Elizaveta: World War II 2.0: Digital Memory of Fascism in Russia in the Aftermath of Euromaidan, in: Ukraine Journal of Regional Security 10.1 (2015), S. 17-36.

Gorris, Ellen und Anna Philo: Invisible Victims? Where Are Male Victims of Conflict-related Sexual Violence in International Law and Policy?, in: European Journal of Women's Studies 22.4 (2015), S. 412-427.

Greathouse, Sarah Michal, Jessica Saunders, Miriam Matthews, Kirsten M. Keller und Laura L. Miller: Characteristics of Male Perpetrators Who Sexually Assault Female Victims, in: *A Review of the Literature on Sexual Assault Perpetrator Characteristics and Behaviors*. Santa Monica, CA, RAND Corporation, 2015, S. 7-31.

Grossmann, Atina: A Question of Silence. The Rape of German Women by Occupation Soldiers in West Germany under Construction, in: Robert G. Moeller (Hg.): *Politics, Society and Culture in the Adenauer Era*. Ann Arbor, University of Michigan Press, 1997, S. 33-52.

Grossmann, Atina: The »Big Rape«. Sex and Sexual Violence, War, and Occupation in Post-World War II Memory and Imagination, in: Elizabeth D. Heineman (Hg.): *Sexual Violence in Conflict Zones: From the Ancient World to the Era of Human Rights*. Philadelphia, University of Pennsylvania Press, 2011, S. 136-151.

Gyáni, Gábor: Memory and Discourse on the 1956 Hungarian Revolution, in: Europe-Asia Studies 58.8 (2006), S. 1199-2008.

Gyarmati, György: A fegyverszünet nem vet véget a háborús állapotnak, in: Korunk, 26.10 (2015), S. 67-72.

Hájková, Anna: Sexual Barter in Times of Genocide: Negotiating the Sexual Economy of the Theresienstadt Ghetto, in: Signs: Journal of Women in Culture and Society 38.3 (2013), S. 503-533.

Hall, Rachel: »It Can Happen to You«. Rape Prevention in the Age of Risk Management, in: Hypatia 19.3 (2004), S. 1-19.

Havryshko, Marta: Illegitimate Sexual Practices in the OUN Underground and UPA in Western Ukraine in the 1940s and 1950s, in: The Journal of Power Institutions in Post-Soviet Societies 17 (2016), S. 1-20.

Hayden, Robert M.: Rape and Rape Avoidance in Ethno-National Conflicts: Sexual Violence in Liminalized States Mass, in: American Anthropogist 102.1 (2000), S. 27-41.

Hoerning, Erika M.: The Myth of Female Loyality, in: The Journal of Psychohistory 16 (1988), S. 19-45.

Horváth Attila: Egyházi áldozatok, in: Rubicon 2 (2014), S. 58.

Johr, Barbara: Die Ereignissen in Zahlen, in: Helke Sander und Barbara Johr: *Befreier und Befreite. Krieg, Vergewaltigung, Kinder*. Frankfurt a.M., S. Fischer, 2005, S. 46-73.

Karwowska, Bożena: Gwałty a kultura końca wojny, in: Majchrowski, Zbigniew –

Owczarski, Wojciech (Hg.): *Wojna i postpamięc.* Wydawnictwo Uniwersytetu Gdańskiego, 2011, S. 163-171.

Katz, Steven T.: Thoughts on the Intersection of Rape and Rassen[s]chande during the Holocaust, in: Modern Judaism 32.3 (2012), S. 293-322.

Kell, Liz, Sheila Burton und Linda Reagan: Researching Women's Lives or Studying Women's Oppression. Reflections on What Constitutes Feminist Research, in: Mary Maynard und Jane Purvis (Hg.): *Researching Women's Lives from a Feminist Perspective.* Taylor and Francis, London, 1994, S. 27-48.

Kimura, Maki: Narrative as Site of Subject Construction. The »Comfort Women« Debate, in: Feminist Theory 9.1 (2008), S. 5-24.

Kirby, Paul: How is Rape a Weapon of War? Feminist International Relations, Modes of Critical Explanation and the Study of Wartime Sexual Violence, in: European Journal of International Relations 19.4 (2012), S. 797-821.

Krausz, Tamás und Éva Mária Varga: Egy könyvrecenzió – tizenkét csúsztatás, in: Történelmi Szemle 55.2 (2013), S. 325-341.

Krausz, Tamás: Egy levéltári kurzuskötet a Győzelem 70. évében. *Eszmélet* 106 (2015), S. 86–99.

Krylova, Anna: »The Healers of Wounded Souls«: The Crisis of Private Life in Soviet Literature, 1944–1946, in: The Journal of Modern History 73 (2001), S. 307-331.

Kuwert, Philipp, Christine Knaevelsrud und Maria Böttche: Lebensrückblickstherapie bei Traumafolgestörungen, in: A. Maercker (Hrsg.): Der Lebensrückblick in Therapie und Beratung, S. 121-137.

L. Balogh, Béni: A helyes történészi magatartásról. Válasz Krausz Tamásnak, in: Rubicon 9 (2015), S. 10-13.

Laurens, Corran: »La Femme au Turban«. Les Femmes tondues, in: H. R. Kedward und Nancy Wood (Hg.): *The Liberation of France. Image and Event.* Oxford/Washington, D.C., Berg, 1995, S. 155-179.

Liebman, Stuart und Annette Michelson: After the Fall. Women in the House of the Hangmen, in: October 72 (1995), S. 4-14.

Lim, Jie-Hyun: Afterword. Entangled Memories of the Second World War, in: Finney, Patrick (Hg.): *Remembering the Second World War.* London/New York, Routledge, 2018.

Lóránd, Zsófia: Exhibiting Rape, Silencing Women. Alaine Polcz in the House of Terror in Budapest, in: East Central Europe 42 (2015), S. 321-342.

Mailander, Elissa: Making Sense of a Rape Photograph: Sexual Violence as Social Performance on the Eastern Front, 1939–1944, in: Journal of the History of Sexuality 28.3 (2017), S. 489-520.

Majstorović, Vojin: The Red Army in Yugoslavia, 1944-1945, in: Slavic Review 75.2 (2016), S. 396-421.

Makhortykh, Mykola: Remediating the Past: YouTube and Second World War Memory in Ukraine and Russia, in: Memory Studies (2017) Sept. 13, S. 1-16.

Malksoo, Maria: Nesting Orientalism at War. WWII and the Memory War in Eastern Europe, in: Tarak Barkawi und Keith Stanski (Hg.): *Orientalism and War.* New York, Columbia University Press, 2013, S. 177-195.

Marcus, Sharon: Fighting Bodies, Fighting Words: A Theory and Politics of Rape

Prevention, in: Judith Butler und Joan W. Scott (Hg.): *Feminist Theorize the Political*. New York, Routledge, 1992, S. 385-403.

Mattl, Siegfried: Frauen in Österreich nach 1945, in: Rudolf G. Ardelt u. a. (Hg.): *Unterdrückung und Emanzipation. Festschrift für Erika Weinzierl zum 60. Geburtstag*. Wien/Salzburg, Geyer Edition, 1985, S. 101-126.

Mattl, Siegfried: »Aufbau« – eine männliche Chiffre der Nachkriegszeit, in: Bandhauer-Schöffmann, Irene und Ela Hornung (Hg.): *Wiederaufbau weiblich*. Wien/Salzburg, Geyer Edition, 1992, S. 15-24.

Merridale, Catherine: Masculinity at War: Did Gender Matter in the Soviet Army?, in: Journal of War and Culture Studies 5.3 (2012), S. 307-320.

Moore, Alison M.: History, Memory and Trauma in Photography of the Tondues. Visuality of the Vichy Past through the Silent Images of Women, in: Gender and History 17.3 (2005), S. 657-681.

Mühlhäuser, Regina: The Historicity of Denial: Sexual Violence against Jewish Women during the War of Annihilation, 1941–1945, in: Ayşe Gül Altınay und Andrea Pető (Hg.): *Gendered Memories, Gendered Wars. Feminist Conversations on War, Genocide and Political Violence*. New York – London, Routledge, 2016, S. 29-55.

Nelson, Keith L.: The »Black Horror on the Rhine«: Race as a Factor in post-World War I Diplomacy, in: The Journal of Modern History 42.4 (1970), S. 606-627.

Ö. Kovács, József: Földindulás. A leplezett kommunista diktatúra társadalmi gyakorlata a vidéki Magyarországon 1945-ben, in: Gábor Csikós, Réka Kiss und József Ö. Kovács (Hg.): *Váltóállítás. Diktatúrák a vidéki Magyarországon 1945-ben* (Magyar vidék a 20. században I). Budapest, MTA BTK, Nemzeti Emlékezet Bizottsága, 2017, S. 19-65.

Pankhurst, Donna: Sexual Violence in War, in: Laura Shepherd (Hg.): *Gender Matters in Global Politics: A Feminist Introduction to International Relations*. London, Routledge, 2009, S. 148-160.

Pető, Andrea: »As He Saw Her«: Gender Politics in Secret Party Reports in Hungary During 1950s, in: Andrea Pető und Mark Pittaway (Hg.): *Women in History – Women's History: Central and Eastern European Perspectives* (Working Paper Series 1). Budapest, CEU History Department, 1994, S. 107-117.

Pető, Andrea: Hungarian Women in Politics, in: Joan W. Scott, Cora Kaplan und Debra Keates (Hg.): *Transitions, Environments, Translations: The Meanings of Feminism in Contemporary Politics*. London/New York, Routledge, 1997, S. 153-161.

Pető, Andrea: A Missing Piece? How Women in the Communist Nomeclature are not Remembering, in: East European Politics and Society 16.3 (2003), S. 948-958.

Pető, Andrea: Társadalmi nemek és a nők története, in: Bódy Zsombor – Ö. Kovács, József (Hg.): *Bevezetés a társadalomtörténetbe*. Budapest, Osiris, 2003, S. 514-532.

Pető, Andrea: Abortőrök és »bajba jutott nők« 1952-ben, in: Palasik, Mária – Sipos, Balázs (Hg): *Házastárs? Munkatárs? Vetélytárs? A női szerepek változása a 20. századi Magyarországon*. Budapest, Napvilág, 2005, S. 300-319.

Pető, Andrea: »Több mint két bekezdés.« A női történeti emlékezés keretei és 1956, in: Múltunk 4 (2006), S. 82-91.

Pető, Andrea: Death and the Picture. Representation of War Criminals and Construction of Divided Memory about WWII in Hungary, in: Andrea Pető und Klaaertje Schrijvers (Hg.): *Faces of Death. Visualising History*. Pisa, Edizioni Plus – Pisa University Press, 2009, S. 39-57.

Pető, Andrea: Who is Afraid of the »Ugly Women«? Problems of Writing Biographies of Nazi and Fascist Women in Countries of the Former Soviet Block, in: Journal of Women's History 21.4 (2009), S. 147-151.

Pető, Andrea: »Mézcsapda«? Az információ megszerzésének neme, in: Horváth Sándor (Hg.): *Az ügynök arcai*. Budapest, Libri, 2014, S. 355-376.

Pető, Andrea: A holokauszt digitalizált emlékezete Magyarországon a VHA gyűjteményében, in: Randolph L. Braham und András Kovács (Hg.): *A holokauszt Magyarországon hetven év múltán. Történelem és emlékezet*. Budapest, Múlt és Jövő, 2015, S. 220-229.

Pető, Andrea: Digitalized Memories of the Holocaust in Hungary in the Visual History Archive, in: Randolph L. Braham und András Kovács (Hg.): *Holocaust in Hungary 70 years after*. Budapest, CEU Press, 2016, S. 253-261.

Pető, Andrea: Hungary's Illiberal Polypore State, in: European Politics and Society Newsletter 21 (2017), S. 18-21.

Pető, Andrea: Roots of Illiberal Memory Politics: Remembering Women in the 1956 Hungarian Revolution, in: Baltic Worlds 10.4 (2017), S. 42-58.

Pető, Andrea: Revisionist Histories, »Future Memories«: Far-right Memorialization Practices in Hungary, in: European Politics and Society 18.1 (2017), S. 41-51.

Petrenko, Olga: Anatomy of the Unsaid: Along the Taboo Lines of Female Participation in the Ukrainian Nationalistic Underground, in: Maren Röger und Ruth Leiserowitz (Hg.): *Women and Men at War: A Gender Perspective on World War II and its Aftermath in Central and Eastern Europe*. Osnabrück, Fibre, 2012, S. 241-262.

Pommerin, Reiner: The Fate of Mixed Blood Children in Germany, in: German Studies Review 5.3 (1982), S. 315-323.

Porter, Roy: Does Rape Have a Historical Meaning?, in: Sylvana Tomaselli und Roy Porter (Hg.): *Rape*. Oxford, Blackwell, 1986, S. 216-236.

Pötzsch, Holger: Rearticulating the Experience in War in Anonyma: Eine Frau in Berlin, in: Nordlit 30 (2012), S. 15-32.

Prokop, Tomek: Life with Soviet troops in Czechoslovakia and After their Withdrawal, in: Folklore (Estonia) 70 (2017), S. 97-120.

Raphael, Jody: Silencing Report of Sexual Assault. The Controversy over A Women in Berlin, in: Violence Against Women 12.7 (2006), S. 693-699.

Reid-Cunningham, Allison Ruby: Rape as a Weapon of Genocide, in: Genocide Studies and Prevention 3.3 (2008), S. 279-296.

Ringelheim, Joan: Genocide and Gender: A Split Memory, in: Lentin, Ronit (Hg.): *Gender and Catastrophe*. London, Zed, 1997, S. 18-33.

Sántha, István: A front emlékezete. A Vörös Hadsereg kötelékében tömegesen és fiatalkorúakon elkövetett nemi erőszak kérdése a Dél-Vértesben, in: Gábor Csikós, Réka Kiss und József Ö. Kovács: *Váltóállítás. Diktatúrák a vidéki Magyar-*

országon 1945-ben (Magyar vidék a 20. században I). MTA Bölcsészettudományi Kutatóközpont, Nemzeti Emlékezet Bizottsága, Budapest, 2017, S. 127-165.

Satjukow, Silke: Kinder des Feindes – Kinder der Freunde. Die Nackommen sowjetischer Besatzungssoldaten in Deutschland nach 1945, in: Elke Kleinau und Ingvill C. Mochmann (Hg.): *Kinder des Zweiten Weltkrieges. Stigmatisierung, Ausgrenzung, Bewaltigungsstrategien.* Frankfurt, Campus, 2016, S. 31-47.

Schaumann, Caroline: »A Different Family Story«: German Wartime Suffering in Women's Writing by Wibke Bruhns, Ute Scheub, and Christina von Braun, in: Stuart Taberner und Karina Berger (Hg.): *Germans as Victims in the Literary Fiction of the Berlin Republic.* Rochester, NY, Camden House, 2009, S. 102-117.

Schott, Robin May: The Atrocity Paradigm and the Concept of Forgiveness, in: Hypatia 19.4 (2004), S. 202-209.

Seifert, Ruth: War and Rape: A Preliminary Analysis, in: Stiglmayer, Alexandra (Hg.): *Mass Rape: The War against Women in Bosnia-Herzegovina.* Lincoln, University of Nebraska Press, 1994, S. 54-72.

Séllei, Nóra: A női test mint áldozat. Polcz Alaine: Asszony a fronton. *Korall* 16. 5 (2015), S. 108-132.

Shadle, Brett L.: Rape in the Courts of Gusiiland, Kenya, 1940s–1960s, in: African Studies Review 51.2 (2008), S. 27-50.

Sinnreich, Helene: »And It Was Something We Didn't Talk About«: Rape of Jewish Women During the Holocaust, in: Holocaust Studies 14.2 (2008), S. 1-22.

Skjelsbæk, Inger: Sexual Violence and War: Mapping Out a Complex Relationship, in: European Journal of International Relations 7.2 (2001), S. 211-237.

Soh, Chunghee Sarah: The Korean »Comfort Women«. Movement for Redress, in: Asian Survey 36.12 (1996), S. 1226-1240.

Soh, Chunghee Sarah: Human Rights and the »Comfort Women«, in: Peace Review 12.1 (2000), S. 123-129.

Soós, Viktor Attila: Apor Vilmos vértanúsága, in: Rubicon 2 (2014), S. 57-59.

Stelz-Marx, Barbara: Soviet Children of Occupation in Austria: The Historical, Political and Social Background and its Consequences, in: European Review of History 22.2 (2015), S. 277-291.

Summerfield, Penny: Culture and Composure: Creating Narratives of the Gendered Self in Oral History Interviews, in: Cultural and Social History 1.1 (2004), S. 65-93.

Szabó, Péter: A magyar királyi honvédség és a tudatos népirtás vádja. *Történelmi Szemle* 55. 2. (2013), S. 307-323.

Számvéber, Norbert: Egy forráskiadvány margójára, in: Hadtörténelmi Közlemények 126. 2 (2013), S. 571-583.

Tai, Eika: Museum Activism against Military Sexual Slavery, in: Museum Anthropology 39.1 (2016), S. 35-47.

Teo, Hsu-Ming: The Continuum of Sexual Violence in Occupied Germany, 1945–49, in: Women's History Review 5.2 (1996), S. 191-218.

Timm, Annette F.: Sex with a Purpose. Prostitution, Venereal Disease, and Militarized Masculinity in the Third Reich, in: Journal of the History of Sexuality 11.1-2 (2002), S. 223-255.

Timm, Annette F.: The Challenges of Including Sexual Violence and Transgressive Love in Historical Writing on World War II and the Holocaust, in: Journal of the History of Sexuality 26.3 (2017), S. 351-365.

Touqueta, Heleen – Gorris, Ellen: Out of the Shadows? The Inclusion of Men and Boys in Conceptualisations of Wartime Sexual Violence, in: Reproductive Health Matters 24 (2016), S. 36-46.

Tröger, Annemarie: Between Rape and Prostitution. Survival Strategies and Chances of Emancipation for Berlin Women after WWII, in: Friedlander, Judith (Hg.): *Women in Culture and Politics.* Bloomington, Indiana University Press, 1986, S. 97-117.

Tröger Annemarie: German Women's Memories of World War II, in: Margaret Randolph-Higonnet et al. (Hg.): *Behind the Lines: Gender and the Two World Wars.* New Haven, Yale University Press, 1987, S. 285-300.

Voisin, Vanessa: The Soviet Punishment of an All-European Crime, »Horizontal Collaboration«, in: Gelinada Grinchenko und Eleonora Narvselius (Hg.): *Traitors, Collaborators and Deserters and Comtemporary European Politic of Memory.* Basingstoke, Palgrave Macmillan, 2018, S. 241-264.

Volkan, Vamik D.: Transgenerational Transmissions and Chosen Traumas: An Aspect of Large-Group Identity, in: *Group Analysis* 34.1 (2001), S. 79-97.

Warring, Anette: War, Cultural Loyality and Gender, in: Ericsson, Kjersti – Simonsen, Eva (Hg.): *Children of World War II. The Hidden Enemy Legacy.* Oxford, Berg, 2005, S. 35-52.

Warring, Anette: Intimate and Sexual Relations, in: Robert Gildea, Anette Warring und Olivier Wieviorka (Hg.): *Surviving Hitler and Mussolini. Daily Life in Occupied Europe 1939–1945.* Oxford, Berg, 2006, S. 88-129.

Waxman, Zoe: Unheard Testimony, Untold Stories: The Representation of Women's Holocaust Experiences, in: Women's History Review 12.4 (2003), S. 661-677.

Zarkov, Dubravka: War Rapes in Bosnia. On Masculinity, Femininity and Power of the Rape Victim Identity, in: Tijdschrift voor Criminologie 39.2 (1997), S. 140-151.

Zvereva, Vera: Historical Events and the Social Network »V Kontakte«, in: East European Memory Studies 7 (2011), S. 1-6.

Zeitungsartikel

»Csak néger udvarló jut a Fräulein-nek«, in: Világ, 26.4.1947.

Elhallgatott gyalázat: Nem merülhet feledésbe! Skrabski Fruzsina bűnről, büntetlenségről, megszálló hatalomról és tabukról, in: Magyar Nemzet, 24.9.2013. https://mno.hu/grund/nem-merulhet-feledesbe-1185943

»A Taiwanese rights group opens a comfort women museum in Taipei«, in: The Japan Times, 10.12.2016. https://www.japantimes.co.jp/news/2016/12/10/national/taiwanese-rights-group-opens-comfort-women-museum-taipei/#.WrEziqjwY2w

»New ›comfort women‹ memorial removed from thorough fare in Manila under pressure from Japanese Embassy«, in: The Japan Times, 8. 4. 2018. https://www.japantimes.co.jp/news/2018/04/28/national/politics-diplomacy/new-comfort-women-memorial-removed-thoroughfare-manila-pressure-japanese-embassy/#.WuguboiFM2w

»South Korea to build ›comfort women‹ museum in Seoul«, in: The Indian Express, 11. 5. 2018. http://indianexpress.com/article/world/south-korea-to-build-comfort-women-museum-in-seoul-4744198/

Kelen, Károly: »Megint egy magyar alkotás változtatta meg a filmművészetet«, in: Népszabadság, 23. 7. 2015. http://nol.hu/kultura/ket-asszony-elete-1553225

McCurry, Justin: »Buses in Seoul install ›comfort women‹ statues to honour former sex slaves«, in: The Guardian, 16. 8. 2017. https://www.theguardian.com/cities/2017/aug/16/buses-seoul-comfort-women-statues-korea-japan

Ostrowska, Joanna und Marcin Zaremba: »Kobieca gehenna«, in: Polityka, 7. 3. 2009.

Standeisky Éva: »Dokumentumok a megszállásról.« Élet és Irodalom 59. 33., 14.8.2015. https://www.es.hu/cikk/2015-08-14/standeisky-eva/dokumentumok-a-megszallasrol.html

Tren, Mark: »Dresses on washing lines pay tribute to Kosovo survivors of sexual violence«, in: The Guardian, 11. 6. 2015. https://www.theguardian.com/world/2015/jun/11/kosovo-sexual-violence-survivors-art-dresses

Ungváry, Krisztián: »Szovjet jogsértések Magyarországon«, in: Magyar Nemzet, 29. 11. 1997.

Dissertationen und Magister-/Masterarbeiten

Baumgartner, Marianne: *Das Kriegsende und die unmittelbare Nachkriegszeit in lebensgeschichtlichen Erzählungen von Frauen aus dem Mostviertel.* Magisterarbeit, Universität Wien, 1992.

Cseh, Gergő Bendegúz: *Amerikai és brit részvétel az olaszországi, romániai, bulgáriai és magyarországi Szövetséges Ellenőrző Bizottságok tevékenységében (1943–1947).* PhD-Dissertation, Budapest, ELTE, 2009.

Flaschka, Monika: *Race, Rape and Gender in Nazi Occupied Territories.* PhD diss., Kent State University, 2009.

Mesner, Maria: *Die Auseinandersetzung um den Schwangerschaftsabbruch in Österreich.* Magisterarbeit, Universität Wien, 1993.

Pető, Andrea: *Láthatatlan elkövetők.* Dissertation für die Ungarische Akademie der Wissenschaften, Budapest, 2012.

Rossy, Katherine: *Forgotten Agents in a Forgotten Zone: German Women under French Occupation in Post-Nazi Germany, 1945-1949.* MA thesis, Concordia University, Montreal, 2013.

Tutuskó Ágnes: *Az 1914–1915. évi orosz betörések nemzetiségpolitikai vonatkozásai,* PhD-Dissertation, PPKE, Budapest, 2016.

Quellenpublikationen

A bilincs a szabadság legyen. Mészöly Miklós és Polcz Alaine levelezése 1948–1997. Budapest, Jelenkor, 2018.

A magyar katolikusok szenvedései 1944-1989. Havasy Gyula dokumentumgyűjteménye. Budapest, Eigenverlag, 1990.

Gáspár, Ferenc und László Halasi (Hg.): *A Budapesti Nemzeti Bizottság jegyzőkönyvei 1945–1946* (Budapest Főváros Levéltára Forráskiadványai VII). Budapest, 1975.

Hubený, David: Spolupráce Policejního ředitelství a Rudé armády na zajištění bezpečnosti ve Velké Praze a potlačení kriminality rudoarmejců. *Sborník archivu bezpečnostních složek* 11 (2013), S. 159-174.

Jeszenői, Danó: Losoncz története, in: *Losonczi Phőnix. Történeti és szépirodalmi emlékkönyv. Az 1849-diki háborúban földúlt és elpusztított Losoncz* város némi fölsegélésére. Kiadja és szerkeszti Vahot Imre. Pest, 1851, B. I., S. 19-29.

Karsai, Elek und Magda Somlyai (Hg.): *Sorsforduló. Iratok Magyarország felszabadulásának történetéhez I.* Budapest, Levéltári Igazgatóság, 1970.

Krausz, Tamás und Éva Mária Varga (Hg.): *Magyar megszálló csapatok a Szovjetunióban. Levéltári dokumentumok (1941-1947).* Budapest, L'Harmattan, 2013.

L. Balogh, Béni (Hg.): *»Törvényes« megszállás. Szovjet csapatok Magyarországon 1944-1947.* Budapest, Magyar Nemzeti Levéltár, 2015.

Mink, András (Hg.): *Tanúságtevők az ENSZ előtt.* Budapest, Nagy Imre Alapítvány, 2010.

Mózessy, Gergely (Hg.): *Inter arma, 1944-1945. Fegyverek közt. Válogatás a második világháború egyházmegyei történetének forrásaiból* (Források a Székesfehérvári Egyházmegye történetéből 2). Székesfehérvár, Székesfehérvári Püspöki és Székeskáptalani Levéltár, 2004.

Muhi, Csilla – Várady Lajos (Hg.): *»A múltat be kell vallani …« Szatmár egyházmegye papjainak visszaemlékezései a második világháború helyi eseményeire és más háborús dokumentumok.* Szatmárnémeti, Szatmári Római Katolikus Püspökség, 2006.

Perger, Gyula (Hg.): *»…félelemmel és aggodalommal …« Plébániák jelentései a háborús károkról a Győri Egyházmegyéből 1945.* Győr, Győri Egyházmegyei Levéltár, 2005.

Rigó, Róbert (Hg.): *Sorsfordító évtizedek Kecskeméten.* Kecskemét, Kecskemét Írott Örökségéért Alapítvány és a Neumann János Egyetem Pedagógusképző Kar Hely-és Családtörténeti Kutatóműhely, 2017.

Rosonczy, Ildikó (vál.) und Tamás Katona (Hg.): *Orosz szemtanúk a magyar szabadságharcról.* Budapest, Európa, 1988.

Tomek, Prokop und Ivo Pejčoch: *Černá kniha sovětské okupace: Sovětská armada v Československu a její oběti 1968-1991* Cheb, Svět křídel, 2015.

Varga, Szabolcs: A plébániai levéltárak forrásértéke a pécsi egyházmegyében, in: Szabolcs Varga und Lázár Vértesi (Hg.): *A magyar egyháztörténet-írás forrásadottságai. Egyháztörténeti kutatások levéltári alapjai különös tekintettel a pécsi egyházmegyére* (Seria Historiae Dioecesis Quinqueecclesiensis 2). Pécs, Pécsi Püspöki Hittudományi Főiskola Pécsi Egyháztörténeti Intézet, 2012, 135-161.

Varga, Tibor László (Hg.): *Folytonos fegyverropogás közepette. Források a veszprémi egyházmegye második világháborús veszteségeiről I.* (A veszprémi egyházmegye múltjából 27). Veszprém, Veszprémi Főegyházmegye, 2015.

Vass, Henrik (Hg.): Dokumentumok Rákositól – Rákosiról, in: Múltunk 2-3 (1991), S. 244-288.

Memoiren und Erinnerungen

Anonyma: *Eine Frau in Berlin. Tagebuchaufzeichnungen vom 20. April bis 22. Juni 1945.* Genf/Frankfurt a. M., Verlag Helmut Kossodo, 1959; englische Ausgabe: *A Woman in Berlin.* New York, Harcourt, Brace, Jovanovich, 1954.

Anonyma: *Egy nő Berlinben.* Magvető, Budapest, 2005.

Boldizsár, Iván: *Don–Buda–Párizs.* Budapest, Magvető, 1982.

Đilas, Milovan: *Találkozások Sztálinnal.* Budapest, Magvető, 1989.

Gabori, George [Gábori György]: *Amikor elszabadult a gonosz.* Budapest, Magyar Világ, 1991.

Grősz József kalocsai érsek naplója 1944-1946. Hg. von Török József. Budapest, Szent István Társulat, 1995.

Hay, Julius [Háy Gyula]: *Geboren 1900. Erinnerungen.* Hamburg, Christian Wegner Verlag, 1971.

Horn, Gyula: *Cölöpök.* Budapest, Zenit Könyvek, 1991.

Katin, Miriam: *We Are on Our Own.* Montréal, Drawn & Quarterly, 2006.

Knef, Hildegard: *Der geschenkte Gaul.* Frankfurt a. M., Büchergilde Gutenberg 1970.

Köpp, Gabi: *Warum war ich bloß ein Mächen? Das Trauma einer Flucht 1945.* München, Knaur, 2010.

Kovács, Imre: *Magyarország megszállása.* Budapest, Katalizátor, 1990.

Kuylenstierna-Andrássy, Stella: Ég a puszta. *Gróf Andrássy Imréné memoárja.* Budapest, Corvina, 2015.

Márai, Sándor: *Föld, föld!... Emlékezések.* Budapest, Helikon – Akadémiai Kiadó, 1991.

Nagy, Ferenc: *Küzdelem a vasfüggöny mögött.* Budapest, Európa, 1990.

Noack, Barbara: *Ein Stück vom Leben.* München/Wien, Langen-Müller, 1984.

Polcz, Alaine: *Asszony a fronton. Egy fejezet az életemből.* Budapest, Szépirodalmi Kiadó, 1991.

Polcz, Alaine: *A Wartime Memoire.* Budapest, Corvina, 1998. *One woman in the war.* Budapest, CEU Press, 2002.

Polcz, Alaine: *Frau an der Front: Ein Bericht.* Berlin, Suhrkamp, 2011.

Radnóti, Miklósné Gyarmati Fanni: *Napló I–II. 1935-1946.* Budapest, Jaffa, 2014.

Rákosi, Mátyás: *Visszaemlékezések I–II. 1940-1956.* Budapest, Napvilág, 1997.

Schöpflin, Gyula: *Szélkiáltó. Visszaemlékezés.* Budapest, Magvető–Pontus, 1991.

Szekfű, Gyula: *Forradalom után.* Budapest, Gondolat, 1983.

Varga, Susan: *Heddy and Me.* Harmondsworth, Penguin, 1994.

Fiktionale Literatur

Alekszijevics, Szvetlana: *A háború nem asszonyi dolog.* Budapest, Zrínyi, 1988. Új kiadása: *Nők a tűzvonalban.* Budapest, Helikon, 2016.

Konrád, György: *Der Komplize.* Frankfurt a. M., Suhrkamp, 1980.

Kováts, Judit: *Megtagadva.* Budapest, Magvető, 2012.

Kölcsey, Ferenc: *Dobozi,* in: Kölcsey Ferenc: *Versek és versfordítások* (Kölcsey Ferenc minden munkái). Szabó G. Zoltán (Hg). Budapest, Universitas, 2001, 89-94.

Rubin, Szilárd: *Aprószentek.* Budapest, Magvető, 2012.

Solzhenitsyn, Aleksandr: Prussian Nights: A Poem. Ford. Robert Conquest. New York, Farrar, Straus and Giroux, 1977.

Stachniak, Eva: *Necessary Lies.* Toronto, Dundurn Press, 2000.

Onlinepublikationen (letzter Aufruf 24.4.2021)

Alison, Miranda, Debra Bergoffen, Pascale Bos, Louise Toit, Regina Mühlhäuser und Gaby Zipfel: »My plight is not unique«. Sexual violence in conflict zones: a roundtable discussion. Eurozine, https://www.academia.edu/34857420/With_Miranda_Alison_Pascale_Bos_et_al_My_plight_is_not_unique_Sexual_violence_in_conflict_zones_A_roundtable_discussion_In_Eurozine_02_September_2009?auto=download

Dobos, László: Sára Sándor Vád című filmjéről. *Filmvilág online*, 1997. november. http://filmvilag.hu/xista_frame.php?cikk_id=1701

Dr. Csepregi, Imre: *Napló I.* 1944-1946. Makó, Makó Város Önkormányzata, 2011. http://www.sulinet.hu/oroksegtar/data/egyhaztortenet/dr_csepregi_imre_naplo_1_1944_1946/index.htm

Fóris, Ákos: Menyasszony-szöktetés a hátországba – magyar katonák és nők a keleti fronton, in: Napi Történelmi Forrás, 24.1.2018. http://ntf.hu/index.php/2018/01/24/menyasszony-szoktetes-a-hatorszagba-magyar-katonak-es-nok-a-keleti-fronton/

Fóris Ákos: Zsákmányjog a keleti hadszíntéren. Újkor, 2018. január. 26. http://ujkor.hu/content/zsakmanyjog-keleti-hadszinteren

G. Vass, István: Dokumentumok a magyar-szovjet jóvátételi egyezmény létrejöttéhez, in: Archívnet: XX. századi történeti források. II. 2 (2011) http://www.archivnet.hu/diplomacia/dokumentumok_a_magyarszovjet_jovateteli_egyezmeny_letrejottehez.html?oldal=1&page=2

Gellért Ádám: Magyar csapatok a »véres övezetben«, in: Betekintő, 1 (2016), S. 1-23. http://www.betekinto.hu/2016_1_gellert

Hunter, Lynn Joyce: ›Silenced Shame‹: Hungarian Women Remember Wartime Rapes, in: The Washington Post, 24.11.2013. https://www.washingtonpost.com/blogs/she-the-people/wp/2013/11/24/silenced-shame-hungarian-women-remember-wartime-rapes/?noredirect=on&utm_term=.3976ba23b839

Lóránd, Zsófia: Megszólaltatott félhangok, in: Kettős Mérce, 24.1.2014. http://kettosmerce.blog.hu/2014/01/27/megszolaltatott_felhangok

Maier, Charles S.: Hot Memory, Cold Memory. On the Political Half-Life of Fascist and Communist Memory, in: IWM Newsletter, Transit Online, 22 (2002) http://www.iwm.at/transit/transit-online/hot-memory-cold-memory-on-the-political-half-life-of-fascist-and-communist-memory/

Molnár, György: A Vörös Hadsereg Magyarországi Hadjárata 1956-ban, in: Beszélő online, 2.11 (1997). http://beszelo.c3.hu/cikkek/a-voros-hadsereg-magyarorszagi-hadjarata-1956-ban

Molnár, György: Megszállók a homályban, in: Beszélő online, 1.9 (1996). http://beszelo.c3.hu/cikkek/megszallok-homalyban

Nőnek lenni a történelem színpadán. Ein Interview von Attila Benke mit Márta Mészáros, in: Jelenkor online, 3.3.2018. http://www.jelenkor.net/interju/983/nonek-lenni-a-tortenelem-szinpadan

Nyáry Krisztián: A hit vértanúja és szovjet gyilkosa, in: Index, 3.9.2017. https://index.hu/tudomany/tortenelem/2017/09/03/a_hit_vertanuja_es_szovjet_gyilkosa/

Pető, Andrea: »Hungary 70«: Non-remembering the Holocaust in Hungary«, in: Culture and History Digital Journal 3.2 (2014) http://dx.doi.org/10.3989/chdj.2014.016

Regamey, Amedine: Women at War in the Red Army, in: Politika, 6.9.2017. https://www.politika.io/en/notice/women-at-war-in-the-red-army

Schechter, Brandon M.: »Girls« and »Women«. Love, Sex, Duty and Sexual Harassment in the Ranks of the Red Army 1941-1945, in: The Journal of Power Institutions of Post-Soviet Societies, 17 (2016). http://journals.openedition.org/pipss/4202

Schwartz, Agatha: Creating a »Vocabulary of Rupture« Following WWII Sexual Violence in Hungarian Women Writers' Narratives, in: Hungarian Cultural Studies 10 (2017). https://ahea.pitt.edu/ojs/index.php/ahea/article/viewFile/281

Schwartz, Agatha: Narrating Wartime Rapes and Trauma in A Woman in Berlin, in: CLCWeb: Comparative Literature and Culture 17.3 (2015). https://docs.lib.purdue.edu/clcweb/vol17/iss3/11/

Skrabski, Fruzsina: Az Elhallgatott gyalázatról vitatkoztunk, in: Mandiner, 3.3.2017. http://mandiner.hu/cikk/20170303_skrabski_fruzsina_az_elhallgatott_gyalazatrol_vitatkoztunk

Szilágyi, Ákos: A vád tanúja, in: Filmvilág online, 11.1997. http://www.filmvilag.hu/xista_frame.php?cikk_id=1702

Szilágyi Ákos: Tájkép Filmszemle után, in: Filmvilág online, April 1997. http://www.filmvilag.hu/xista_frame.php?cikk_id=1450

Vasvári, Louise O.: A töredezett (kulturális) test írása Polcz Alaine Asszony a fronton című művében, in: Hungarian Cultural Studies 3 (2011). http://ahea.pitt.edu/ojs/index.php/ahea/article/view/20

Russischsprachige Onlineveröffentlichungen

Борис Соколов Закон о военном времени. 25.6.2013
http://grani.ru/opinion/sokolov/m.216084.html

Советский солдат насильник. 14. 5. 2007
http://tapirr.livejournal.com/672064.html

Весна победы. Забытое преступление Сталина. 15. 2. 2009
http://www.solonin.org/article_vesna-pobedyi-zabyitoe

Берлин 1945 года. Русские солдаты изнасиловали 2 миллиона
женщин. 2. 3. 2009
*http://censor.net.ua/forum/460598/berlin_1945_goda_russkie_soldaty_*
iznasilovali_2_milliona_jenschin

Могила Неизвестного Насильника – Алексей Широпаев. 3. 5. 2009
http://shiropaev.livejournal.com/29142.html

Misha Verbitsky: массовые изнасилования людей советскими. 22. 12. 2014.
http://lj.rossia.org/users/tiphareth/1877390.html

Бессрочная Акция »Антипобеда«
http://yun.complife.info/miscell/antivict.htm

Йоанна Островска, Мартин Заремба: Чистилище. 4. 11. 2009.
http://yun.complife.info/miscell/kobieca-gehenna.html

Нравы »воинов-освободителей«
http://yun.complife.info/miscell/nikulin.htm

Обобщенный банк данных »Мемориал«
http://www.obd-memorial.ru/html/default.htm

Донесение о безвозвратных потерях
http://www.obd-memorial.ru/html/info.htm?id=4388906&page=3

Иногда, советский суд» проявлял необъяснимый
гуманизм … 10. 9. 2012.
http://allin777.livejournal.com/166277.html

Алэн Польц: Женщина и война. Нева 2004/2.
http://magazines.russ.ru/neva/2004/2/p09.html

Елена Вольгуст: »Всякий перед всеми за всех и за все
виноват …«. 4. 3. 2013.
http://ptj.spb.ru/blog/vsyakij-pered-vsemi-zavsex-izavse-vinovat/

»Мы вдесятером насиловали немецкую двенадцатилетнюю
девочку. Боялись только, чтобы наши медсестры не узнали –
стыдно«. Из запрещенной книги Алексиевич. 10. 5. 2015
http://gordonua.com/publications/Aleksievich-80220.html

Леонид Рабичев: »Война все спишет«. Знамя 2005/2.
http://magazines.russ.ru/znamia/2005/2/ra8.html

»Мемориал« собирает средства на книгу о Катыни. 19. 6. 2015.
http://www.colta.ru/news/7716

Fotosammlungen

Fortepan, *www.fortepan.hu*
Getty Images, *gettyimages.com*
Fotosammlung der Zentralen Szabó-Ervin-Bibliothek der Hauptsstadt, Budapest
Sammlung des Museums der Ungarischen Fotografie,
    Budapest, *fotomuzeum.hu*
Fotoarchiv des Ungarischen Nachrichtendienstes Magyar
Távirati Iroda, *mti.hu*
Fotosammlung Retro-fotr, *retrofotr.cz*
Russische Staatliche Film- und Fotosammlung (РГАКФД)

Im Internet veröffentlichte Erinnerungen

Erinnerungen eines sowjetischen Soldaten an die Massenvergewaltigung von deutschen Frauen: Всё тайное становится явным. Русские солдаты массово насиловали мирных немецких женщин, в чём признается ветеран Второй мировой войны. 2013. december 2.
https://www.youtube.com/watch?v=dxS2e0RIdGc

Ausstellungskataloge

Crimes of Wehrmacht. Dimensions of War Annihilation 1941–1944. An outline of the exhibition of Hamburg Institute for Social Research. Hamburg, Hamburger Edition HIS, 2004.

Frauenleben 1945: Kriegsende in Wien. 205. Sonderausstellung des Historischen Museums der Stadt Wien 21.09.–19.11.1995. Wien, Eigenverlag der Museen der Stadt Wien, 1995.

Ungedruckte Quellen

Blinken Open Society Archives (BOSA):
HU OSA 300-40-1. 1588. Karton Warschauer Paktes
HU OSA 300-1-2-13123
HU OSA 300-1-2-37537
HU OSA 300-1-2-77361
HU OSA 408-1-3/9. Straftaten der russischen Soldaten
HU OSA 305-0-3.1991-051_91-55. Videoarchiv der Fekete-Doboz-Stiftung, Interview mit Puzsoma Tünde

Magyar Nemzeti Levéltár Bács-Kiskun Megyei Levéltár (Ungarisches Nationalarchiv, Archiv des Komitats Magyar Bács-Kiskun (BKML)):
IV. 1910/u die Unterlagen der Kreisleiter der Stadt Kecskemét 1944-1947

Magyar Nemzeti Levéltár Győ r-Moson-Sopron Megyei Levéltár (Ungarisches Nationalarchiv, Archiv des Komitats Győ r-Moson-Sopron (GYML)):
GYML Unterlagen des Nationalen Komitees, 30.4.1945.
GYML Unterlagen des Amtsleiters der Gesundheitsbehörde des Komitats Győr 245/1845. tfo. sz
GYML Győr, Der Brief des Vizegespans des Komitats Moson und Pozsony vom 20.1.1945. 108/1945

Budapest Főváros Levéltára (Hauptstädtisches Archiv):
BFL IV.1416. a. Unterlagen des Verwaltungskomitees der Hauptstadt Budapest. Protokolle der Sitzungen des Verwaltungskomitees der Hauptstadt Budapest, Karton 5 1945–1946 (In früher verfassten Texten unter der Ziffer: BFL XXI. 515.)
BFL IV.1479.c. Unterlagen des Amtsleiters der Gesundheitsbehörde des 10. Bezirks von Budapest. Unterlagen des Bezirksamtsarztes 1944-1946. (früher: BFL XXI. 580. b.)
BFL VIII. 1102. Unterlagen des Rókus-Krankenhauses. (früher: BFL XXVI. 1102.)
BFL VIII.1134. Budapest Székesfővárosi Anya-, Csecsemő-és Kisdedvédelmi Intézet iratai (korábban XXVI. 1117.)
BFL VIII.1102. Unterlagen des Instituts für Mutter-, Säugling- und Kleinkinderschutz Budapest (früher: BFL XXVI. 1117.)

Magyar Nemzeti Levéltár Országos Levéltár (Ungarisches Nationalarchiv):
MNOL (Ungarisches Nationalarchiv), Karton XIX-C-2-s 17. Unterlagen des Ministeriums für Wohlfahrt

Magyar Nemzeti Levéltár Politikatörténeti Intézet Levéltára (Archiv des Instituts für Politikgeschichte):
PIL 283. f. 20. cs. 28. őe. 80. Bericht vom 9.6.1946.
PIL 867. f. l/k-91. Archiv des Instituts für Politikgeschichte, Sammlung von Erinnerungen

Állambiztonsági Szolgálatok Történeti Levéltára (Historisches Archiv der Staatsicherheitlichen Dienste):
ÁBTL V 47 431. Fall der Spitzelin Anna Cserba
ÁBTL V 46 506: der Fall der Hausmeisterin Sándorné Holló
ÁBTL V 92 849. Kassai Ferencné ügye
ÁBTL V 88 627. (V 113 027) der Fall von Lajosné Hoffmann
ÁBTL 3445/59 (V144979) Prozess gegen Károly Volay
ÁBTL 1.5. II/41. Afj7 353/7. 3. Karton 18. Resümeeberichte über die imperialistischen Spionageorganisationen.

Visual History Archive der USC Shoah Foundation:
Die Interviews: 2809, 18408, 27212, 7041, 23403, 26942, 28491, 43781, 50176, 50210, 37262, 50208, 48431, 51550, 51554, 50807, 54131, 50731, 54140, 511131, 54409.

Filme

Krónika – A 2. magyar hadsereg a Donnál, Sándor Sára (1982)
Pergőtűz, Sándor Sára (1982)
A vád, Sándor Sára (1996)
Doni tükör, Péter Erdélyi (2003)
Eine Frau in Berlin, Max Färberböck (2008)
City of Life and Death – Das Nanjing Massaker, Lu Chuan (2009)
The Flowers of War, Yimou Zhang (2011)
Róża, Wojciech Smarzowski (2011)
Elhallgatott gyalázat, Fruzsina Skrabski (2013)
A láthatatlan generáció 1-2, Márta Mészáros (2014)
Ártatlanok [Les Innocentes], Anne Fontaine (2016)
Aurora Borealis, Márta Mészáros (2017)

Verzeichnis der früher veröffentlichten
Werke der Autorin zum Thema

Magyar nők és orosz katonák. *Elmondani vagy elhallgatni? Magyar Lettre Internationale* 32 (1999), S. 68-71.

Stimmen des Schweigens. Erinnerungen an Vergewaltigungen in den Haupstädten des »ersten Opfers« (Wien) und des »letzten Verbundenten« Hitlers (Budapest), in: Zeitschrift für Geschichtswissenshaften 47 (1999), S. 892-914.

Memory Unchanged. Redefinition of Identities in Post WWII Hungary, in: Eszter Andor, Andrea Pető und István György Tóth (Hg.): *CEU History Department Yearbook 1997–98.* Budapest, CEU, 1999, S. 135-153.

Women, War and Military in Eastern Europe. Special Issue (Women in the Armed Forces) of *MINERVA,* in: Quarterly Report on Women and Military 17. 3-4 (1999), S 5-13.

Budapest ostroma 1944–1945-ben – női szemmel, in: Budapesti Negyed 8. 3-4 (2000), S. 203-221.

Átvonuló hadsereg, maradandó trauma. Az 1945-ös budapesti nemierőszak-esetek emlékezete, in: Történelmi Szemle 49. 1-2 (1999), S. 85-107; illetve Valuch, Tibor (Hg.): *Magyar társadalomtörténeti olvasókönyv.* Budapest, Osiris, 2005, S. 88-96.

Női emlékezet és ellenállás, in: Markó, György (Hg.): *Az elsodort város. Emlékkötet a Budapestért folytatott harcok 60. évfordulójára.* Budapest, Polgar Art, 2005, S. 351-379.

Az elmondhatatlan emlékezet. A szovjet katonák által elkövett nemi erőszak Magyarországon, in: Rubicon 2 (2014), S. 44-49.

A II. világháborús nemi erőszak történetírása Magyarországon, in: Mandiner blog, 31.3.2015. http://mandiner.blog.hu/2015/03/31/a_ii_vilaghaborus_nemi_eroszak_tortenetirasa_magyarorszagon

Szovjet katonák és nemi erőszak az orosz internetetes források tükrében, in: Man-

diner, 9.7.2015. http://m.mandiner.hu/cikk/20150708_peto_andrea_szovjet_
katonak_es_a_nemi_eroszak_orosz_internetes_forrasok_tukreben
Törvényesített emlékezés. (Gemeinsam mit Ildikó Barna) In: Bódy, Zsombor –
Horváth, Sándor (Hg.): 1944/1945: társadalom a háborúban. Folytonosság és
változás Magyarországon. Budapest, MTA BTK Történettudományi Intézet,
2015, S. 191-207.
Silence and Denial in Teaching About Rape, in: Carol Rittner und John K. Roth
(Hg.): *War and Genocide*. Basingstoke, Palgrave Macmillan, 2016, S. 75-78.
Miten lukea seksuaalisen väkivallan historiankirjoitusta?, in: Sanna Karkulehto
und Leena-Maija Rossi (Hg.): *Sukupuoli ja väkivalta – lukemisen etiikkaa ja po-
litiikkaa*. Helsinki, The Finnish Literature Society, 2017, S. 247-259.
Silencing and Unsilencing Sexual Violence in Hungary, in: Ville Kivimäki und
Petri Karonen (Hg.): *Continued Violence and Troublesome Pasts – Post War Eu-
rope Between Victors after Second World War*. Helsinki, The Finnish Literaure
Society, 2017, S. 132-148.

Abbildungsnachweise

Seite 17: © Fortepan/Pálfi András – ID 94028
Seite 58: © Savaria Museum, Foto: Terézia Knebel
Seite 93: © Fortepan/Lissák Tivadar – ID 71794
Seite 134: © Fortepan – ID 32049
Seite 156: © Fortepan/Bauer Sándor – ID 126882
Seite 184: © picture alliance / dpa | Archiwum Autora
Seite 185: © Foto: Délmagyar, Médiaworks, Szeged
Stite 186: © ullstein bild – Boness/IPON
Seite 190: © picture alliance / REUTERS | ROMEO RANOCO
Seite 207: © Katona József Múzeum Fotógyűjtemény, Kecskemét, 28020